Machine Learning
Técnicas de Aprendizaje Supervisado.
Supervisado.
Modelos No Lineales

César Pérez López
Instituto de Estudios Fiscales (IEF)
Universidad Complutense de Madrid

Machine Learning
Técnicas de Aprendizaje Supervisado. Modelos No Lineales

Ejercicios resueltos con R, SAS, STATA, EVIEWS, SPSS y STATGRAPHICS

Garceta
grupo editorial

Machine Learning. Técnicas de aprendizaje supervisado.
Modelos no lineales

César Pérez López

ISBN: 978-84-1903-467-0
IBERGARCETA PUBLICACIONES, S.L., Madrid 2025
 Edición: 1.ª
Impresión: 1.ª
N.º de páginas: 260
Formato: 17 x 24 cm
Thema: UYQM. Aprendizaje automático («Machine learning»)

Machine Learning. Técnicas de aprendizaje supervisado. Modelos no lineales.
Ejercicios resueltos con R, SAS, STATA, EVIEWS, SPSS y STATGRAPHICS

ISBN: 978-84-1903-467-0

COPYRIGHT © 2025 IBERGARCETA PUBLICACIONES, S.L.

© **César Pérez López**

info@garceta.es
1.ª edición,
1.ª impresión

Deposito Legal: M-904-2025

Imagen de cubierta: © Isabel Capella

OI: 0268//2025

Impresión: Imprenta Valle del Tiétar, S.L.

IMPRESO EN ESPAÑA - PRINTED IN SPAIN

ÍNDICE

INTRODUCCIÓN
APRENDIZAJE AUTOMÁTICO
Y ANÁLISIS DE DATOS

La gran disponibilidad de datos y la alta capacidad de procesamiento actual hace que las técnicas de análisis de datos se apliquen en toda su dimensión y con todas sus capacidades teóricas. Estas técnicas derivan en el aprendizaje automático o Machine Learning, que enseña a las computadoras a hacer lo que es natural para los humanos: aprender de las grandes cantidades de datos extrayendo el conocimiento contenido en los datos a través de los algoritmos matemáticos adecuadamente adaptados a la computación. Los algoritmos de aprendizaje automático utilizan métodos computacionales para extraer la información directamente de los datos. Los algoritmos mejoran su rendimiento de forma adaptativa a medida que aumenta el número de muestras disponibles para el aprendizaje. El aprendizaje automático utiliza dos tipos de técnicas: aprendizaje supervisado, que entrena un modelo sobre datos de entrada y salida conocidos para que pueda predecir resultados futuros, y aprendizaje no supervisado, que encuentra patrones ocultos o estructuras intrínsecas en los datos de entrada.

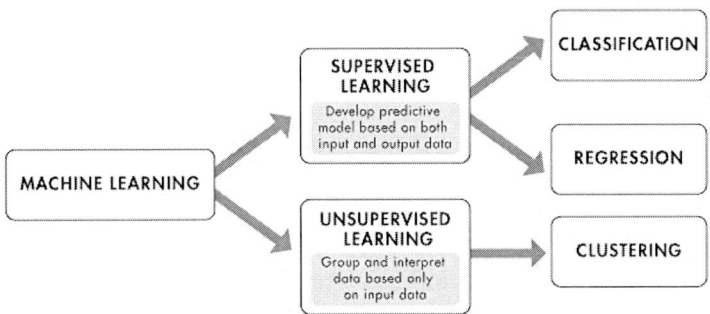

El objetivo del aprendizaje automático supervisado es construir un modelo que haga predicciones basadas en evidencia en presencia de incertidumbre. Un algoritmo de aprendizaje supervisado toma un conjunto conocido de datos de entrada y respuestas conocidas a los datos (salida) y entrena un modelo para generar predicciones razonables para la respuesta a nuevos datos. El aprendizaje supervisado utiliza técnicas de clasificación y regresión para desarrollar modelos predictivos.

- Las técnicas de clasificación predicen respuestas categóricas, por ejemplo, si un correo electrónico es genuino o no deseado, o si un tumor es canceroso o benigno. Los modelos de clasificación clasifican los datos de entrada en categorías. Las aplicaciones típicas incluyen imágenes médicas, reconocimiento de imagen y habla, y calificación crediticia.

- Las técnicas de regresión predicen respuestas continuas, por ejemplo, cambios en la temperatura o fluctuaciones en la demanda de energía. Las aplicaciones típicas incluyen predicción de carga eléctrica y comercio algorítmico.

El aprendizaje no supervisado encuentra patrones ocultos o estructuras intrínsecas en los datos. Se utiliza para extraer inferencias de conjuntos de datos que consisten en datos de entrada sin respuestas etiquetadas. La segmentación es la técnica de aprendizaje no supervisada más común. Se utiliza para el análisis exploratorio de datos para encontrar patrones ocultos o agrupaciones en los datos. Las aplicaciones para la agrupación incluyen análisis de secuencia de genes, investigación de mercado y reconocimiento de objetos.

Elegir el algoritmo correcto puede parecer abrumador: hay docenas de algoritmos de aprendizaje automático supervisados y no supervisados, y cada uno adopta un enfoque diferente para el aprendizaje. No existe el mejor método o una talla única para todos. Encontrar el algoritmo correcto se basa en parte en la prueba y el error, incluso los científicos de datos altamente experimentados no pueden decir si un algoritmo funcionará sin probarlo. Los modelos altamente flexibles tienden a sobreajustar los datos al modelar variaciones menores que podrían ser ruido. Los modelos simples son más fáciles de interpretar, pero pueden tener una precisión menor. Por lo tanto, elegir el algoritmo correcto requiere intercambiar un beneficio con otro, incluida la velocidad, precisión y complejidad del modelo. La prueba y el error son la base del aprendizaje automático: si un enfoque o algoritmo no funciona, intente con otro.

Una panorámica de las técnicas de Machine Learning se presenta en la figura siguiente:

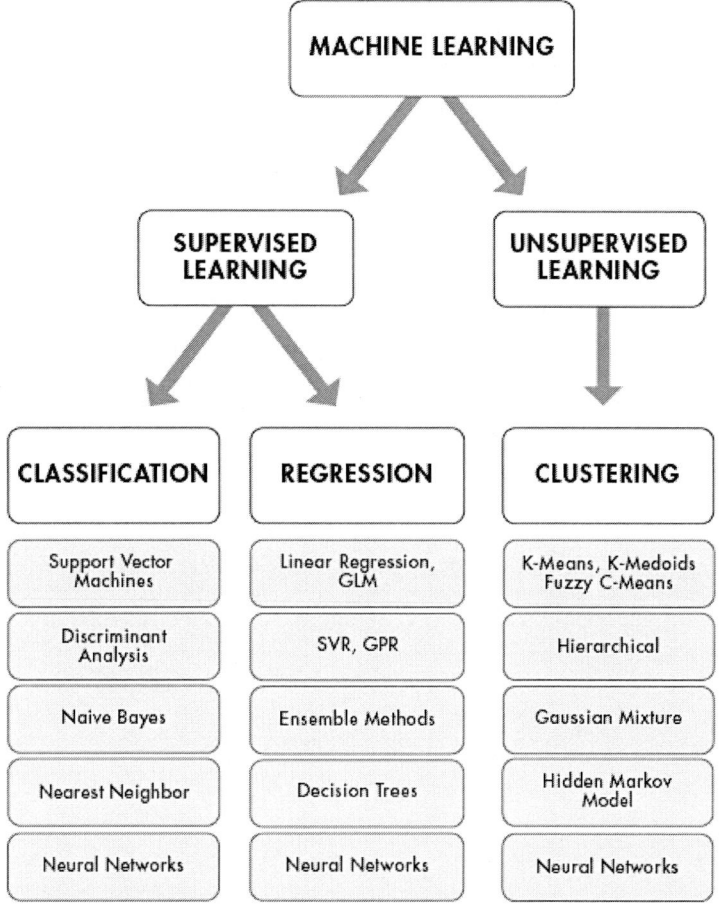

En este libro se desarrollarán técnicas de aprendizaje supervisado relativas a regresión no lineal. Más concretamente, se profundizará en los modelos no lineales de regresión múltiple con toda su problemática de identificación, estimación y diagnosis. Se hace hincapié en los modelos lineales generalizados y todas las tipologías de modelos no lineales derivados: Modelos Logit, Modelos Probit, Modelos de Poisson y Modelos Binomial Negativa. A continuación, se abordan los modelos de variable dependiente limitada, elección discreta, recuento, censurados, truncados y selección muestral. Se profundiza también en los modelos no lineales con datos de panel. Se dedica una parcela importante a los modelos predictivos de redes neuronales. Todos los capítulos se ilustran con ejemplos y ejercicios representativos resueltos con el software más actual como R, SAS, SPSS, EVIEWS y STATGRAPHICS.

Capítulo 1

MODELOS NO LINEALES

1.1 MODELOS NO LINEALES

Es habitual en el mundo científico identificar relaciones entre variables, pero no identificar la naturaleza de dicha relación. Está claro que distintas variables se relacionan entre sí, pero lo que no está claro es la forma funcional de dichas relaciones. Por tanto, se suele especificar el modelo de la forma:

$$y_t = f(x_t, \beta) + u_t \qquad t = 1, \cdots, T$$

donde $f(x_t, \beta)$ es, en general, una función no lineal de las componentes de los vectores x_t, β. Como caso particular, el modelo lineal aparece cuando $f(x_t, \beta) = x'\beta$.

1.2 MODELOS NO LINEALES SENCILLOS

Suelen utilizarse habitualmente los siguientes tipos de modelos no lineales:

$$y_t = f(x_t, \beta) = \beta_1 + \beta_2 x_t^{\beta_3} + u_t.$$
$$y_t = f(x_t, \beta) = \beta_1 + (Ln\beta_2) x_t + u_t.$$
$$y_t = f(x_t, \beta) = \beta_1 + \beta_2 e^{\beta_3} x_t + u_t.$$
$$y_t = f(x_t, \beta) = \beta_1 + \beta_2 e^{x_{2t}} + \beta_3 x_{3t} x_{4t} + u_t.$$
$$y_t x_t + \beta_1 Lny_t = \beta_2 x_t + u_t.$$

Los modelos anteriores, salvo el último pueden tratarse como modelos lineales o polinómicos mediante transformaciones adecuadas. Por ejemplo, el cuarto modelo se trata como lineal mediante las transformaciones $z_{2t} = e^{x_{2t}}$ y $z_{3t} = x_{3t}x_{4t}$.

El último de los modelos, en el que la no linealidad afecta a la variable endógena, haciendo imposible expresarla en función de las exógenas, constituye los modelos de función implícita, cuya forma funcional general es:

$$g(y_t, x_t, \beta) = u_t \qquad t = 1, \cdots, T$$

Evidentemente, el modelo, $y_t = f(x_t, \beta) + u_t$ es un caso particular del modelo de función implícita.

1.3 MÍNIMOS CUADRADOS NO LINEALES. ALGORITMOS DE NEWTON Y MARQUARDT

El planteamiento general del método de los mínimos cuadrados para el modelo $y_t = f(x_t, \beta) + u_t$ no depende de la linealidad de la función f. Sin embargo, la resolución analítica del problema de estimación se complica ante las no linealidades.

El problema de los mínimos cuadrados es hallar los valores del vector β que minimicen la suma residual:

$$SR(\hat{\beta}) = \sum_{t=1}^{T} \left(y_t - f(x_t, \hat{\beta}) \right)^2$$

Derivando respecto a cada componente del vector $\hat{\beta}$ e igualando a cero se tiene el sistema de ecuaciones normales siguiente:

$$\frac{\partial SR(\hat{\beta})}{\partial \hat{\beta}_1} = -2 \sum_{t=1}^{T} \left(y_t - f(x_t, \hat{\beta}) \right) \frac{\partial (f_t)}{\partial \hat{\beta}_1} = 0$$

$$\cdots\cdots\cdots\cdots\cdots\cdots\cdots\cdots\cdots\cdots\cdots\cdots\cdots$$

$$\frac{\partial SR(\hat{\beta})}{\partial \hat{\beta}_k} = -2 \sum_{t=1}^{T} \left(y_t - f(x_t, \hat{\beta}) \right) \frac{\partial (f_t)}{\partial \hat{\beta}_k} = 0$$

La derivada parcial $\dfrac{\partial (f_t)}{\partial \hat{\beta}_i}$ es un escalar para cada $i = 1,..., k$ y para cada periodo $t = 1...,T$ y lo mismo ocurre con la diferencia $y_t - f(x_t, \hat{\beta})$ para cada $t = $

1,...,T. Las k ecuaciones anteriores constituyen un sistema de ecuaciones normales totalmente análogo al que se obtiene en los modelos lineales, que puede expresarse abreviadamente como:

$$\sum_{t=1}^{T}\left(y_t - f(x_t,\hat{\beta})\right)\frac{\partial(f_t)}{\partial\hat{\beta}} = 0_k$$

o matricialmente como:

$$\left(\frac{\partial f(\hat{\beta})}{\partial\beta}\right)' y = \left(\frac{\partial f(\hat{\beta})}{\partial\beta}\right)' f(X,\hat{\beta})$$

El caso lineal es el caso particular en que $\dfrac{\partial f(\hat{\beta})}{\partial\beta} = X$ y $f(X,\hat{\beta}) = X\hat{\beta}$. La ecuación anterior se transformaría en $X'y = \left(X'X\right)\hat{\beta} \Rightarrow \hat{\beta} = \left(X'X\right)^{-1}X'y$, que es la estimación habitual del parámetro en el modelo lineal por mínimos cuadrados ordinarios MCO.

Al igual que en el caso lineal, para el caso no lineal se define el residuo $\hat{u}_t$ como la diferencia $y_t - f(x_t,\hat{\beta})$, con lo que las ecuaciones normales pueden escribirse como:

$$\sum_{t=1}^{T}\frac{\partial f_t(\hat{\beta})}{\partial\hat{\beta}_i}\hat{u}_t = 0 \qquad i = 1,\cdots,k$$

o en forma matricial:

$$\left(\frac{\partial f(\hat{\beta})}{\partial\beta}\right)' \hat{u} = 0_k$$

expresión que equivale a la ortogonalidad entre los residuos y las variables explicativas cuando el modelo es lineal.

Podemos decir que el estimador de mínimos cuadrados del modelo:

$$y_t = f(x_t,\beta) + u_t \qquad t = 1,\cdots,T$$

es el vector de residuos ortogonal a cada una de las componentes del vector gradiente de la función $f(x_t,\beta)$ evaluado en $\hat{\beta}$.

Los problemas prácticos en el caso de no linealidad aparecen cuando el sistema no lineal de ecuaciones normales no tiene solución o no la tiene única o es muy difícil de calcular (en cuyo caso se usan algoritmos iterativos como el de Newton, Marquardt y otros). Además, el estimador obtenido puede no ser insesgado.

Para tamaños muestrales grandes, el estimador de mínimos cuadrados no lineal tiene una distribución normal con esperanza β y matriz de varianzas covarianzas:

$$V(\hat{\beta}) = \sigma_u^2 \left[\sum_{t=1}^{T} \left(\frac{\partial f(x_t, \hat{\beta})}{\partial \beta} \right) \left(\frac{\partial f(x_t, \hat{\beta})}{\partial \beta} \right)' \right]^{-1}$$

donde el parámetro σ_u^2 se estima mediante $\hat{\sigma}_u^2 = \dfrac{\hat{u}'\hat{u}}{T-k}$ con $\hat{u} = y - f(X, \hat{\beta})$

1.4 REGRESIÓN POR TRAMOS O SEGMENTADA

Supongamos un modelo lineal con variable dependiente Y y con variable explicativa X. Supongamos que la relación que liga a Y y a X no es la misma para valores menores que un valor X^* de X que para valores de X superiores a X^*.

En este caso habrá que considerar dos tramos de la variable X ($X<X^*$ v $X>X^*$). Esta regresión se abordará considerando la variable ficticia D que vale 0 para valores de X menores que X^* y que vale uno en caso contrario. La ecuación del modelo a ajustar será la siguiente:

$$Y_t = \alpha_1 + \alpha_2 X_t + \alpha_3 (X_t - X^*) D_t + u_t$$

$$D_t = \begin{cases} 1 \ si \ X_t > X^* \\ 0 \ en \ el \ resto \end{cases}$$

Suponiendo $E(u_t) = 0$, se tiene que:

$E(Y_t | D_t = 0, X_t, X^*) = \alpha_1 + \alpha_2 X_t$
$E(Y_t | D_t = 1, X_t, X^*) = \alpha_1 - \alpha_3 X^* + (\alpha_2 + \alpha_3) X_t$

Se observa que α_2 corresponde a la pendiente de la recta de regresión en el primer tramo $(X<X^*)$, $\alpha_2 + \alpha_3$ es la pendiente de la recta de regresión en el segundo tramo $(X>X^*)$.

1.5 SPSS Y LA ESTIMACIÓN NO LINEAL Y SEGMENTADA

SPSS dispone de procedimientos para ajustar modelos no lineales. Si el modelo no lineal a ajustar es polinómico, SPSS utiliza el procedimiento *Estimación curvilínea*, pero si el modelo no lineal está definido por una ecuación más complicada, SPSS utiliza el procedimiento *Regresión no lineal*.

1.5.1 Estimación curvilínea con SPSS

Este procedimiento de SPSS puede utilizarse para ajustar modelos no lineales, fácilmente reducibles en lineales mediante transformaciones adecuadas. Se puede seleccionar uno o más modelos de estimación curvilínea por regresión. Para determinar qué modelo utilizar, represente previamente los datos. Si las variables parecen estar relacionadas linealmente, utilice un modelo de regresión lineal simple. Cuando las variables no estén relacionadas linealmente, intente transformar los datos. Cuando la transformación no resulte útil, puede necesitar un modelo más complicado. Inspeccione el diagrama de dispersión de los datos y si el diagrama se parece a una función matemática reconocible, ajuste los datos a ese tipo de modelo. Por ejemplo, si los datos se parecen a una función exponencial, utilice un modelo exponencial. El procedimiento *Estimación curvilínea* contempla los siguientes modelos:

- *Lineal*: modelo cuya ecuación es $Y = b_0 + b_1 t$. Los valores de la serie se modelan como una función lineal del tiempo.

- *Logarítmico*: modelo cuya ecuación es $Y = b_0 + (b_1 \ln(t))$.

- *Inverso*: modelo cuya ecuación es $Y = b_0 + (b_1 / t)$.

- *Cuadrático*: modelo cuya ecuación es $Y = b_0 + (b_1 t) + (b_2 t^2)$. El modelo cuadrático puede utilizarse para modelar una serie que "despega" o una serie que se amortigua.

- *Cúbico*: modelo definido por la ecuación $Y = b_0 + (b_1 t) + (b_2 t^2) + (b_3 t^3)$.

- *Potencial*: modelo cuya ecuación es $Y = b_0 (t^{b_1})$ ó $\ln(Y) = \ln(b_0) + (b_1 \ln(t))$.

- *Compuesto*: modelo cuya ecuación es $Y = b_0 (b_1^t)$ ó $\ln(Y) = \ln(b_0) + (\ln(b_1) t)$.

- *Curva-S*: modelo cuya ecuación es $Y = e^{b_0 + (b_1)/t}$ ó $\ln(Y) = b_0 + (b_1/t)$.

- *Logístico*: modelo cuya ecuación es $Y = 1 / (1/u + (b_0 (b_1^t)))$ ó $\ln(1/v - 1/u) = \ln(b_0) + (\ln(b_1)t)$ donde u es el valor del límite superior. Tras seleccionar *Logístico*, especifique un valor para el límite superior que se utilizará en la ecuación de regresión. El valor debe ser un número positivo mayor que el valor máximo de la variable dependiente.

- *Crecimiento*: modelo cuya ecuación es $Y = e^{b_0 + (b_1)t}$ ó $ln(Y) = b_0 + (b_1 t)$.

- *Exponencial*: modelo cuya ecuación es $Y = b_0 \; e^{(b_1)t}$ ó $ln(Y) = ln(b_0) + (b_1 t)$.

El procedimiento *Estimación Curvilínea* genera estadísticos de estimación por regresión (coeficientes de regresión, R múltiple, R cuadrado, R cuadrado corregido, error típico de la estimación, tabla de análisis de la varianza, valores pronosticados, residuos e intervalos de pronóstico) y gráficos relacionados. También se pueden guardar valores pronosticados, residuos e intervalos pronosticados como nuevas variables.

Como ejemplo, a partir del archivo *coches.sav*, buscamos el mejor ajuste polinómico para el modelo que explique el peso de los automóviles (*peso*) en función de su cilindrada (*motor*). Para ello elegimos *Analizar → Regresión → Estimación curvilínea* (Figura 1-1) y rellenamos la pantalla de entrada como se indica en la Figura 1-2. En el campo *Modelo* señalamos *Lineal, Cuadrático* y *Cúbico* para probar el ajuste de los tres tipos de modelo polinomial. También señalamos *Incluir constante en la ecuación* y *Representar los modelos* (para obtener una idea del más adecuado). Con el botón *Guardar* se almacenan los valores pronosticados y los residuos (Figura 1-3). Si introducimos varias variables dependientes, por cada una de ellas se ajusta un modelo distinto.

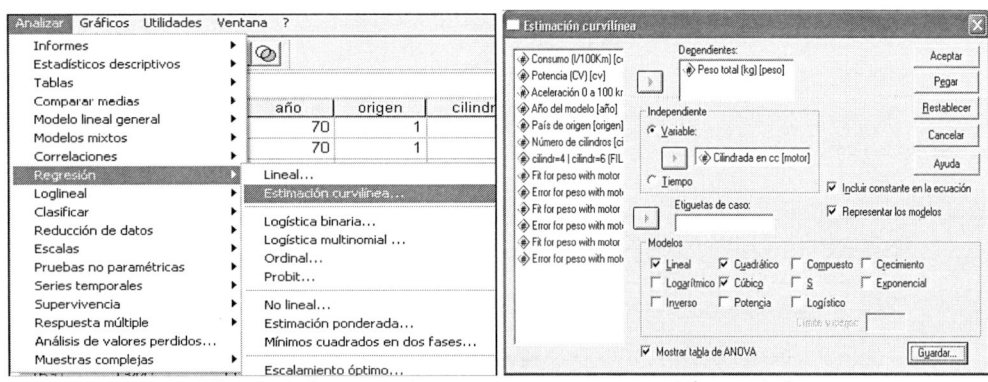

Figura 1-1   Figura 1-2

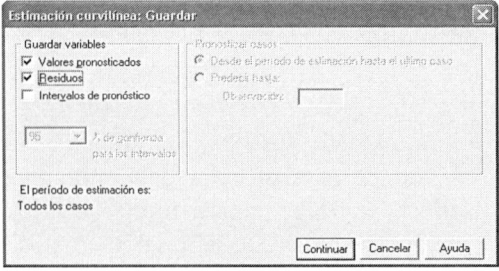

Figura 1-3

Al pulsar *Continuar* y *Aceptar* se obtienen como salida del procedimiento el ajuste simultáneo de los tres modelos polinomiales.

```
Dependent variable.. peso              Method.. LINEAR

Listwise Deletion of Missing Data

Multiple R              ,93334
R Square                ,87112
Adjusted R Square       ,87080
Standard Error       101,82259

            Analysis of Variance:

            DF    Sum of Squares       Mean Square

Regression   1        28311002,1        28311002,1
Residuals  404         4188607,3           10367,8

F =    2730,65578      Signif F =   ,0000

------------------- Variables in the Equation -------------------

Variable                  B       SE B         Beta       T  Sig T

motor               ,153359    ,002935      ,933337   52,256  ,0000
(Constant)       501,871088  10,612241                47,292  ,0000
```

Observamos que el ajuste al modelo lineal es bastante bueno con un valor alto de R^2 ajustado y con una significatividad conjunta e individual de los parámetros muy alta (p-valores de la F y de la T prácticamente nulos). La ecuación de ajuste es:

$$peso = 501,87 + 0,153 \; motor$$

A continuación, se presenta el ajuste del modelo cuadrático.

```
Dependent variable.. peso              Method.. QUADRATI
Listwise Deletion of Missing Data
Multiple R              ,94027
R Square                ,88410
Adjusted R Square       ,88353
Standard Error        96,67727

            Analysis of Variance:

            DF    Sum of Squares       Mean Square

Regression   2        28732972,5        14366486,2
Residuals  403         3766637,0            9346,5

F =    1537,09901      Signif F =   ,0000

------------------- Variables in the Equation -------------------
Variable                  B       SE B         Beta       T  Sig T

motor                   ,249504    ,014578    1,518472   17,115  ,0000
motor**2-1,273978967127E-05  1,8960E-06    -,596127    -6,719  ,0000
(Constant)           362,735736  23,028515             15,752  ,0000
```

Observamos que el ajuste al modelo cuadrático es muy bueno con un valor alto de R^2 ajustado que mejora el del ajuste lineal y con una significatividad conjunta e individual de los parámetros muy alta (p-valores de la F y de la T prácticamente nulos). La ecuación de ajuste es ahora:

$$peso = 362,37 + 0,249 \; motor \; - 0,0000127 \; motor^2$$

A continuación, se presenta el ajuste del modelo cúbico:

```
Dependent variable.. peso            Method.. CUBIC
Listwise Deletion of Missing Data

Multiple R             ,94059
R Square               ,88471
Adjusted R Square      ,88385
Standard Error       96,54356

            Analysis of Variance:

             DF    Sum of Squares      Mean Square

Regression    3        28752704,5        9584234,8
Residuals   402         3746904,9          9320,7

F =    1028,27866      Signif F =  ,0000
------------------- Variables in the Equation -------------------

Variable                 B        SE B        Beta        T   Sig T

motor                ,313853     ,046561    1,910098    6,741   ,0000
motor**2-3,085609999546E-05  1,2594E-05  -1,443834   -2,450   ,0147
motor**3 1,501697217891E-09  1,0321E-09    ,469957     .        .
(Constant)         298,966924  49,494313               6,040   ,0000
```

Observamos que el ajuste al modelo cúbico también es bueno con un valor alto de R^2 ajustado que mejora el del ajuste lineal e iguala al cuadrático y con una significatividad conjunta e individual de los parámetros alta (p-valores de la F y de la T prácticamente nulos salvo el de $motor^2$). La significatividad es algo menor que en el caso cuadrático. La ecuación de ajuste es ahora:

$$peso = 298,96 + 0,313 \; motor \; - 0,0000308 \; motor^2 \; + 0,0000000015 \; motor^3$$

Según los datos de los ajustes, nos quedaríamos con el modelo cuadrático, elección que ratifica el gráfico de las variables de la Figura 1-4.

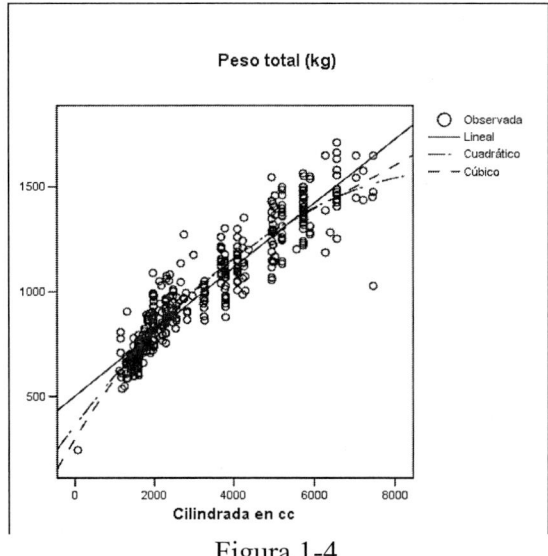

Figura 1-4

1.5.2 Estimación no lineal general y segmentada con SPSS

Cuando el modelo no lineal que relaciona las variables es más general, es decir, tiene otros términos adicionales a los polinómicos, SPSS utiliza para su estimación el procedimiento *Regresión no lineal*, que realiza el ajuste por mínimos cuadrados no lineales utilizando algoritmos iterativos para hallar la solución. Como ejemplo, a partir del fichero *coches.sav*, ajustamos un modelo que relacione el *consumo* con el cuadrado de la aceleración (*ace*l), el cubo de la potencia (*cv*) y el logaritmo de la cilindrada (*motor*).

Para realizar la regresión no lineal, elija en los menús *Analizar → Regresión → No lineal* (Figura 1-5) y seleccione la variable numérica dependiente consumo de la lista de variables del archivo de datos de trabajo (Figura 1-6). Para construir una expresión para el modelo, introduzca la expresión en el campo *Expresión del modelo* o bien pegue en el campo los componentes (variables, parámetros, funciones). Identifique *Nombre* y *Valor inicial* de cada uno de los parámetros de la expresión del modelo pulsando en *Parámetros* y haga clic en *Añadir* para ir definiendo los parámetros (Figura 1-7). En el botón *Pérdida* elija la función de pérdida en regresión no lineal (Figura 1-8), es decir, la función que es minimizada por el algoritmo. Seleccione *Suma de los residuos al cuadrado* para minimizar la suma de los residuos al cuadrado o bien *Función de pérdida definida por el usuario* para minimizar una función diferente.

El botón *Restricciones* permite introducir restricciones en las variables del modelo (Figura 1-9). Una restricción es una limitación sobre los valores permitidos para un parámetro durante la búsqueda iterativa de una solución.

El cuadro de diálogo del botón *Opciones* (Figura 1-10) permite elegir Estimaciones bootstrap del error típico (requiere la utilización del algoritmo de programación cuadrática secuencial), el Método de estimación (Programación cuadrática secuencial o Levenberg-Marquardt). El método Programación cuadrática secuencial permite especificar nuevos valores para N° máximo de iteraciones y Límite para los pasos y puede cambiar la selección que se encuentra en las listas desplegables para Tolerancia de optimalidad, Precisión de la función y Tamaño para pasos infinitos. El método de Levenberg-Marquardt permite especificar N° máximo de iteraciones y es posible cambiar la selección de las listas desplegables para Convergencia de la suma de cuadrados y Convergencia en los parámetros. Puede guardar una serie de variables nuevas en el archivo de datos activo mediante el botón Guardar (Figura 1-11). Las opciones disponibles son: Valores pronosticados, Residuos, Derivadas y Valores de la función de pérdida. Estas variables se pueden utilizar en análisis subsiguientes para contrastar el ajuste del modelo o para identificar casos problemáticos.

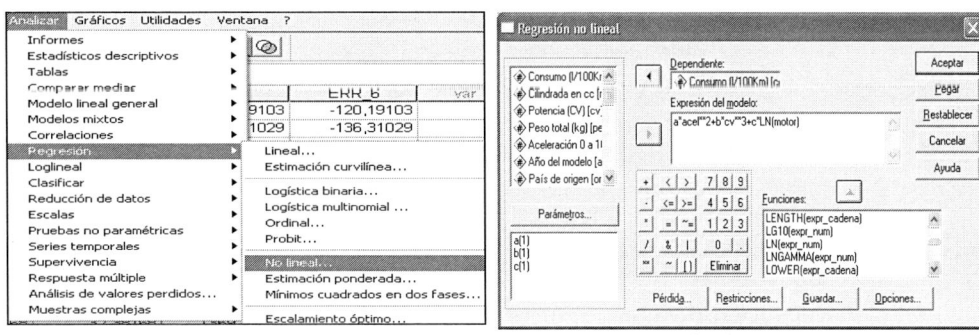

Figura 1-5   Figura 1-6

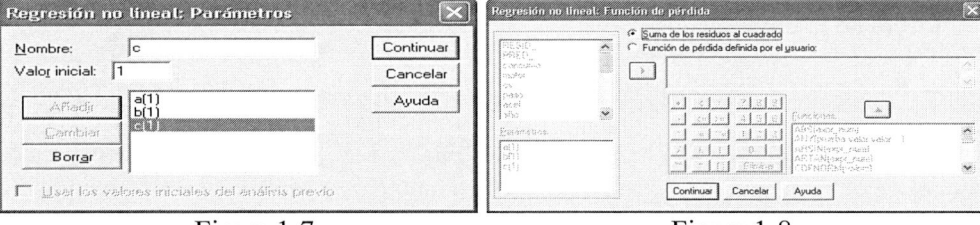

Figura 1-7   Figura 1-8

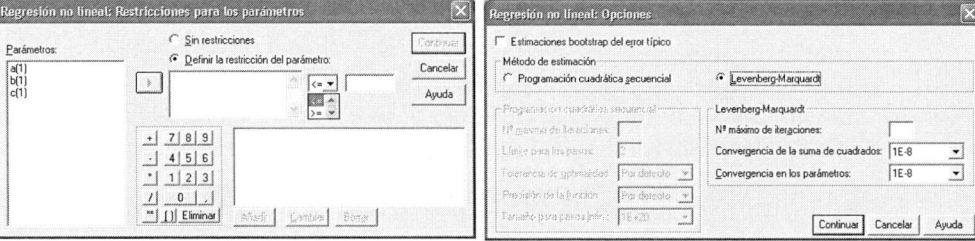

Figura 1-9   Figura 1-10

Figura 1-11

En el campo *Expresión del modelo* pueden introducirse modelos segmentados (modelos que adquieren diferentes formas en distintas partes de su dominio) usando expresiones de lógica condicional dentro de la declaración única del modelo. Para usar la lógica condicional dentro de la expresión del modelo o de la función de pérdida, debe construirse la suma de una serie de términos, uno para cada condición. Cada término se compone de una expresión lógica (entre paréntesis) multiplicada por la expresión que resultará cuando esa expresión lógica es verdadera. Por ejemplo, considere un modelo segmentado que sea igual a 0 para X < = 0, X para 0 < X < 1 y 1 para X > = 1. La expresión para este ejemplo es: $(X <= 0)*0 + (X > 0 \& X < 1)*X + (X >= 1)*1$. Todas las expresiones lógicas entre paréntesis deben ser evaluables como 1 (verdadero) o 0 (falso). Así: si X < = 0, la anterior se reduce a 1*0 + 0*X + 0*1 = 0. Si 0 < X < 1, se reduce a 0*0 + 1*X + 0*1 = X. Si X > = 1, se reduce a 0*0 + 0*X + 1*1 = 1. Se pueden construir con facilidad ejemplos más complicados reemplazando diferentes expresiones lógicas y expresiones de resultado. Recuerde que las desigualdades dobles, como 0 < X < 1, deben escribirse como expresiones compuestas, de la forma $(X > 0 \& X < 1)$.

Es posible utilizar variables de cadena dentro de las expresiones lógicas: (ciudad='Madrid')*costliv + (ciudad='Guadalajara')*0,59*costliv. Esto da lugar a una expresión (el valor de la variable costliv) para los madrileños y a otra (el 59% de ese valor) para los habitantes de Guadalajara. Las constantes de cadena deben ir entre comillas o apóstrofos, como se muestra en la sintaxis de este ejemplo.

Si selecciona *Función de pérdida definida por el usuario*, debe definir la función de pérdida cuya suma (en todos los casos) deberá minimizarse por la elección de los valores de los parámetros. La mayoría de las funciones de pérdida incluyen la variable especial resid_, que representa el residuo. La función de pérdida por defecto Suma de los residuos al cuadrado se podría introducir explícitamente como resid_**2. Si tiene que utilizar el valor pronosticado en la función de pérdida, éste es igual a la variable dependiente menos el residuo. Se puede especificar una función de pérdida condicional utilizando la lógica condicional. Puede escribir una expresión en el campo Función de pérdida definida por el usuario, o bien pegar en el campo los componentes de la expresión. Las constantes de cadena deben ir entre comillas o apóstrofos y las constantes numéricas deben escribirse en formato americano, con el punto como separador de la parte decimal.

En cuanto a estadísticos, para cada iteración se obtienen estimaciones de los parámetros y suma de cuadrados residual, y para cada modelo se obtiene suma de cuadrados para regresión, residual, total corregido y no corregido, estimaciones de los parámetros, errores típicos asintóticos y matriz de correlaciones asintóticas de estimaciones de los parámetros.

Al pulsar *Aceptar* en la Figura 1-6 se obtiene la estimación del modelo.

```
All the derivatives will be calculated numerically.

The following new variables are being created:

Name          Label

PRED_         Predicted Values
RESID         Residuals

Iteration  Residual SS         a           b           c

    1       2,7594E+15   1,00000000  1,00000000  1,00000000
    1.1     2383,394402  -,00428801  ,000001033  1,34745779
    2       2383,394402  -,00428801  ,000001033  1,34745779
    2.1     2383,393755  -,00428163  ,000001033  1,34714622
    3       2383,393755  -,00428163  ,000001033  1,34714622

Run stopped after 5 model evaluations and 3 derivative evaluations.
Iterations have been stopped because the magnitude of the largest correlation
between the residuals and any derivative column is at most RCON = 1,000E-08

Nonlinear Regression Summary Statistics    Dependent Variable consumo

  Source                DF  Sum of Squares  Mean Square

  Regression             3     53492,60624   17830,86875
  Residual             389      2383,39376       6,12698
  Uncorrected Total    392     55876,00000

  (Corrected Total)    391      6128,40816

  R squared = 1 - Residual SS / Corrected SS =     ,61109

                                    Asymptotic 95 %
                        Asymptotic  Confidence Interval
  Parameter   Estimate  Std. Error  Lower         Upper

  a          -,004281629  ,001663493  -,007552191  -,001011067
  b          1,03336E-06  8,11183E-08  8,73873E-07  1,19284E-06
  c          1,347146223  ,066182685  1,217025700  1,477266746

Asymptotic Correlation Matrix of the Parameter Estimates

            a         b         c
  a      1,0000     ,6357    -,9486
  b       ,6357    1,0000    -,7639
  c      -,9486    -,7639    1,0000
```

El ajuste se ha realizado en 5 iteraciones, el coeficiente R^2 es superior al 50% y la ecuación del modelo ajustado ha resultado ser la siguiente:

$$consumo = -0{,}00428\ acel^2 + 0{,}00000103\ cv^3 + 1{,}347\ LN(motor)$$

1.6 SAS Y LA ESTIMACIÓN NO LINEAL. PROCEDIMIENTO NLIN

El procedimiento NLIN ajusta modelos no lineales mediante mínimos cuadrados o mínimos cuadrados ponderados. El método de estimación es iterativo mediante los algoritmos de Newton, gradiente, Gauss-Newton, Marquardt o falsa posición (DUD). La sintaxis es la siguiente:

```
PROC NLIN options;
        MODEL dependent=expression;
        PARÁMETROS parameter=values ,..., parameter=values;
        BOUNDS inaquality , ... , inequality;
        BY variables;
        DER.parameter=expression;
        DER.parámetro.parámetro=expression;
        ID variables;
        OUTPUT OUT=output dataset = names;
        CONTROL variable =values  ... variable =values;
```

La sentencia BOUNDS restringe los parámetros estimados a las condiciones especificadas. La sentencia BY especifica variables para realizar subgrupos. La sentencia DER especifica primeras o segundas derivadas parciales. La sentencia ID especifica variables adicionales a añadir al conjunto de datos de salida. La sentencia MODEL define la relación a ajustar entre la variable dependiente y las variables independientes. La sentencia OUTPUT crea el conjunto de datos de salida. La sentencia PARMS identifica parámetros a estimar y sus valores iniciales. La sentencia CONTROL declara variables de control y especifica sus valores.

Las *opciones de PROC NLIN* son: DATA=conjunto de datos de entrada, OUTEST=conjunto de datos de salida con estimaciones en las iteraciones, SAVE especifica que al excederse la iteración hay que guardar los resultados BEST=n para que se muestren las sumas de cuadrados de los residuos, METHOD=GAUSS | MARQUARDT | NEWTON | GRADIENT | DUD elige un método iterativo para el ajuste, MAXSUBIT=n, RHO=n, SMETHOD=n y TAU=n controlan el tamaño del paso, G4 y SIGSQ=n especifican detalles de iteración, CONVERGE=c, CONVERGEOBJ=c, CONVERGEPARM=c, SINGULAR=c y MAXITER=c afinan la minimización, HOUGAARD, NOITPRINT y NOPRINT modifican la cantidad de salida, LIST, LISTALL, LISTCODE, LISTDEP, LISTDER y XREF listan la estructura del modelo, FLOW, PRINT y TRACE ofrecen la traza de la ejecución del modelo.

Como ejemplo consideramos un modelo teórico de cinética de enzimas que define la velocidad inicial de una reacción enzimática a la concentración de sustrato mediante:

$$f(x,\theta) = \frac{\theta_1 x_i}{\theta_2 + x_i} \quad i = 1, 2, \cdots, n$$

donde x_i representa la cantidad de sustrato para n intentos y f(x,θ) es la velocidad de la reacción.

Supongamos que se quiere estudiar la relación entre concentración y velocidad para un par particular enzima/sustrato registrándose la velocidad de reacción observada en diferentes concentraciones de sustrato.

```
data Enzima;
     input Concentracion Velocidad @@;
     datalines;
   0.26 124.7    0.30 126.9    0.48 135.9    0.50 137.6
   0.54 139.6    0.68 141.1    0.82 142.8    1.14 147.6
   1.28 149.8    1.38 149.4    1.80 153.9    2.30 152.5
   2.44 154.5    2.48 154.7
   ;
proc nlin data=Enzima method=marquardt hougaard;
   parms theta1-155
           theta2=0 to 0.07 by 0.01;
   model Velocidad=theta1*Concentracion/(theta2+Concentracion);
   run;
```

La salida es la siguiente:

The NLIN Procedure
Dependent Variable Velocidad

theta1	theta2	Sum of Squares
Grid Search		
155.0	0	3075.4
155.0	0.0100	2074.1
155.0	0.0200	1310.3
155.0	0.0300	752.0
155.0	0.0400	371.9
155.0	0.0500	147.2
155.0	0.0600	58.1130
155.0	0.0700	87.9662

The SAS System

The NLIN Procedure
Dependent Variable Velocidad
Method: Marquardt

Iter	theta1	theta2	Sum of Squares
0	155.0	0.0600	58.1130
1	158.0	0.0736	19.7017
2	158.1	0.0741	19.6606
3	158.1	0.0741	19.6606

NOTE: Convergence criterion met.

Estimation Summary	
Method	Marquardt
Iterations	3
R	5.861E-6
PPC(theta2)	8.569E-7
RPC(theta2)	0.000078
Object	2.902E-7
Objective	19.66059
Observations Read	14
Observations Used	14
Observations Missing	0

Note: An intercept was not specified for this model.

Source	DF	Sum of Squares	Mean Square	F Value	Approx Pr > F
Model	2	290116	145058	88537.2	<.0001
Error	12	19.6606	1.6384		
Uncorrected Total	14	290135			

Parameter	Estimate	Approx Std Error	Approximate 95% Confidence Limits		Skewness
theta1	158.1	0.6737	156.6	159.6	0.0152
theta2	0.0741	0.00313	0.0673	0.0809	0.0362

Approximate Correlation Matrix		
	theta1	theta2
theta1	1.0000000	0.8300538
theta2	0.8300538	1.0000000

El modelo estimado resulta ser:

$$\hat{V} = \frac{158.105C}{0.0741 + C}$$

1.7 SAS Y LA ESTIMACIÓN NO LINEAL Y SEGMENTADA. PROCEDIMIENTO MODEL

Una ventaja importante del procedimiento MODEL es que permite estimar modelos no lineales sin utilizar valores iniciales. Por ejemplo, podemos ajustar el modelo no lineal tratado anteriormente con SYSLIN:

$$f(x,\theta) = \frac{\theta_1 x_i}{\theta_2 + x_i} \quad i = 1,2,\cdots,n$$

Para ello utilizaremos el procedimiento MODEL directamente sin usar valores iniciales. La sintaxis SAS será la siguiente:

```
data Enzima;
     input Concentracion Velocidad @@;
     datalines;
   0.26 124.7    0.30 126.9    0.48 135.9    0.50 137.6
   0.54 139.6    0.68 141.1    0.82 142.8    1.14 147.6
   1.28 149.8    1.38 149.4    1.80 153.9    2.30 152.5
   2.44 154.5    2.48 154.7
   ;
proc model data=Enzima;
     parms theta1 theta2;
      var Velocidad Concentracion;
      Velocidad = theta1*Concentracion / (theta2 + Concentracion);
      fit Velocidad;
   run;
```

A continuación, se presenta el modelo estimado.

The MODEL Procedure
OLS Estimation Summary

Data Set Options	
DATA=	ENZIMA

Minimization Summary	
Parameters Estimated	2
Method	Marquardt
Iterations	21
Subiterations	25
Average Subiterations	1.190476

Final Convergence Criteria	
R	0.000019
PPC(theta2)	2.71E-6
RPC(theta2)	0.000241
Object	5.062E-6
Trace(S)	1.638383
Objective Value	1.404328
Lambda	0.000378

Observations Processed	
Read	14
Solved	14

The MODEL Procedure

Nonlinear OLS Summary of Residual Errors							
Equation	DF Model	DF Error	SSE	MSE	Root MSE	R-Square	Adj R-Sq
Velocidad	2	12	19.6606	1.6384	1.2800	0.9845	0.9832

Nonlinear OLS Parameter Estimates				
Parameter	Estimate	Approx Std Err	t Value	Approx Pr > |t|
theta1	158.1046	0.6737	234.67	<.0001
theta2	0.07413	0.00313	23.69	<.0001

Number of Observations		Statistics for System	
Used	14	Objective	1.4043
Missing	0	Objective*N	19.6606

La diagnosis gráfica indica que los residuos son normales y aleatorios porque su histograma se ajusta a la campana de Gauss, la nube de puntos del gráfico de normalidad se ajusta a la diagonal del primer cuadrante y las funciones de autocorrelación y autocorrelación parcial residuales no tiene términos significativamente distintos de cero según se ilustra en la gráfica siguiente:

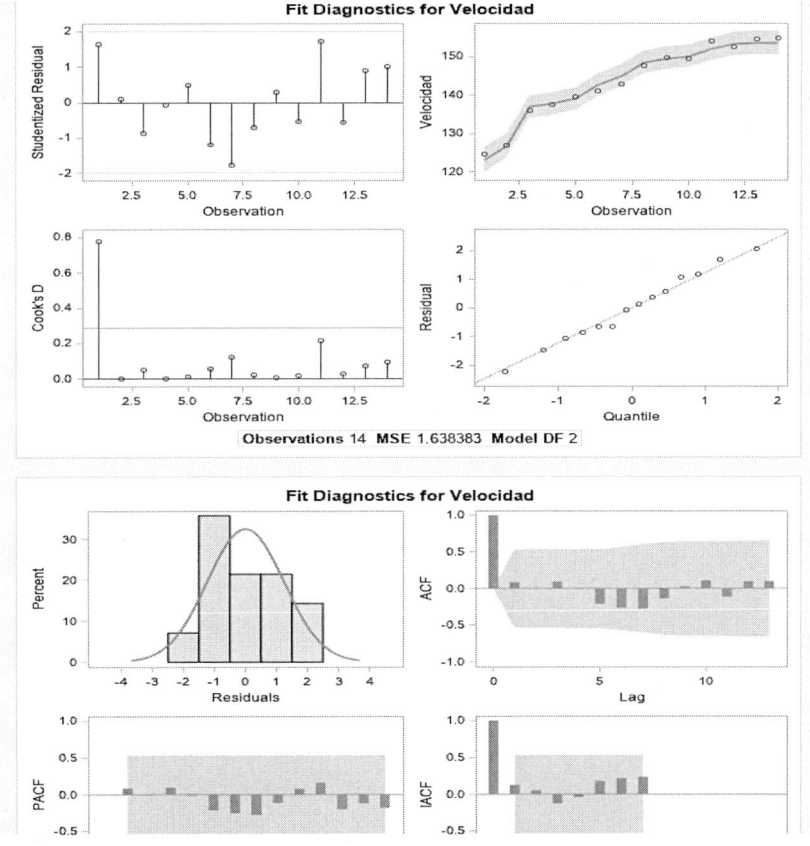

El modelo estimado resulta ser:

$$\hat{V} = \frac{158.105 C}{0.0741 + C}$$

El resultado coincide con el del procedimiento SYLIN.

Mediante el procedimiento MODEL también es posible **estimar modelos segmentados**. Como ejemplo estimamos el modelo siguiente:

$$y = \begin{cases} x_0 = b/2c \\ a + bx + cx^2 & si \quad x < x_0 \\ a + bx_0 + cx_0^2 & en \ otro \ caso \end{cases}$$

La sintaxis adecuada es la siguiente:

```
data a;
input y x @@;
datalines;
.46 1 .47 2 .57 3 .61 4 .62 5 .60 6 .69 7 .78 8 .70 9 .74 10 .77
11 .78 12 .74 13 .80 13 .80 15 .78 16
;
proc model data=a;
x0 = -.5 * b / c;
if x < x0 then y = a + b*x + c*x*x;
else y = a + b*x0 + c*x0*x0;
fit y
start=( a .45 b .5 c -.0025 );
estimate 'Join point' x0 , 'plateau' a + b*x0 + c*x0**2 ;
run;
```
La salida es la siguiente:

The MODEL Procedure

Model Summary	
Model Variables	1
Parameters	3
Equations	1
Number of Statements	8

Model Variables	y
Parameters(Value)	b(0.5) c(-0.0025) a(0.45)
Equations	y

The Equation to Estimate is	
y =	F(b, c, a)

NOTE: At OLS Iteration 4 CONVERGE=0.001 Criteria Met.

Data Set Options	
DATA=	A

Minimization Summary	
Parameters Estimated	3
Method	Gauss
Iterations	4

Final Convergence Criteria	
R	0.000536
PPC(c)	0.000427
RPC(c)	0.004008
Object	0.000031
Trace(S)	0.000774
Objective Value	0.000629

Observations Processed	
Read	16
Solved	16

The MODEL Procedure

Nonlinear OLS Summary of Residual Errors							
Equation	DF Model	DF Error	SSE	MSE	Root MSE	R-Square	Adj R-Sq
y	3	13	0.0101	0.000774	0.0278	0.9462	0.9379

Nonlinear OLS Parameter Estimates				
Parameter	Estimate	Approx Std Err	t Value	Approx Pr > |t|
b	0.060447	0.00842	7.18	<.0001
c	-0.00237	0.000551	-4.30	0.0009
a	0.392151	0.0267	14.70	<.0001

Nonlinear OLS Estimates					
Term	Estimate	Approx Std Err	t Value	Approx Pr > |t|	Label
Join point	12.7504	1.2785	9.97	<.0001	x0
plateau	0.777516	0.0123	63.10	<.0001	a + b*x0 + c*x0**2

Number of Observations		Statistics for System	
Used	16	Objective	0.000629
Missing	0	Objective*N	0.0101

La diagnosis gráfica indica que los residuos son normales y aleatorios porque su histograma se ajusta a la campana de Gauss, la nube de puntos del gráfico de normalidad se ajusta a la diagonal del primer cuadrante y las funciones de autocorrelación y autocorrelación parcial residuales no tiene términos significativamente distintos de cero según se ilustra en la gráfica siguiente:

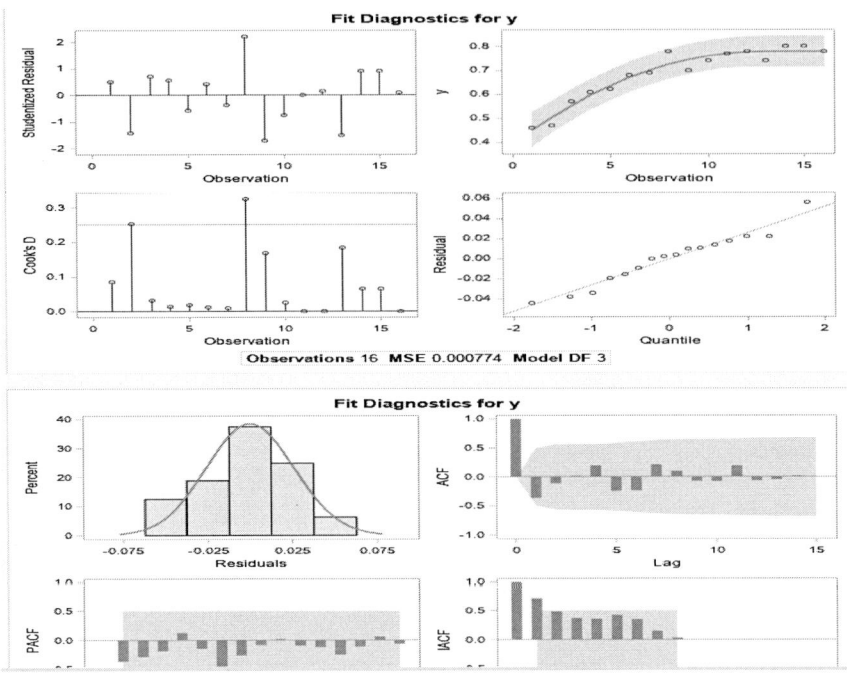

1.8 SAS Y LOS MODELOS DE ECUACIONES SIMULTÁNEAS NO LINEALES: PROCEDIMIENTO MODEL

El procedimiento MODEL permite estimar sistemas de ecuaciones de regresión no lineales mediante mínimos cuadrados ordinarios, 2 etapas, 3 etapas, regresiones aparentemente relacionadas y máxima verosimilitud. También permite simulación de Montecarlo, programación lineal, estimar modelos dinámicos, estimar modelos por tramos y resolver ecuaciones diferenciales ordinarias. Su sintaxis es la siguiente:

PROC MODEL options;
 ABORT;
 ARRAY arrayname variables ...;
 ATTRIB list-variables attributes-list [list-variables attributes-list];
 BOUNDS límit1, límit2 ...;
 BY variables;
 CALL name [(expression [, expression ...])];
 CONTROL variable [value] ...;
 DELETE;
 DO [variable = expression [TO expression] [BY expression]
 [, expression TO expression] [BY expression] ...]
 [WHILE expression] [UNTIL expression];
 END;

DROP variable ...;

ENDOGENOUS variable [initial values] ...;

ESTIMATE item [, item ...] [./ options];

EXOGENOUS variable [initial values] ...;

FIT equaciones [*PARMS*=(parameters values ...)]
START=(parameter values ...)
[*DROP=(parameters)*] [/ options];

FORMAT variables [format] [*DEFAULT* = defect_format];

GOTO label_instruction;

ID variables;

IF expression;

IF expression *THEN* programming_instruction;

ELSE programming_instruction;

variable = expression;

variable + expression;

INCLUDE model ficles ...;

INSTRUMENTS [instruments] [*_EXOG_*]
[*EXCLUDE*=(parameters)] [/ options];

KEEP variable ...;

LABEL variable ='label' ...;

LENGTH variables [$] length ... [*DEFAULT*=length];

LINK label_instruction;

OUTVARS variable ...;

PARÁMETROSS variable [value] variable [value] ...;

PUT print_item ... [@] [@@];

RANGE variable [= first] [*TO* last];

RENOMBRE old-name =newe-name ... [old-name =newe-name];

RESET options;

RESTRICT restriction1 [, restriction2 ...];

RETAIN variables values [variables values...];

RETURN;

SOLVE variables [*SATISFY*=(equationss)] [/ options];

SUBSTR(variable, index, length) = expression;

SELECT [(expression)];

OTHERWISE instruction_programming;

STOP;

TEST ["namee"] test1 [, test2 ...] [./ options];

VAR variable [initial values] ...;

WEIGHT variable;

WHEN (expression) programming_instruction;

La gran variedad de opciones de este procedimiento exige la consulta del manual. No obstante, todas ellas son intuitivas.

Como ejemplo se muestra la estimación de un sistema no lineal de ecuaciones de demanda del consumidor basado en la transformación logarítmica. Se tienen datos de gasto total para tres tipos de bienes y se estima un modelo en el que la proporción de gasto en cada partida depende del logaritmo de los precios y del logaritmo del gasto total mediante las siguientes ecuaciones no lineales:

$$Pg_1 = \frac{a_1 + b_{11}\log(p_1) + b_{12}\log(p_2) + b_{13}\log(p_3)}{-1 + (b_{11} + b_{21} + b_{31})\log(p_1) + (b_{12} + b_{22} + b_{32})\log(p_2) + (b_{13} + b_{23} + b_{33})\log(p_3)}$$

$$Pg_1 = \frac{a_2 + b_{21}\log(p_1) + b_{22}\log(p_2) + b_{23}\log(p_3)}{-1 + (b_{11} + b_{21} + b_{31})\log(p_1) + (b_{12} + b_{22} + b_{32})\log(p_2) + (b_{13} + b_{23} + b_{33})\log(p_3)}$$

Como se trata de un sistema de ecuaciones no lineales usamos el procedimiento MODEL con la sintaxis siguiente:

```
data tlog1;
input t share1 share2 share3 p1 p2 p3;
datalines;
 1     0.129      0.493      0.378     1.40406    1.49089    1.39449
 2     0.126      0.499      0.375     1.43488    1.52051    1.52407
 3     0.114      0.522      0.364     1.57969    1.46667    1.65631
 4     0.119      0.511      0.370     1.49961    1.55867    1.92536
 5     0.126      0.509      0.365     2.01051    1.61371    1.78626
 6     0.127      0.497      0.376     1.65436    1.69078    1.70540
 7     0.128      0.495      0.377     1.62652    1.66765    1.61266
 8     0.119      0.514      0.367     1.66980    1.50343    1.47088
 9     0.125      0.499      0.376     1.40209    1.48202    1.45782
10     0.108      0.523      0.369     1.38906    1.42591    1.51648
11     0.106      0.538      0.356     1.43997    1.34984    1.46885
12     0.102      0.544      0.354     1.33201    1.31234    1.42404
13     0.102      0.540      0.358     1.17398    1.27947    1.33307
14     0.136      0.471      0.393     1.12215    1.29747    1.22201
15     0.164      0.535      0.301     1.18175    1.27395    1.13321
16     0.111      0.532      0.357     1.08195    1.24290    1.10386
17     0.125      0.503      0.372     1.02606    1.17886    1.04558
18     0.127      0.497      0.376     1.01399    1.12550    0.95515
19     0.145      0.458      0.397     1.31784    1.11050    0.89666
20     0.164      0.492      0.314     1.13912    1.10141    0.89219
21     0.130      0.492      0.378     0.94897    1.06430    0.92483
22     0.139      0.472      0.389     1.03611    0.99587    0.88390
23     0.134      0.483      0.383     0.95167    0.97834    0.84329
24     0.138      0.475      0.387     0.94553    0.91948    0.82540
25     0.130      0.486      0.384     0.82124    0.88765    0.84305
```

```
26      0.142           0.467           0.391           0.91700         0.83821         0.81825
27      0.140           0.471           0.389           0.81815         0.80076         0.80307
28      0.139           0.473           0.388           0.75771         0.76853         0.78136
29      0.136           0.481           0.383           0.66028         0.76027         0.77448
30      0.129           0.483           0.388           0.72626         0.72469         0.74480
31      0.138           0.476           0.386           0.65864         0.69642         0.73169
32      0.141           0.470           0.389           0.70983         0.66085         0.70354
33      0.140           0.471           0.389           0.67501         0.64329         0.68928
34      0.140           0.472           0.388           0.64815         0.62016         0.67150
35      0.149           0.443           0.408           0.62117         0.60156         0.65453
36      0.140           0.472           0.388           0.61053         0.56857         0.62066
37      0.140           0.471           0.389           0.61021         0.53726         0.58696
38      0.140           0.472           0.388           0.57732         0.51423         0.55821
39      0.139           0.474           0.387           0.52595         0.49851         0.54516
40      0.138           0.476           0.386           0.48673         0.48049         0.52500
41      0.159           0.483           0.358           0.51146         0.45405         0.49703
42      0.137           0.478           0.385           0.43755         0.45166         0.49636
43      0.137           0.478           0.385           0.41167         0.43600         0.49146
44      0.138           0.475           0.387           0.43348         0.40635         0.46186
;
proc model data=tlog1;
    var share1 share2 p1 p2 p3;
    parms a1 a2 b11 b12 b13 b21 b22 b23 b31 b32 b33;
    bm1 = b11 + b21 + b31;
    bm2 = b12 + b22 + b32;
    bm3 = b13 + b23 + b33;
    lp1 = log(p1);
    lp2 = log(p2);
    lp3 = log(p3);
    share1 = ( a1 + b11 * lp1 + b12 * lp2 + b13 * lp3 ) /
             ( -1 + bm1 * lp1 + bm2 * lp2 + bm3 * lp3 );
    share2 = ( a2 + b21 * lp1 + b22 * lp2 + b23 * lp3 ) /
             ( -1 + bm1 * lp1 + bm2 * lp2 + bm3 * lp3 );
    fit share1 share2
    start=( a1 -.14 a2 -.45 b11 .03 b12 .47 b22 .98 b31 .20
           b32 1.11 b33 .71 ) / outsused = smatrix sur;
run;
```

La salida con el modelo estimado es la siguiente:

The MODEL Procedure

Model Summary	
Model Variables	5
Parameters	11
Equations	2
Number of Statements	8

Model Variables	share1 share2 p1 p2 p3
Parameters(Value)	a1(-0.14) a2(-0.45) b11(0.03) b12(0.47) b13 b21 b22(0.98) b23 b31(0.2) b32(1.11) b33(0.71)
Equations	share1 share2

The 2 Equations to Estimate	
share1 =	F(a1, b11, b12, b13, b21, b22, b23, b31, b32, b33)
share2 =	F(a2, b11, b12, b13, b21, b22, b23, b31, b32, b33)

NOTE: At SUR Iteration 2 CONVERGE=0.001 Criteria Met.

Data Set Options	
DATA=	TLOG1
OUTSUSED=	SMATRIX

Minimization Summary	
Parameters Estimated	11
Method	Gauss
Iterations	2

Final Convergence Criteria	
R	0.00016
PPC(b11)	0.00116
RPC(b11)	0.012106
Object	2.921E-6
Trace(S)	0.000078
Objective Value	1.749312

Observations Processed	
Read	44
Solved	44

Nonlinear SUR Summary of Residual Errors							
Equation	DF Model	DF Error	SSE	MSE	Root MSE	R-Square	Adj R-Sq
share1	5.5	38.5	0.00166	0.000043	0.00656	0.8067	0.7841
share2	5.5	38.5	0.00135	0.000035	0.00592	0.9445	0.9380

Nonlinear SUR Parameter Estimates				
Parameter	Estimate	Approx Std Err	t Value	Approx Pr > |t|
a1	-0.14881	0.00225	-66.08	<.0001
a2	-0.45776	0.00297	-154.29	<.0001
b11	0.048382	0.0498	0.97	0.3379
b12	0.43655	0.0502	8.70	<.0001
b13	0.248588	0.0516	4.82	<.0001
b21	0.586326	0.2089	2.81	0.0079
b22	0.759776	0.2565	2.96	0.0052
b23	1.303821	0.2328	5.60	<.0001
b31	0.297808	0.1504	1.98	0.0550
b32	0.961551	0.1633	5.89	<.0001
b33	0.8291	0.1556	5.33	<.0001

Number of Observations		Statistics for System	
Used	44	Objective	1.7493
Missing	0	Objective*N	76.9697

La diagnosis es correcta porque el R2 ajustado es alto y los p-valores de los parámetros son muy bajos, lo que indica fuerte significatividad de los mismos. Además, la diagnosis gráfica muestra residuos normales y aleatorios, tal y como se indica en las gráficas siguientes:

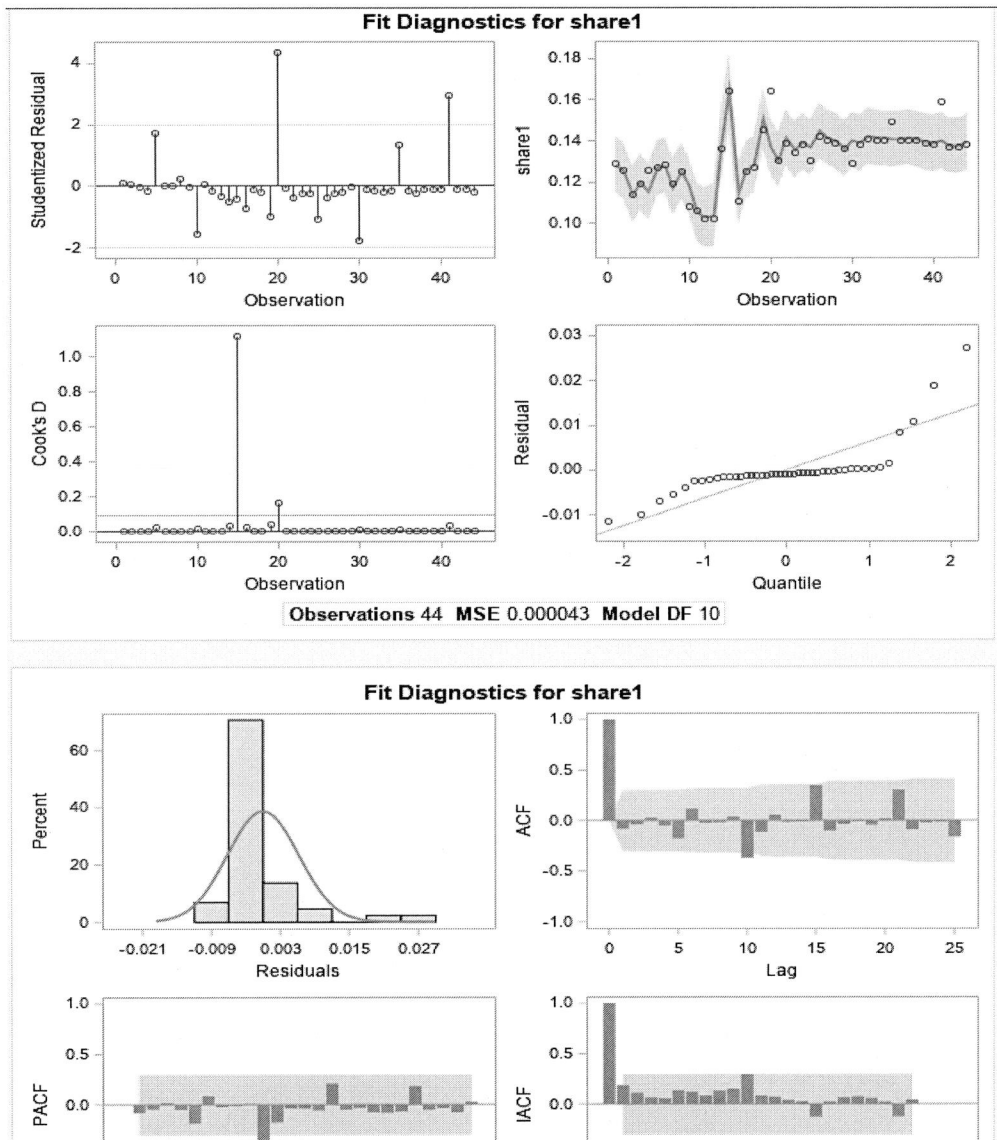

Fit Diagnostics for share2

Observations 44   MSE 0.000035   Model DF 10

Fit Diagnostics for share2

1.9 EVIEWS Y LOS MODELOS DE ECUACIONES NO LINEALES

Eviews permite estimar modelos no lineales sencillamente utilizando *Quick* → *Estimate Equation* (Figura 1-12) e introduciendo en la pantalla *Specification* la ecuación del modelo (Figura 1-13). Al hacer clic en *Aceptar* se obtiene la estimación pedida (Figura 1-14).

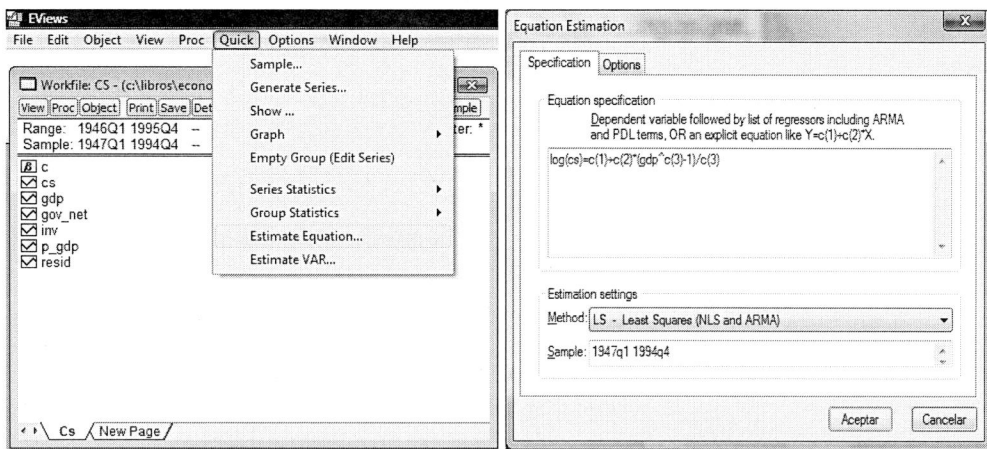

Figura 1-12   Figura 1-13

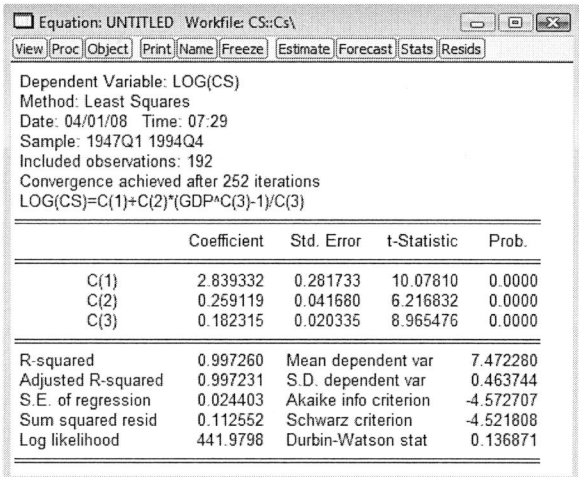

Figura 1-14

El modelo estimado, con parámetros muy significativos, resulta ser:

$$Log(CS) = 2,839332 + 0,259119 \frac{GDP^{0,282315}}{0,282315}$$

1.10 STATA Y LOS MODELOS DE ECUACIONES NO LINEALES

STATA dispone de la sentencia *nl* que permite estimar modelos con ecuaciones no lineales. Su sintaxis básica es la siguiente:

nl ecuación del modelo, opciones

Ente las opciones más interesantes se encuentran *variables(lista_ variables)* para especificar las variables en el modelo, *initial(valores_iniciales)* para dar valores iniciales a los parámetros del modelo, *parameters(lista_parámetros)* para especificar los parámetros en el modelo, *nparameters(n)* para especificar que hay *n* parámetros en el modelo, *noconstant* para ajustar el modelo sin constante, *hasconstant(nombre)* para identificar el término constante del modelo, *robust* para estimar en presencia de heteroscedasticidad, *level(n)* sitúa el nivel de confianza en *n*, *eps(n)* para especificar el criterio de convergencia y *delta(n)* que especifica *n* para computar derivadas.

Como ejemplo, con los datos del fichero *production.dta*, estimamos la función de producción CES siguiente:

$$\ln Q_i = \beta_0 - \frac{1}{\rho}\ln\left\{\delta K_i^{-\rho} + (1-\delta)L_i^{-\rho}\right\} + \varepsilon_i$$

La solución es la siguiente:

```
.   uoc production
.   nl (lnoutput = {b0} - 1/{rho=1}*ln({delta=0.5}*capital^{-1*{rho}})
+(1-{delta})*labor^(-1*{rho})))
(obs = 100)

Iteration 0:   residual SS =   1407.299
Iteration 1:   residual SS =   29.38631
Iteration 2:   residual SS =   29.36637
Iteration 3:   residual SS =   29.36583
Iteration 4:   residual SS =   29.36581
Iteration 5:   residual SS =   29.36581
Iteration 6:   residual SS =   29.36581
Iteration 7:   residual SS =   29.36581
```

Source	SS	df	MS		
Model	91.1449924	2	45.5724962	Number of obs =	100
Residual	29.3658055	97	.302740263	F(2, 97) =	150.53
				Prob > F =	0.0000
				R-squared =	0.7563
Total	120.510798	99	1.21728079	Adj R-squared =	0.7513
				Root MSE =	.5502184
				Res. dev. =	161.2538

lnoutput	Coef.	Std. Err.	t	P>|t|	[95% Conf. Interval]
b0	3.792158	.099682	38.04	0.000	3.594316 3.983999
rho	1.386993	.472584	2.93	0.004	.4490443 2.324941
delta	.4823616	.0519791	9.28	0.000	.3791975 .5855258

```
* Parameter b0 taken as constant term in model & ANOVA table
(SEs, P values, CIs, and correlations are asymptotic approximations)
```

Se observan p-valores muy pequeños que indican alta significatividad individual de los parámetros estimados, También es muy pequeño el p-valor de la F de Fisher, lo que indica alta significatividad conjunta de los parámetros estimados. También se observa un R^2 alto y valores pequeños de los errores de estimación. El ajuste del modelo es entonces bastante aceptable.

Ejercicio 1-1. *Consideramos un modelo teórico de cinética de enzimas que define la velocidad inicial v de una reacción enzimática a la concentración de sustrato x mediante:*

$$v(x, \theta_1, \theta_2) = \frac{\theta_1 x}{\theta_2 + x}$$

donde x representa la cantidad de sustrato y v(x, θ_1, θ_2) es la velocidad de la reacción. Supongamos que se quiere estudiar la relación entre concentración y velocidad para un par particular enzima/sustrato registrándose en el archivo 1-4.sav la velocidad de reacción observada en diferentes concentraciones de sustrato. ¿Cuál es la relación adecuada en virtud de los datos recogidos? De ensayos anteriores se sabe que θ_1 varía alrededor de 150 y θ_2 varía alrededor de 1 aproximadamente. Se utilizará SPSS.

Se trata de ajustar a n puntos una función no lineal, por lo que será necesario utilizar la regresión no lineal. Para realizar la regresión no lineal, elija en los menús *Analizar → Regresión → No lineal* (Figura 1-15) y seleccione la variable numérica dependiente V de la lista de variables del archivo de datos de trabajo (Figura 1-16). Para construir una expresión para el modelo, introduzca la expresión en el campo *Expresión del modelo*. Identifique *Nombre* y *Valor inicial* de cada uno de los parámetros de la expresión del modelo pulsando en *Parámetros* y haga clic en *Añadir* para ir definiendo los parámetros (Figura 1-17). Puede guardar una serie de variables nuevas en el archivo de datos activo mediante el botón *Guardar* (Figura 1-18). En el botón *Pérdida* elija la función de pérdida en regresión no lineal (Figura 1-19), es decir, la función que es minimizada por el algoritmo. Seleccione *Suma de los residuos al cuadrado* para minimizar la suma de los residuos al cuadrado o bien *Función de pérdida definida por el usuario* para minimizar una función diferente. En el botón *Restricciones* no introducimos restricciones en las variables del modelo. En el cuadro de diálogo del botón *Opciones* (Figura 1-20) elegimos el método de Levenberg-Marquardt con las opciones por defecto.

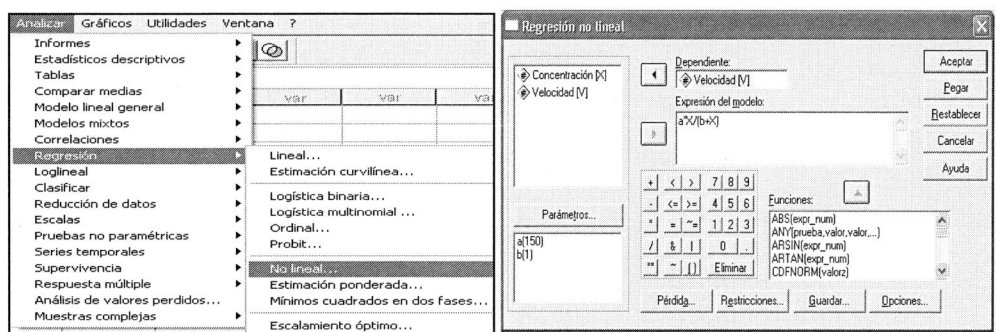

Figura 1-15   Figura 1-16

Figura 1-17   Figura 1-18

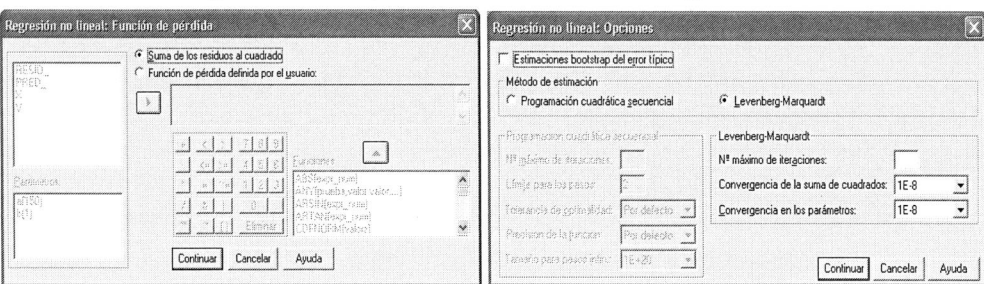

Figura 1-19   Figura 1-20

Al pulsar Aceptar en la Figura 1-16 se obtiene la salida siguiente:

```
All the derivatives will be calculated numerically.

The following new variables are being created:

Name          Label

PRED_         Predicted Values
RESID_        Residuals

 Iteration    Residual SS          a            b
      1       75263,74517      150,000000   1,00000000
      1.1     2593650,029       47,8842186  -2,6038510
      1.2     40583,01282      166,471781    ,698870982
      2       40583,01282      166,471781    ,698870982
      2.1     2845,520554      187,533888    ,243339506
      3       2845,520554      187,533888    ,243339506
      3.1     452,6995946      152,728193    ,031902717
      4       452,6995946      152,728193    ,031902717
      4.1     24,10499392      157,538289    ,069497087
      5       24,10499392      157,538289    ,069497087
      5.1     19,66234917      158,090124    ,074030359
      6       19,66234917      158,090124    ,074030359
      6.1     19,66059276      158,104414    ,074128556
      7       19,66059276      158,104414    ,074128556
      7.1     19,66059256      158,104609    ,074129651
      8       19,66059256      158,104609    ,074129651
      8.1     19,66059256      158,104611    ,074129663

Run stopped after 17 model evaluations and 8 derivative evaluations.
Iterations have been stopped because the relative reduction between successive
```

```
residual sums of squares is at most SSCON = 1,000E-08

Nonlinear Regression Summary Statistics     Dependent Variable V

  Source                   DF  Sum of Squares  Mean Square

  Regression                2    290115,77941  145057,88970
  Residual                 12         19,66059      1,63838
  Uncorrected Total        14    290135,44000

  (Corrected Total)        13      1269,65429

  R squared = 1 - Residual SS / Corrected SS =     ,98452

                                          Asymptotic 95 %
                            Asymptotic   Confidence Interval
  Parameter    Estimate     Std. Error   Lower         Upper

  a           158,10461075  ,673719186 156,63670274 159,57251875
  b              ,074129663 ,003128817   ,067312557   ,080946768
  Asymptotic Correlation Matrix of the Parameter Estimates

                      a         b

  a              1,0000     ,8301
  b               ,8301    1,0000
```

El ajuste se ha realizado en 17 iteraciones, el coeficiente R^2 es muy alto (0,98452) y la ecuación estimada del modelo ajustado ha resultado ser la siguiente:

$$\hat{v}(x) = \frac{158,10461075 \ x}{0,074129663 \ + x}$$

Ya hemos visto que el ajuste es bueno porque el coeficiente R^2 es muy alto. Adicionalmente representamos los residuos mediante Gráficos → Secuencia y rellenando la pantalla de entrada como se indica en la Figura 1-21. La gráfica de la Figura 1-22 muestra que los residuos siguen una evolución aleatoria.

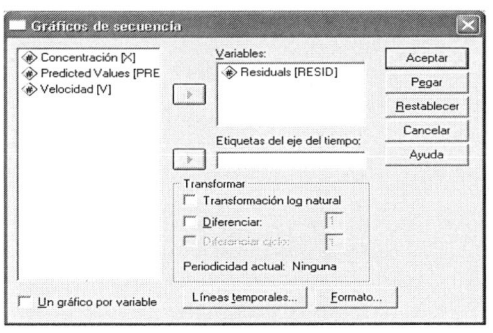

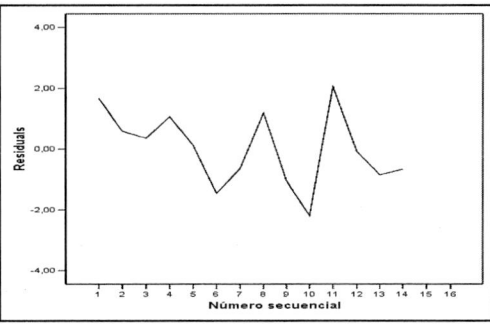

Figura 1-21   Figura 1-22

También realizamos un histograma residual mediante *Gráficos* → *Histograma* y rellenando la pantalla de entrada como se indica en la Figura 1-23. La gráfica de la Figura 1-24 muestra que los residuos se aproximan a una normal. Por último, graficamos residuos contra valores predichos mediante *Gráficos* → *Dispersión*→ *Simple* y rellenando la pantalla de entrada como se indica en la Figura 1-25. La Figura 1-26 muestra una evolución aleatoria.

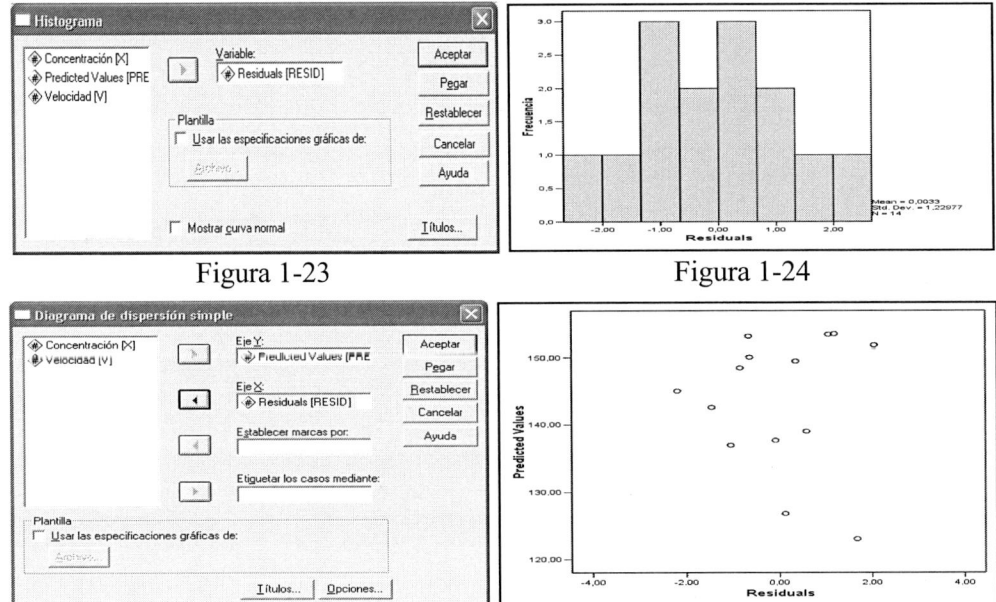

Figura 1-23

Figura 1-24

Figura 1-25

Figura 1-26

Ejercicio 1-2. *Consideramos los datos de población de un país en varias décadas:*

Poblacón	Año	Década	Población	Año	Década
3,895	1790	0	49,92	1880	9
5,267	1800	1	62,69	1890	10
7,182	1810	2	75,73	1900	11
9,566	1820	3	91,81	1910	12
12,834	1830	4	109,81	1920	13
16,985	1840	5	122,78	1930	14
23,069	1850	6	131,67	1940	15
31,278	1860	7	150,70	1950	16
38,416	1870	8	178,46	1960	17

Ajustar a los datos un modelo adecuado de evolución de población según el tiempo.

Utilizaremos para el ajuste un modelo de población tipo función logística, que puede definirse mediante $poblacio=c/(1+e^{a+b*decada})$, donde a, b y c son los parámetros del modelo con valores iniciales $a_0=3.9$, $b_0=-0.3$, $c_0=200$. Para ajustar este modelo utilizamos la siguiente sintaxis SAS:

```
data datos;
input Poblacio Ano Decada @@;
cards;
  3.895 1790   0              49.92 1880     9
  5.267 1800   1              62.69 1890    10
  7.182 1810   2              75.73 1900    11
  9.566 1820   3              91.81 1910    12
 12.834 1830   4             109.81 1920    13
 16.985 1840   5             122.78 1930    14
 23.069 1850   6             131.67 1940    15
 31.278 1860   7             150.70 1950    16
 38.416 1870   8             178.46 1960    17
;
proc nlin data=datos;
   parms a0=3.9 b0=-0.3 c0=200;
   model poblacio=c0/(1+exp(a0+b0*decada));
```

Se obtiene la salida siguiente:

The NLIN Procedure
Dependent Variable Poblacio
Method: Gauss-Newton

		Iterative Phase		
Iter	a0	b0	c0	Sum of Squares
0	3.9000	-0.3000	200.0	969.6
1	3.8716	-0.2785	237.5	240.2
2	3.8901	-0.2791	243.7	186.4
3	3.8889	-0.2789	244.0	186.4
4	3.8889	-0.2789	244.0	186.4
5	3.8889	-0.2789	244.0	186.4

NOTE: Convergence criterion met.

Estimation Summary	
Method	Gauss-Newton
Iterations	5
R	1.589E-6
PPC(c0)	3.941E-7
RPC(c0)	5.377E-6
Object	3.89E-10
Objective	186.3866
Observations Read	18
Observations Used	18
Observations Missing	0

Note: An intercept was not specified for this model.

Source	DF	Sum of Squares	Mean Square	F Value	Approx Pr > F
Model	3	123054	41018.0	3301.04	<.0001
Error	15	186.4	12.4258		
Uncorrected Total	18	123240			

Parameter	Estimate	Approx Std Error	Approximate 95% Confidence Limits	
a0	3.8889	0.0937	3.6893	4.0886
b0	-0.2789	0.0156	-0.3121	-0.2456
c0	244.0	17.9588	205.7	282.3

Approximate Correlation Matrix			
	a0	b0	c0
a0	1.0000000	-0.7245484	-0.3762964
b0	-0.7245484	1.0000000	0.9042407
c0	-0.3762964	0.9042407	1.0000000

El modelo ajustado será *población=244/(1+e$^{3,88901-0,2897*década}$)*. El ajuste global resulta bastante bueno porque el p-valor de la F es menor de una milésima.

Ejercicio 1-3. *Se trata de estimar el modelo no lineal:*

$$y = \frac{1}{aI_p + b} + c$$

donde a y b son parámetros. Se utilizarán los datos del fichero citimon que se encuentra en la librería sashelp.

La sintaxis SAS con el procedimiento MODEL sería la siguiente:

```
proc model data=sashelp.citimon;
    lhur = 1/(a * ip + b) + c;
    fit lhur;
    id date;
run;
```

La Salida del ajuste del modelo no lineal es la siguiente:

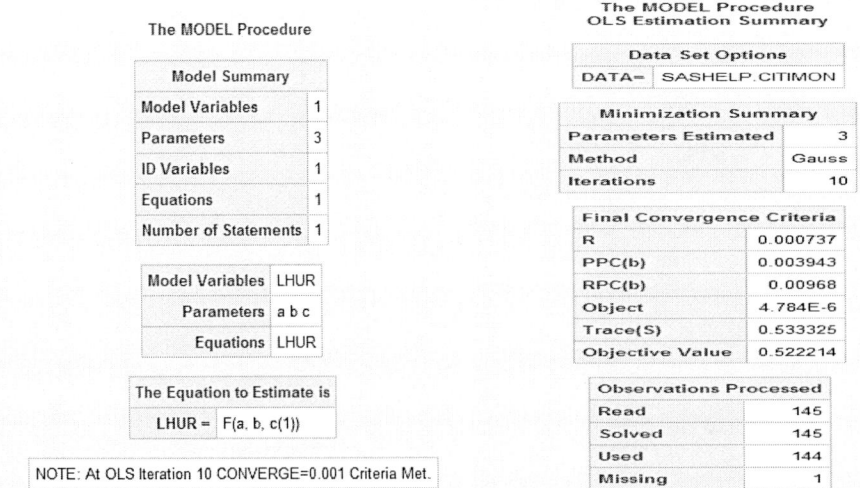

Nonlinear OLS Summary of Residual Errors								
Equation	DF Model	DF Error	SSE	MSE	Root MSE	R-Square	Adj R-Sq	Label
LHUR	3	141	75.1989	0.5333	0.7303	0.7472	0.7436	UNEMPLOYMENT RATE: ALL WORKERS, 16 YEARS

Nonlinear OLS Parameter Estimates				
Parameter	Estimate	Approx Std Err	t Value	Approx Pr > |t|
a	0.009046	0.00343	2.63	0.0094
b	-0.57059	0.2617	-2.18	0.0309
c	3.337151	0.7297	4.57	<.0001

Number of Observations		Statistics for System	
Used	144	Objective	0.5222
Missing	1	Objective*N	75.1989

La ecuación ajustada del modelo, con buena significatividad de los parámetros (p-valores pequeños), queda como sigue:

$$y = \frac{1}{0,009046 I_p - 0,57059} + 3,337151$$

La diagnosis gráfica muestra la normalidad residual.

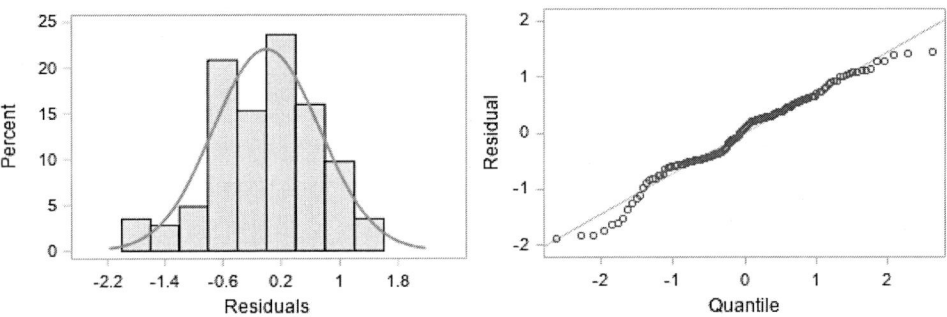

Ejercicio 1-4. *En este ejercicio se considera el modelo no lineal de Bodkin y Klein utilizado para explicar la producción g en Estados Unidos. La variable z_1 es el input de capital, z_2 es el input de trabajo, z_3 es el output real, z_4 es el tiempo años con base en 1929 y z_5 es el precio de los servicios de capital. Ajustar el modelo de dos ecuaciones a los datos especificados en el problema por el método de máxima verosimilitud completa.*

El modelo tiene las ecuaciones siguientes:

$$g_1 = c_1 10^{c_2 z_4}\left(c_5 z_1^{-c_4} + (1 - c_5) z_2^{-c_4}\right)^{-c_3/c_4} - z_3 = 0$$
$$g_2 = \left[c_5 / (1 - c_5)\right]\left(z_1 / z_2\right)^{(-1-c_4)} - z_5 = 0$$

Como estamos ante un sistema de dos ecuaciones no lineales, utilizaremos el procedimiento MODEL de SAS mediante la sintaxis siguiente:

```
data bodkin;
    input z1 z2 z3 z4 z5;
  datalines;
  1.33135 0.64629 0.4026 -20 0.24447
  1.39235 0.66302 0.4084 -19 0.23454
  1.41640 0.65272 0.4223 -18 0.23206
  1.48773 0.67318 0.4389 -17 0.22291
  1.51015 0.67720 0.4605 -16 0.22487
  1.43385 0.65175 0.4445 -15 0.21879
  1.48188 0.65570 0.4387 -14 0.23203
  1.67115 0.71417 0.4999 -13 0.23828
  1.71327 0.77524 0.5264 -12 0.26571
  1.76412 0.79465 0.5793 -11 0.23410
  1.76869 0.71607 0.5492 -10 0.22181
  1.80776 0.70068 0.5052  -9 0.18157
  1.54947 0.60764 0.4679  -8 0.22931
  1.66933 0.67041 0.5283  -7 0.20595
  1.93377 0.74091 0.5994  -6 0.19472
  1.95460 0.71336 0.5964  -5 0.17981
  2.11198 0.75159 0.6554  -4 0.18010
  2.26266 0.78838 0.6851  -3 0.16933
  2.33228 0.79600 0.6933  -2 0.16279
  2.43980 0.80788 0.7061  -1 0.16906
  2.58714 0.84547 0.7567   0 0.16239
  2.54865 0.77232 0.6796   1 0.16103
  2.26042 0.67880 0.6136   2 0.14456
  1.91974 0.58529 0.5145   3 0.20079
  1.80000 0.58065 0.5046   4 0.18307
  1.86020 0.62007 0.5711   5 0.18352
  1.88201 0.65575 0.6184   6 0.18847
  1.97018 0.72433 0.7113   7 0.20415
  2.08232 0.76838 0.7461   8 0.18847
  1.94062 0.69806 0.6981   9 0.17800
  1.98646 0.74679 0.7722  10 0.19979
  2.07987 0.79083 0.8557  11 0.21115
  2.28232 0.88462 0.9925  12 0.23453
  2.52779 0.95750 1.0877  13 0.20937
  2.62747 1.00285 1.1834  14 0.19843
  2.61235 0.99329 1.2565  15 0.18898
  2.52320 0.94857 1.2293  16 0.17203
  2.44632 0.97853 1.1889  17 0.18140
  2.56478 1.02591 1.2249  18 0.19431
  2.64588 1.03760 1.2669  19 0.19492
  2.69105 0.99669 1.2708  20 0.17912
  ;
```

```
proc model data=bodkin;
    parms c1-c5;
    endogenous z1 z2;
    exogenous z3 z4 z5;

    eq.g1 = c1 * 10 **(c2 * z4) * (c5*z1**(-c4)+
            (1-c5)*z2**(-c4))**(-c3/c4) - z3;
    eq.g2 = (c5/(1-c5))*(z1/z2)**(-1-c4) -z5;

    fit g1 g2 / fiml ;
run;
```

La salida es la siguiente:

The MODEL Procedure

Model Summary	
Model Variables	5
Endogenous	2
Exogenous	3
Parameters	5
Equations	2
Number of Statements	2

Model Variables	z1 z2 z3 z4 z5
Parameters	c1 c2 c3 c4 c5
Equations	g1 g2

The 2 Equations to Estimate	
g1 =	F(c1, c2, c3, c4, c5)
g2 =	F(c4, c5)

NOTE: At FIML Iteration 7 CONVERGE=0.001 Criteria Met.

The MODEL Procedure
FIML Estimation Summary

Data Set Options	
DATA=	BODKIN

Minimization Summary	
Parameters Estimated	5
Method	Gauss
Hessian	GLS
Covariance Estimator	Cross
Iterations	7

Final Convergence Criteria	
R	0.000729
PPC(c4)	0.001693
RPC(c4)	0.003906
Object	2.003E-6
Trace(S)	0.001712
Gradient norm	0.003125
Log likelihood	110.7773

Observations Processed	
Read	41
Solved	41

Nonlinear FIML Summary of Residual Errors							
Equation	DF Model	DF Error	SSE	MSE	Root MSE	R-Square	Adj R-Sq
g1	4	37	0.0529	0.00143	0.0378		
g2	1	40	0.0173	0.000431	0.0208		

Nonlinear FIML Parameter Estimates				
Parameter	Estimate	Approx Std Err	t Value	Approx Pr > |t|
c1	0.58395	0.0218	26.76	<.0001
c2	0.005877	0.000673	8.74	<.0001
c3	1.3636	0.1148	11.87	<.0001
c4	0.473688	0.2699	1.75	0.0873
c5	0.446748	0.0596	7.49	<.0001

Number of Observations		Statistics for System	
Used	41	Log Likelihood	110.7773
Missing	0		

Se observa que los parámetros estimados son muy significativos con p-valores muy pequeños, con lo que el modelo se ha ajustado muy bien.

La normalidad residual y la aleatoriedad se observan en las gráficas siguientes:

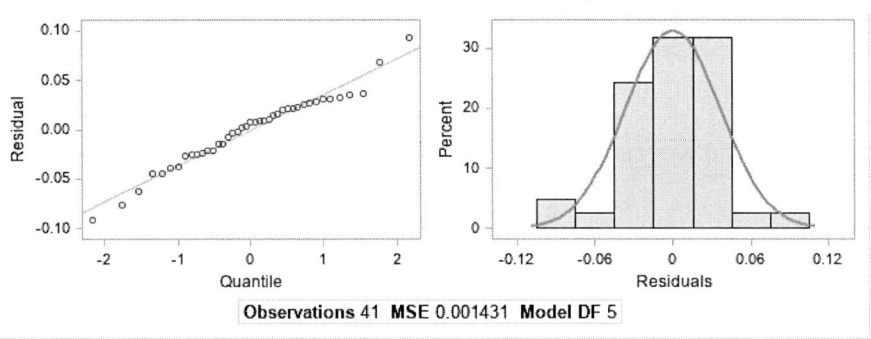

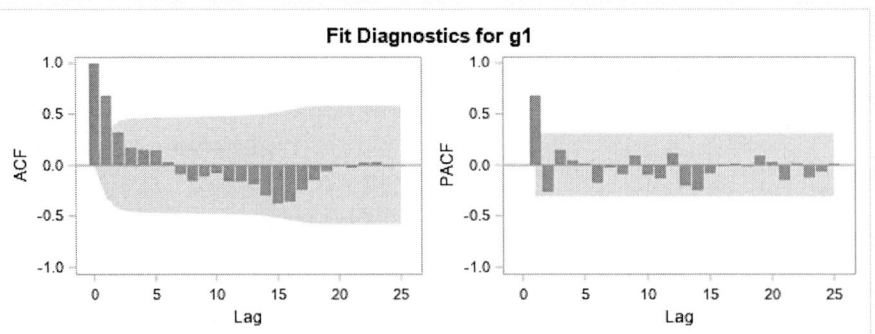

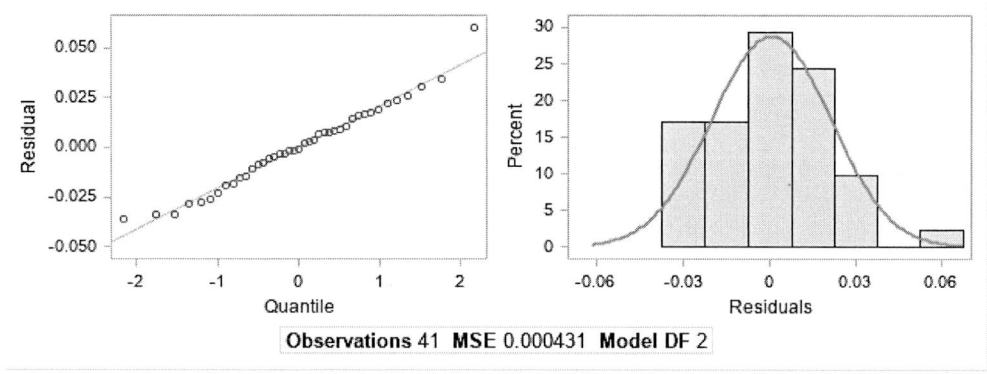

Observations 41   MSE 0.000431   Model DF 2

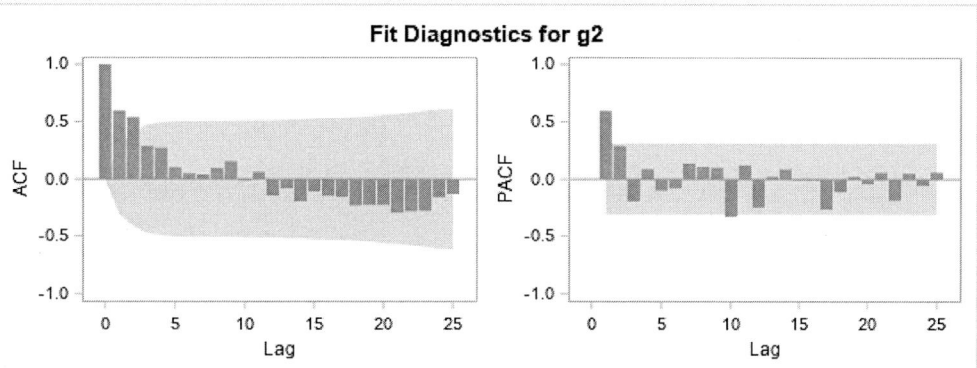

Fit Diagnostics for g2

Capítulo 2

MODELOS LINEALES GENERALIZADOS. TRATAMIENTO CON R, SAS, SPSS Y STATGRAPHICS

2.1 MODELO LINEAL GENERALIZADO

Dentro de la familia de modelos no lineales juegan un papel importante los modelos lineales generalizados. El modelo lineal generalizado amplía el modelo lineal general, de manera que la variable dependiente y está relacionada linealmente con los factores y las covariables mediante una determinada función de enlace g: $E[y_i] = g^{-1}(x_i'\beta)$. Si $\mu_i = E[y_i]$ entonces $\eta_i = g(u_i) = x_i'\beta$

2.1.1 Componentes de un modelo lineal generalizado:

- Se supone que las variables respuesta, $y_1,...,y_n$, siguen una distribución común miembro de la *familia exponencial*.

- Un conjunto de variables explicativas, $x_1,...,x_k$, y de parámetros $\beta_0, \beta_1,...,\beta_p$ definidos como sigue:

$$y_{n \times 1} = \begin{bmatrix} y_1 \\ \vdots \\ y_n \end{bmatrix} ; \quad \beta_{q \times 1} = \begin{bmatrix} \beta_0 \\ \vdots \\ \beta_p \end{bmatrix} ; \quad X_{n \times q} = \begin{bmatrix} x_1' \\ \vdots \\ x_n' \end{bmatrix} = \begin{bmatrix} 1 & x_{11} & \cdots & x_{1p} \\ 1 & x_{21} & \cdots & x_{2p} \\ \vdots & \vdots & \ddots & \vdots \\ 1 & x_{n1} & \cdots & x_{np} \end{bmatrix}$$

- Una *función de enlace* monótona g tal que

$$g(\mu_i) = x_i'\beta$$

donde $\mu_i = E[y_i]$

También podemos escribir el modelo lineal generalizado como:

$$u_i = g^{-1}(x_i'\beta) \Rightarrow E[y_i] = g^{-1}(x_i'\beta)$$

Además, el modelo permite que la variable dependiente tenga una distribución no normal. El modelo lineal generalizado cubre los modelos estadísticos más utilizados, como la regresión lineal para las respuestas distribuidas normalmente, modelos logísticos para datos binarios, modelos loglineales para datos de recuento, modelos log-log complementario para datos de supervivencia censurados por intervalos, además de muchos otros modelos estadísticos a través de la propia formulación general del modelo.

La posibilidad de especificar una distribución específica para la variable dependiente que no sea la normal y la posibilidad de especificar una función de enlace que no sea la identidad, es la principal mejora que aporta el modelo lineal generalizado respecto al modelo lineal general. Si la distribución de la variable dependiente es normal y la función de enlace es la identidad estamos ante el modelo lineal general.

2.2 FUNCIONES DE ENLACE PARA MODELOS LOGIT, PROBIT, POISSON Y BINOMIAL NEGATIVA

Los **modelos de elección discreta** predicen directamente la probabilidad de un suceso que tiene dos o más posibilidades de ocurrencia. Como los valores de una probabilidad están entre cero y uno, las predicciones realizadas con los modelos de elección discreta deben estar acotadas para que caigan en el rango entre cero y uno. El modelo general que cumple esta condición tiene la forma funcional:

$$P = F(X,\beta) + u$$

Se observa que, si F es la función de distribución de una variable aleatoria, entonces P varía entre cero y uno.

En el caso particular en que la función F es la función logística estaremos ante el **modelo Logit o Regresión Logística**, cuya forma funcional será la siguiente:

$$P = F(X,\beta) + u = \frac{e^{X\beta}}{1+e^{X\beta}} + u$$

Se observa que:

$$P = F(X,\beta) = \frac{e^{X\beta}}{1+e^{X\beta}} \Rightarrow \log\left(\frac{P}{1-P}\right) = X\beta$$

Por lo tanto, el modelo Logit también se puede expresar en la forma:

$$\log\left(\frac{P}{1-P}\right) = X\beta + u$$

La función de enlace resulta ser $\log\left(\dfrac{P}{1-P}\right)$ que se denomina *función de enlace Logit* y pertenece a la *familia binomial*.

En el caso particular en que la función F es la función de distribución de una normal unitaria estaremos ante el ***modelo Probit***, cuya forma funcional será la siguiente:

$$P = F(X,\beta) + u = (2\pi)^{-\frac{1}{2}} \int_{-\infty}^{X\beta} e^{-\frac{t^2}{2}} dt + u$$

Tenemos:

$$P = (2\pi)^{-\frac{1}{2}} \int_{-\infty}^{X\beta} e^{-\frac{t^2}{2}} dt = \Phi(X\beta) \Rightarrow \Phi^{-1}(P) = X\beta$$

Por lo tanto, el modelo Logit también se puede expresar en la forma:

$$\Phi^{-1}(P) = X\beta + u$$

siendo Φ la función de distribución de una normal $(0,1)$.

La función de enlace resulta ser $\Phi^{-1}(P)$ que se denomina *función de enlace Probit* y que también pertenece a la familia binomial.

Pr otra parte, los ***modelos de datos de recuento*** son los que tienen como variable dependiente una variable discreta que toma un conjunto de valores enteros no negativos finito o infinito numerable. Los ***modelos de regresión de Poisson y Binomial Negativa*** son los más habituales de este tipo.

El **modelo de regresión de Poisson** supone que cada y_i es una realización de una variable aleatoria con distribución de Poisson de parámetro λ y que este parámetro está relacionado con el vector de regresores $\mathbf{x_i}$. La ecuación básica del modelo es:

$$\text{Prob}[Y = y_i] = \frac{e^{-\lambda}\, \lambda^{\,y_i}}{y_i!} \qquad y_i = 0, 1, 2, \cdots$$

La formulación de λ más habitual es logaritmo-lineal, es decir:

$$\text{Ln}(\lambda) = \boldsymbol{\beta}\mathbf{X} \Leftrightarrow \lambda = \exp(\boldsymbol{\beta}\mathbf{X})$$

Por lo tanto la función de enlace es $\text{Ln}(\lambda)$ denominada *función de enlace log* (logarítmica) y que pertenece a la *famila de Poisson*.

El *modelo de regresión Binomial Negativa* supone que cada y_i es una realización de una variable aleatoria con distribución Binomial Negativa de parámetros μ y k. La función de probabilidad de esta distribución es:

$$P(y|k,\mu) = \frac{\Gamma(y+k)}{\Gamma(k)\Gamma(y+1)} \left(\frac{k}{\mu+k}\right)^k \left(1 - \frac{k}{\mu+k}\right)^y$$

siendo, $y = 0,1,2, \ldots$

Se tiene que

$$\begin{aligned} E(Y) &= \mu \\ Var(Y) &= \mu + \frac{\mu^2}{k} \end{aligned}$$

El parámetro $1/k$ es un parámetro de dispersión, de modo que si $1/k \rightarrow 0$ entonces $Var(Y) \rightarrow \mu$ y la distribución binomial negativa converge a una distribución de Poisson.

Por otro lado, para un valor fijo de k esta distribución pertenece a la familia exponencial natural, de modo que se puede definir un modelo GLM binomial negativo. En general, se usa una función de tipo logaritmo.

2.3 FAMILIA EXPONENCIAL DE DISTRIBUCIONES

La variable aleatoria y se dice que es miembro de la familia exponencial de distribuciones si su función de densidad de probabilidad, $f(y;\theta)$, puede expresarse como:

$$f(y;\theta) = \exp\left\{a(y)b(\theta) + c(\theta) + d(y)\right\}$$

Si $a(y) = y$, la distribución anterior se dice estar en su *forma canónica* y a $b(\theta)$ se le llama el *parámetro natural de la distribución*.

Sea y variable aleatoria con función de densidad de probabilidad $f(y,\theta)$ miembro de la familia exponencial. Entonces, utilizando la parametrización natural, podemos escribir:

$$f(y;\boldsymbol{\theta}) = \exp\left\{[y\theta - b(\theta)]\frac{1}{a(\phi)} + c(y;\phi)\right\}$$

donde θ es el parámetro natural o canónico de localización y φ el *parámetro de dispersión*.

A continuación, se presenta un esquema que muestra los elementos de las diferentes distribuciones pertenecientes a la familia exponencial en términos de la densidad de probabilidad general de una variable aleatoria de la familia exponencial de distribuciones

Distribución	Soporte	θ	$a(\cdot)$	$b(\cdot)$	$c(\cdot)$	$\mu = E[Y]$
Binomial	$[1,n]/n$	$\log\left(\frac{p}{1-p}\right)$	$1/n$	$\log(1+e^\theta)$	$\log\left[\binom{n}{ny}\right]$	$e^\theta/(1+e^\theta)$
Poisson	$[0,\infty]$	$\log(\lambda)$	1	e^θ	$-\log y!$	e^θ
Binomial Negativa	$[0,\infty]$	$\log(1-p)$	1	$-r\log(1-e^\theta)$	$\log\left[\binom{r+y-1}{y}\right]$	$re^\theta/(1-e^\theta)$
Normal	$(-\infty,\infty)$	μ	ϕ	$\theta^2/2$	$-\frac{1}{2}\left(y^2/\phi - \log(2\pi\phi)\right)$	θ
Gamma	$(0,\infty)$	$-\beta$	ϕ	$\log(-\theta)$	$(\phi^{-1}-1)\left[\log(y\phi)+\log(\phi)\right]$ $-\log\Gamma(\phi^{-1})$	$1/\theta$
Gaussiana Inversa	$(0,\infty)$	$-1/2\mu^2$	ϕ	$-(-2\theta)^{1/2}$	$-\frac{1}{2}\left[1/y\phi - \log(-2\pi\phi y^3)\right]$	$(-2\theta)^{-1/2}$

Para cada una de estas distribuciones se puede definir un Modelo Lineal General perteneciente a la familia de la Distribución y con función de enlace θ.

2.4 MODELOS LINEALES GENERALIZADOS CON SAS

El procedimiento GENMOD estima modelos lineales generalizados. Su sintaxis resumida es la siguiente:

```
PROC GENMOD <options> ;
BAYES <options> ;
BY variables ;
CLASS variable <(options)> ...<variable <(options)>> </ options> ;
EFFECTPLOT <tipo de gráfico <(plot-definition-options)>> </ options> ;
EXACT <INTERCEPT> <efects> </ options> ;
EXACTOPTIONS options ;
FREQ | FREQUENCY variable ; |
FWDLINK variable = expression ;
INVLINK variable = expression ;
LSMEANS < model efects> </ options> ;
LSMESTIMATE model efect divisor=n </ options> ;
MODEL response = <efects > </ options> ;
OUTPUT <OUT=SAS-data-set>;
WEIGHT | SCWGT variable ;
```

La sentencia BAYES realiza estimaciones bayesianas usando muestreo de Gibbs por defecto (la opción DIAGNOSTICS=ALL realiza la diagnosis competa, la opción PLOTS=TRACE|AUTOCORR|DENSITY|ALL realiza gráficos de diagnóstico, la opción SAMPLING=ARMS|GIBSS|GAMERMAN|GAM|IN utiliza distintos tipos de muestreo y STATISTICS=ALL produce todos los estadísticos de salida), CLASS define variables categóricas del modelo, EFFECTPLOT produce gráficos del modelo estimado (se pueden especificar las opciones BOX, CONTOUR, FIT, INTERACTION y SLICEFIT), EXACT ejecuta test exactos para los parámetro especificados, EXACTOPTIONS recoge las opciones a aplicar a EXACT (la opción más importante es METHOD = DIRECT |NETWORK| NETWORKMC para especificar el algoritmo que usa EXACT), FWDLINK especifica la función de enlace en caso de no hacerlo en MODEL, INVLINK especifica la inversa de la función de enlace definida en FWLINK, LSMEANS computa y compara medias de efectos fijos (la opción CL computa intervalos de confianza para medias y diferencias de medias de efectos, PLOTS=ALL realiza gráficos de medias y comparaciones de medias, MEANS calcula medias de efectos y ALPHA=α fija el nivel α para la confianza), MODEL define el modelo a estimar, OUTPUT especifica la salida a enviar a archivo y las opciones BY, FREQ y WEIGHT tiene la misma funcionalidad, ya conocida, que en todos los procedimientos de SAS.

Las opciones de GENMOD son las siguientes:

Opción	Descripción
DATA= SAS data set	Especifica el conjunto de datos de entrada
DESCENDING	Ordena la variable repuesta en descendente
EXACTONLY	Requiere sólo el análisis exacto
NAMELEN= n	Especifica la longitud de los nombres de los efectos
ORDER=DATA|FORMATEDD| FREQ|INTERNAL	Especifica el orden de la variable CLASS
PLOTS = ALL	Controla los gráficos producidos por ODS Graphics
RORDER= DATA|FORMATEDD|FREQ| INTERNAL	Especifica el orden de los niveles en la variable respuesta

Las opciones de la sentencia MODEL son las siguientes:

Opción	Descripción
AGGREGATE	Especifica subpoblaciones para la Chi-cuadrado de Pearson (sólo para variables respuesta multinomiales o binomiales binarias)
ALPHA=α	Sitúa el coeficiente de confianza
CICONV=n	Sitúa el criterio de convergencia para el perfil de los intervalos de confianza $0 < n < 1$
CL	Muestra los límites de confianza para los valores predichos
CONVERGE=n	Sitúa el criterio de convergencia $0 < n < 1$
CONVH=n	Sets the relative Hessian convergence criterion $0 < n < 1$
CORRB	Muestra la matriz de correlaciones de los parámetros estimados
COVB	Muestra la matriz de covarianza de los parámetros estimados
DIAGNOSTICS	Muestra estadísticos de diagnóstico
DIST=BINOMIAL|GAMMA| GEOMETRIC|MULTINOMIAL| IGAUSSIAN|NEGBIN|NORMAL| POISSON|ZIP|ZINB	Especifica la distribución de probabilidad a utilizar en el modelo.
EXACTMAX	Denomina una variable para ejecutar la regresión de Poisson exacta
EXPECTED	Computa covarianzas y estadísticos asociado utilizando la matriz de Fisher
ID=variable	Especifica una variable indicador

INITIAL=	Sitúa valores iniciales para los parámetros estimados
INTERCEPT=n	Inicializa el término intersección
ITPRINT	Muestra el proceso iterativo
LINK= link function	Especifica la función de enlace según la tabla de la página siguiente
LOGNB	Computa estimación por máxima verosimilitud y límites de confianza logarítmicos
LRCI	Computa intervalos de confianza de dos caras para la función de verosimilitud parcial
MAXITER=n	Sitúa el número máximo de iteraciones en el proceso
NOINT	Elimina el término constante del modelo
NOLOGNB	Computa estimadores máximos verosímiles y límites de confianza
NOSCALE	Utiliza parámetro de escala fijo
OBSTATS	Muestra una table adicional de estadísticos
OFFSET= variable	Especifica una variable en el conjunto de datos de entrada que se usa como desplazamiento
PREDICTED	Muestra valores predichos y estadísticos asociados
RESIDUALS	Muestra residuos y residuos estandarizados
SCALE=n	Sitúa el valor utilizado como escala
SCORING=	Halla la matriz Hessiana mediante el método de *Scoring* de Fisher
SINGULAR=n	Sitúa la tolerancia para test de singularidad
TYPE1	Ejecuta estadísticos de contrastes de tipo I
TYPE3	Ejecuta estadísticos de contrastes de tipo III
WALD	Requiere el estadístico de Wald para contrastes de tipo III
WALDCI	Computa los intervalos de confianza de Wald de dos caras
XVARS	Incluye las variables de la egresión en la tabla OBSTATS

Los valores posibles para la función de enlace son:

LINK=	Función Link
CUMCLL	
CCLL	Complementaria log-log acumulativa
CUMLOGIT	
CLOGIT	Logit acumulativa

CUMPROBIT	
CPROBIT	Probit acumulativa
CLOGLOG	
CLL	Complementaria log-log
IDENTITY	
ID	Identidad
LOG	Log
LOGIT	Logit
PROBIT	Probit
POWER (número) | POW (número)	Potencia con λ= número

Como primer ejemplo consideramos un experimento que compara los efectos de cinco drogas diferentes, cada una de las cuales se prueba en una serie de diferentes sujetos. El resultado de cada experimento es la presencia o ausencia de una respuesta positiva en un sujeto. Los datos recogidos representan el número de respuestas r en los n sujetos para los cinco fármacos diferentes, etiquetados desde A hasta a E. La respuesta se mide para los diferentes niveles de una covariable x continua para cada fármaco. El tipo de drogas y la covariable x son variables explicativas en este experimento. El número de respuestas r es modelado como una variable aleatoria binomial para cada combinación de los valores de las variables explicativas, con el parámetro binomial cuyo parámetro n es el número de sujetos y cuyo parámetro p es la probabilidad de una respuesta. Se trata de ajustar un modelo Logit que estime la probabilidad de respuesta en función de la covariable x y el tipo de droga.

Utilizaremos la regresión logística como un modelo lineal generalizado con una respuesta igual a la proporción binomial r/n. La distribución de probabilidad (familia) es binomial, y la función de enlace es Logit. La sintaxis SAS será la siguiente:

```
data drogas;
   input droga $ x r n @@;
   datalines;
A   .1    1   10   A   .23   2   12   A   .67   1    9
B   .2    3   13   B   .3    4   15   B   .45   5   16   B   .78   5   13
C   .04   0   10   C   .15   0   11   C   .56   1   12   C   .7    2   12
D   .34   5   10   D   .6    5    9   D   .7    8   10
E   .2   12   20   E   .34  15   20   E   .56  13   15   E   .8   17   20
;
proc genmod data=drogas;
   class droga;
   model r/n = x droga / dist = bin
                         link = logit
                         lrci;
run;
```

La salida es la siguiente:

Model Information	
Data Set	WORK.DROGAS
Distribution	Binomial
Link Function	Logit
Response Variable (Events)	r
Response Variable (Trials)	n

Number of Observations Read	18
Number of Observations Used	18
Number of Events	99
Number of Trials	237

Class Level Information		
Class	Levels	Values
droga	5	A B C D E

Response Profile		
Ordered Value	Binary Outcome	Total Frequency
1	Event	99
2	Nonevent	138

Criteria For Assessing Goodness Of Fit			
Criterion	DF	Value	Value/DF
Deviance	12	5.2751	0.4396
Scaled Deviance	12	5.2751	0.4396
Pearson Chi-Square	12	4.5133	0.3761
Scaled Pearson X2	12	4.5133	0.3761
Log Likelihood		-114.7732	
Full Log Likelihood		-23.7343	
AIC (smaller is better)		59.4686	
AICC (smaller is better)		67.1050	
BIC (smaller is better)		64.8109	

Analysis Of Maximum Likelihood Parameter Estimates					Likelihood Ratio 95% Confidence Limits			
Parameter		DF	Estimate	Standard Error			Wald Chi-Square	Pr > ChiSq
Intercept		1	0.2792	0.4196	-0.5336	1.1190	0.44	0.5057
x		1	1.9794	0.7660	0.5038	3.5206	6.68	0.0098
droga	A	1	-2.8955	0.6092	-4.2280	-1.7909	22.59	<.0001
droga	B	1	-2.0162	0.4052	-2.8375	-1.2435	24.76	<.0001
droga	C	1	-3.7952	0.6655	-5.3111	-2.6261	32.53	<.0001
droga	D	1	-0.8548	0.4838	-1.8072	0.1028	3.12	0.0773
droga	E	0	0.0000	0.0000	0.0000	0.0000	.	.
Scale		0	1.0000	0.0000	1.0000	1.0000		

Se observan buenos p-valores de los parámetros estimados, salvo para la constante. A continuación, estimaremos el modelo sin constante y con estadísticos de diagnóstico tabulares y gráficos. La sintaxis será la siguiente:

```
proc genmod data=drogas plots=all;
   class droga;
   model r/n = x droga    /    dist = bin
                               link = logit
                               lrci
                               noint
                               diagnostics;
run;
```

La nueva salida se muestra continuación.

Model Information	
Data Set	WORK.DROGAS
Distribution	Binomial
Link Function	Logit
Response Variable (Events)	r
Response Variable (Trials)	n

Number of Observations Read	18
Number of Observations Used	18
Number of Events	99
Number of Trials	237

Class Level Information		
Class	Levels	Values
droga	5	A B C D E

Response Profile		
Ordered Value	Binary Outcome	Total Frequency
1	Event	99
2	Nonevent	138

Parameter Information		
Parameter	Effect	droga
Prm1	Intercept	
Prm2	x	
Prm3	droga	A
Prm4	droga	B
Prm5	droga	C
Prm6	droga	D
Prm7	droga	E

Criteria For Assessing Goodness Of Fit			
Criterion	DF	Value	Value/DF
Deviance	12	5.2751	0.4396
Scaled Deviance	12	5.2751	0.4396
Pearson Chi-Square	12	4.5133	0.3761
Scaled Pearson X2	12	4.5133	0.3761
Log Likelihood		-114.7732	
Full Log Likelihood		-23.7343	
AIC (smaller is better)		59.4686	
AICC (smaller is better)		67.1050	
BIC (smaller is better)		64.8109	

Algorithm converged.

Analysis Of Maximum Likelihood Parameter Estimates							
Parameter		DF	Estimate	Standard Error	Likelihood Ratio 95% Confidence Limits		Wald Chi-Square	Pr > ChiSq
Intercept		0	0.0000	0.0000	0.0000	0.0000	.	.
x		1	1.9794	0.7660	0.5038	3.5206	6.68	0.0098
droga	A	1	-2.6163	0.6236	-3.9875	-1.5017	17.60	<.0001
droga	B	1	-1.7369	0.4598	-2.6780	-0.8662	14.27	0.0002
droga	C	1	-3.5160	0.7139	-5.1168	-2.2595	24.26	<.0001
droga	D	1	-0.5756	0.5636	-1.6895	0.5335	1.04	0.3071
droga	E	1	0.2792	0.4196	-0.5336	1.1190	0.44	0.5057
Scale		0	1.0000	0.0000	1.0000	1.0000		

Ahora observamos un buen ajuste y una diagnosis aceptable. Los gráficos de diagnóstico que se presentan a continuación son aceptables, ya que todos los gráficos presentan nubes aleatorias, salvo el gráfico de valores observados contra valores predichos que evidentemente se ajusta bien a la diagonal del primer cuadrante. La nube de Cook presenta un residuo candidato atípico, pero esta se contrarresta con la nube Leverage que no muestra observaciones influyentes en el ajuste del modelo.

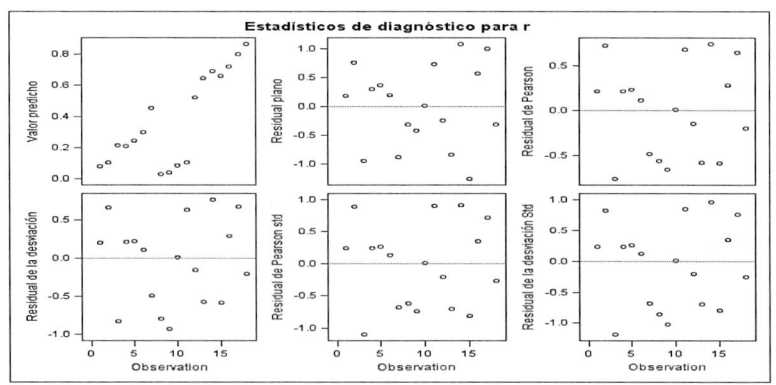

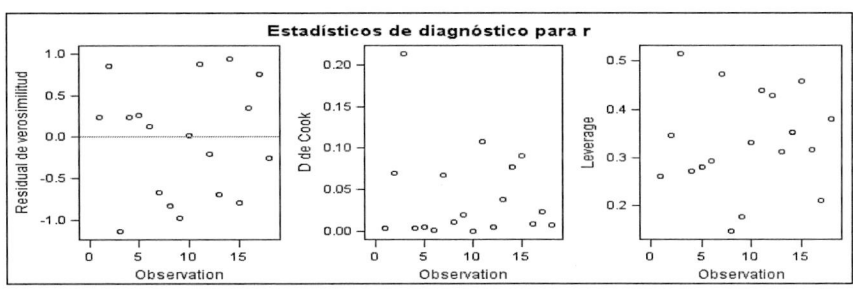

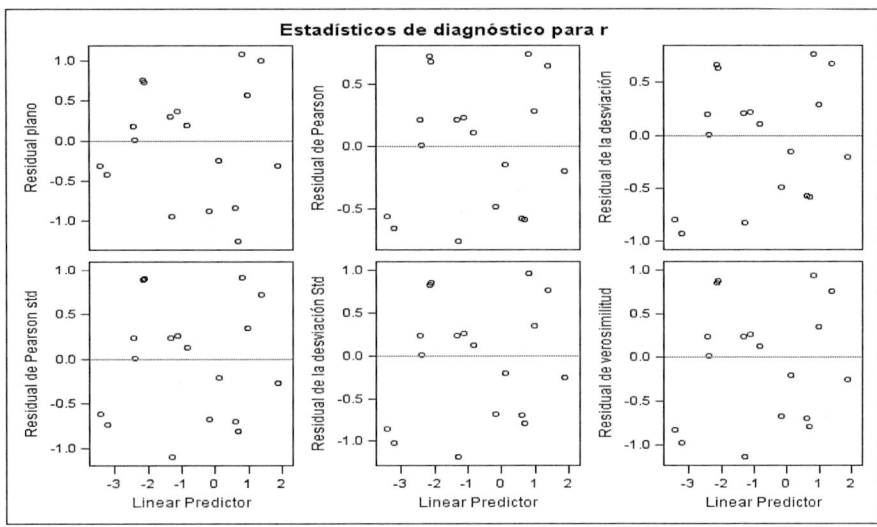

La ecuación de predicción del modelo Logit ajustado será la siguiente:

$$P(respuesta) = \begin{cases} \dfrac{1}{1+\exp(-1{,}9794x+2{,}6163Droga} & si \ \ Droga = A \\[2mm] \dfrac{1}{1+\exp(-1{,}9794x+1{,}7300Droga} & si \ \ Droga = B \\[2mm] \dfrac{1}{1+\exp(-1{,}9794x+3{,}5160Droga} & si \ \ Droga = C \\[2mm] \dfrac{1}{1+\exp(-1{,}9794x+0{,}5756Droga} & si \ \ Droga = D \\[2mm] \dfrac{1}{1+\exp(-1{,}9794x-0{,}2792Droga} & si \ \ Droga = E \end{cases}$$

Como segundo ejemplo sabemos que se puede utilizar la distribución de Poisson para modelizar la distribución de los recuentos de las casillas en una tabla de contingencia de múltiples vías. Este método puede utilizarse para modelizar la información de reclamaciones de seguros con los datos clasificados por dos factores: el grupo de edad (con dos niveles) y el tipo de coche (con tres niveles). La variable *n* representa el número de pólizas de seguros y la variable *c* representa el número de reclamaciones de seguros.

La variable *coche* es el tipo de coche de que se trate (clasificado en tres grupos) y la variable *edad* es el grupo de edad del tomador (clasificado en dos grupos). Utilizaremos el PROC GENMOD para llevar a cabo un análisis de regresión de Poisson de estos datos con una función de enlace *log* que estime la probabilidad de reclamación de seguro. Este tipo de modelo se denomina a veces modelo loglineal.

La sintaxis es la siguiente:

```
data seguro;
   input n c coche$ edad;
   ln = log(n);
   datalines;
500     42   pequeño 1
1200    37   mediano 1
100      1   grande  1
400    101   pequeño 2
500     73   mediano 2
300     14   grande  2
;
proc genmod data=seguro;
   class coche edad;
   model c = coche edad / dist   = poisson
                          link   = log;
run;
```

La salida es la siguiente:

The GENMOD Procedure

Model Information	
Data Set	WORK.SEGURO
Distribution	Poisson
Link Function	Log
Dependent Variable	c

Number of Observations Read	6
Number of Observations Used	6

Class Level Information		
Class	Levels	Values
coche	3	grande mediano pequeño
edad	2	1 2

Criteria For Assessing Goodness Of Fit			
Criterion	DF	Value	Value/DF
Deviance	2	5.7490	2.8745
Scaled Deviance	2	5.7490	2.8745
Pearson Chi-Square	2	4.6188	2.3094
Scaled Pearson X2	2	4.6188	2.3094
Log Likelihood		835.9891	
Full Log Likelihood		-17.9280	
AIC (smaller is better)		43.8560	
AICC (smaller is better)		83.8560	
BIC (smaller is better)		43.0230	

Algorithm converged.

Analysis Of Maximum Likelihood Parameter Estimates								
Parameter		DF	Estimate	Standard Error	Wald 95% Confidence Limits		Wald Chi-Square	Pr > ChiSq
Intercept		1	4.6083	0.0926	4.4267	4.7899	2474.87	<.0001
coche	grande	1	-2.2548	0.2714	-2.7867	-1.7229	69.02	<.0001
coche	mediano	1	-0.2624	0.1268	-0.5109	-0.0138	4.28	0.0386
coche	pequeño	0	0.0000	0.0000	0.0000	0.0000	.	.
edad	1	1	-0.8544	0.1335	-1.1160	-0.5928	40.97	<.0001
edad	2	0	0.0000	0.0000	0.0000	0.0000	.	.
Scale		0	1.0000	0.0000	1.0000	1.0000		

Se observa un buen ajuste del modelo de Poisson con todos los parámetros muy significativos (p-valores de la Chi-cuadrado muy pequeños).

2.5 MODELOS LINEALES GENERALIZADOS CON SPSS

IBM SPSS implementa los modelos lineales generalizados en la ruta *Analizar* → *Modelos lineales generalizados* →*Modelos lineales generalizados* (Figura 2-1).

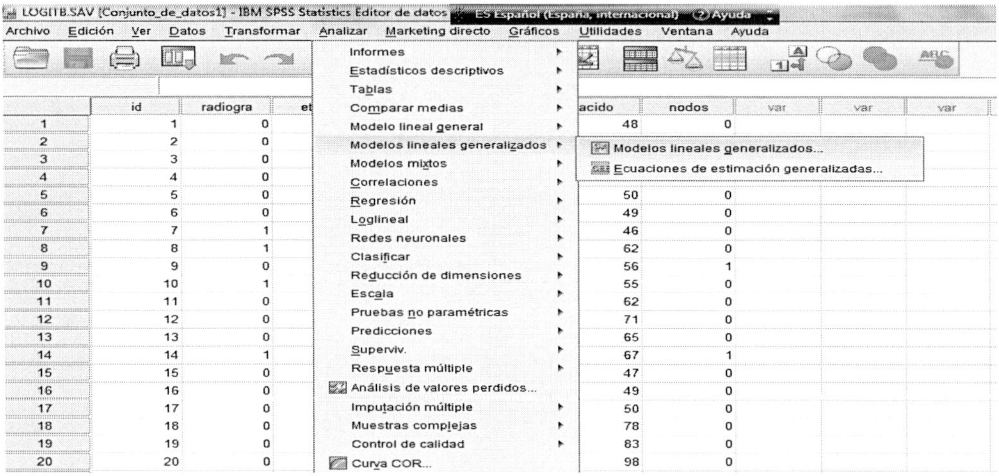

Figura 2-1

Además de lo tipos de modelos que ofrece por defecto SPSS, en la pantalla *Tipo de Modelo,* opción *Personalizado,* es posible elegir la familia de la *Distribución* de la variable dependiente y la *Función de enlace* (Figura 2-2).

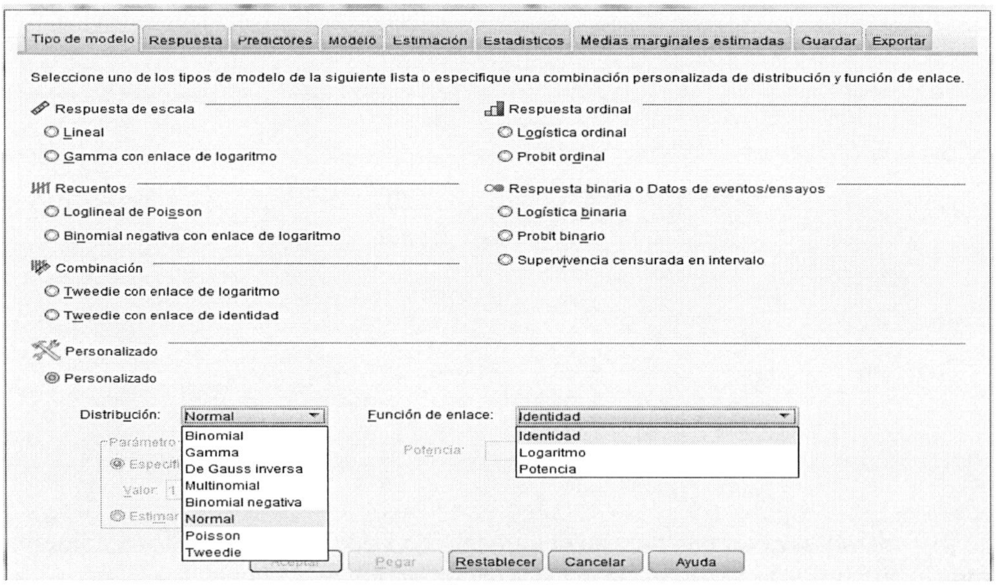

Figura 2-2

2.5.1 Tipos de modelos

Los distintos tipos de modelos se obtienen especificando la *Distribución* (*y*) y la *Función de enlace* (*g*) del modelo. Se obtienen así varios modelos habituales que aparecen clasificados por tipo de respuesta.

Respuesta de escala. Suelen utilizarse las siguientes opciones:

- **Lineal.** Especifica la distribución normal y la función de enlace identidad.

- **Gamma con enlace de logaritmo.** Especifica la distribución gamma y la función de enlace de logaritmo.

Respuesta ordinal. Suelen utilizarse las siguientes opciones:

- **Logística ordinal.** Especifica la distribución multinomial (ordinal) y la función de enlace Logit acumulado.

- **Probit ordinal.** Especifica la distribución multinomial (ordinal) y la función de enlace Probit acumulado.

Recuentos. Suelen utilizarse las siguientes opciones:

- **Loglineal de Poisson.** Especifica la distribución de Poisson y la función de enlace de logaritmo.

- **Binomial negativa con enlace de logaritmo.** Especifica la distribución binomial negativa (con el valor 1 para el parámetro auxiliar) y la función de enlace de logaritmo. Para que el procedimiento calcule el valor del parámetro auxiliar, especifique un modelo personalizado con distribución binomial negativa y seleccione **Estimar valor** en el grupo de parámetros.

Respuesta binaria o Datos de eventos/ensayos. Suelen utilizarse las siguientes opciones:

- **Logística binaria.** Especifica la distribución binomial y la función de enlace Logit.

- **Probit binario.** Especifica la distribución binomial y la función de enlace Probit.

- **Supervivencia censurada en intervalo.** Especifica la distribución binomial y la función de enlace log-log complementario.

Combinación. Suelen utilizarse las siguientes opciones:

- **Tweedie con enlace de logaritmo.** Especifica la distribución de Tweedie y la función de enlace de logaritmo.

- **Tweedie con enlace de identidad.** Especifica la distribución de Tweedie y la función de enlace identidad.

Personalizado. A veces suele utilizarse una combinación de distribución y función de enlace a medida.

La posibilidad de especificar una distribución específica para la variable dependiente que no sea la normal y la posibilidad de especificar una función de enlace que no sea la identidad, es la principal mejora que aporta el modelo lineal generalizado respecto al modelo lineal general. Hay muchas combinaciones posibles de distribución y función de enlace, varias de las cuales pueden ser adecuadas para un determinado conjunto de datos, por lo que su elección puede estar guiada por consideraciones teóricas a priori y por las combinaciones que parezcan funcionar mejor.

- **Binomial.** Esta distribución es adecuada únicamente para las variables que representan una respuesta binaria o un número de eventos.

- **Gamma.** Esta distribución es adecuada para las variables con valores de escala positivos que se desvían hacia valores positivos más grandes. Si un valor de datos es menor o igual que 0 o es un valor perdido, el correspondiente caso no se utilizará en el análisis.

- **De Gauss inversa.** Esta distribución es adecuada para las variables con valores de escala positivos que se desvían hacia valores positivos más grandes. Si un valor de datos es menor o igual que 0 o es un valor perdido, el correspondiente caso no se utilizará en el análisis.

- **Binomial negativa.** Esta distribución considera el número de intentos necesarios para lograr k éxitos y es adecuada para variables que tengan valores enteros que no sean negativos. Si un valor de datos no es entero, es menor que 0 o es un valor perdido, el correspondiente caso no se utilizará en el análisis. El valor del parámetro auxiliar de la distribución binomial negativa puede ser cualquier número mayor o igual que 0; se puede establecer en un valor fijo o dejar que lo estime el procedimiento. Cuando el parámetro auxiliar se establece en 0, utilizar esta distribución equivale a utilizar la distribución de Poisson.

- **Normal.** Es adecuada para variables de escala cuyos valores adoptan una distribución simétrica con forma de campana en torno a un valor central (la media). La variable dependiente debe ser numérica.

- **Poisson.** Esta distribución considera el número de ocurrencias de un evento de interés en un período fijo de tiempo y es apropiada para variables que tengan valores enteros que no sean negativos. Si un valor de datos no es entero, es menor que 0 o es un valor perdido, el correspondiente caso no se utilizará en el análisis.

- **Tweedie.** Esta distribución es adecuada para variables que puedan representarse mediante mezclas de Poisson de distribuciones gamma; la distribución es una "mezcla" en el sentido de que combina las propiedades de distribuciones continuas (toma valores reales no negativos) y discretas (masa de probabilidad positiva en un único valor, 0). La variable dependiente debe ser numérica y los valores de los datos deben ser iguales o mayores que cero. Si un valor de datos es menor que 0 o es un valor perdido, el correspondiente caso no se utilizará en el análisis. El valor fijo del parámetro de la distribución de Tweedie puede ser cualquier número mayor que uno y menor que dos.

- **Multinomial.** Esta distribución es adecuada para variables que representan una respuesta ordinal. La variable dependiente puede ser numérica o de cadena, y debe tener como mínimo dos valores válidos distintos de los datos.

2.5.2 Funciones de enlace

La función de enlace g es una transformación de la variable dependiente que permite la estimación del modelo. Suelen utilizarse las siguientes funciones:

- **Identidad.** $g(x)=x$. No se transforma la variable dependiente. Este enlace se puede utilizar con cualquier distribución.

- **Log-log complementario.** $g(x)=\log(-\log(1-x))$. Es apropiada únicamente para la distribución binomial.

- **Cauchit acumulada.** $g(x) = \tan(\pi(x - 0.5))$, aplicada a la probabilidad acumulada de cada categoría de la respuesta. Es apropiada únicamente para la distribución multinomial.

- **Log-log complementario acumulado.** $g(x)=\ln(-\ln(1-x))$, aplicada a la probabilidad acumulada de cada categoría de la respuesta. Es apropiada únicamente para la distribución multinomial.

- **Logit acumulado.** $g(x)=\ln(x/(1-x))$, aplicada a la probabilidad acumulada de cada categoría de la respuesta. Es apropiada únicamente para la distribución multinomial.

- **Log-log negativo acumulado.** $g(x)=-\ln(-\ln(x))$, aplicada a la probabilidad acumulada de cada categoría de la respuesta. Es apropiada únicamente para la distribución multinomial.

- **Probit acumulada.** $g(x)=\Phi^{-1}(x)$, aplicada a la probabilidad acumulativa de cada categoría de la respuesta, donde Φ^{-1} 'es la función de distribución acumulada normal estándar inversa. Es apropiada únicamente para la distribución multinomial.

- **Logaritmo.** $g(x)=\log(x)$. Este enlace se puede utilizar con cualquier distribución.

- **Complemento log.** $g(x)=\log(1-x)$. Es apropiada únicamente para la distribución binomial.

- **Logit.** $g(x)=\log(x / (1-x))$. Es apropiada únicamente para la distribución binomial.

- **Binomial negativa.** $g(x)=\log(x / (x+k^{-1}))$, donde k es el parámetro auxiliar de la distribución binomial negativa. Es apropiada únicamente para la distribución binomial negativa.

- **Log-log negativo.** $g(x)=-\log(-\log(x))$. Es apropiada únicamente para la distribución binomial.

- **Poder de probabilidad.** $g(x)=[(x/(1-x))^{\alpha}-1]/\alpha$, if $\alpha \neq 0$. $f(x)=\log(x)$, if $\alpha=0$. α es la especificación de número necesaria y debe ser un número real. Es apropiada únicamente para la distribución binomial.

- **Probit.** $g(x)=\Phi^{-1}(x)$, donde Φ^{-1} es la función de distribución acumulada normal estándar inversa. Es apropiada únicamente para la distribución binomial.

- **Potencia.** $g(x)=x^{\alpha}$, si $\alpha \neq 0$. $f(x)=\log(x)$, si $\alpha=0$. α es la especificación de número necesaria y debe ser un número real. Este enlace se puede utilizar con cualquier distribución.

Como ejemplo se considera el archivo *logitb.sav* que contiene datos de una muestra de 53 pacientes con cáncer de próstata en los que se mide la edad, el nivel de ácido que mide la extensión del tumor, el grado de agresividad del tumor, la etapa en la que se encuentra, los resultados de una radiografía y cuándo se ha detectado al intervenir quirúrgicamente que el cáncer se ha extendido a los nodos linfáticos. A partir de estos datos se trata de ajustar un modelo que permita predecir cuándo el cáncer se extiende a los nodos linfáticos (o no) sin necesidad de intervención quirúrgica.

Como la variable dependiente es categórica con dos valores mutuamente excluyentes, usamos regresión logística binaria. Para realizar un análisis de regresión logística binaria a través de modelos lineales generalizados utilizamos *Analizar* → *Modelos lineales generalizados* →*Modelos lineales generalizados* (Figura 2-1). En la solapa *Tipo de modelo* del asistente para modelos lineales generalizados se elige *Logística binaria* (Figura 2-3). En la solapa *Respuesta* se elige la variable dependiente del modelo (Figura 2-4). En la solapa *Predictivas* se eligen las variables independientes del modelo (Figura 2-5). En la solapa *Modelo* se fijan los Factores y Covariables y sus interacciones (Figura 2-6). En la solapa *Estadísticos* se eligen los estadísticos de salida. El resto de las solapas se mantienen con sus valores por defecto. Al hacer clic en *Aceptar* se obtiene la estimación del modelo.

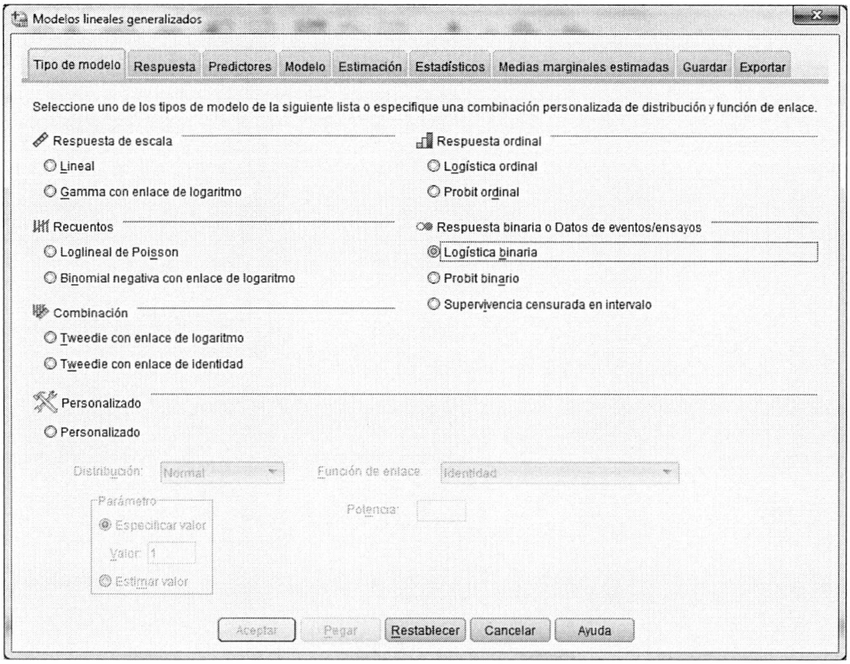

Figura 2-3

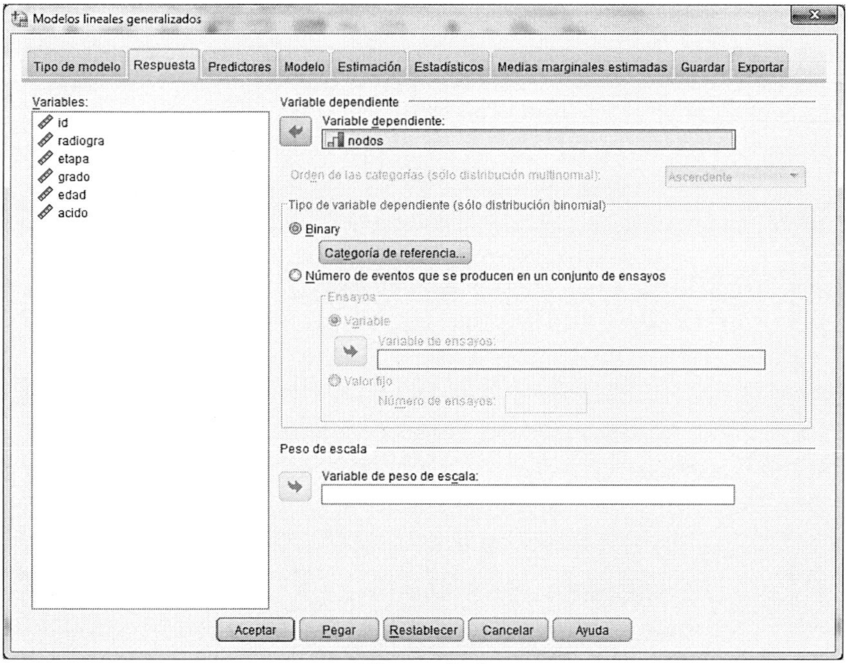

Figura 2-4

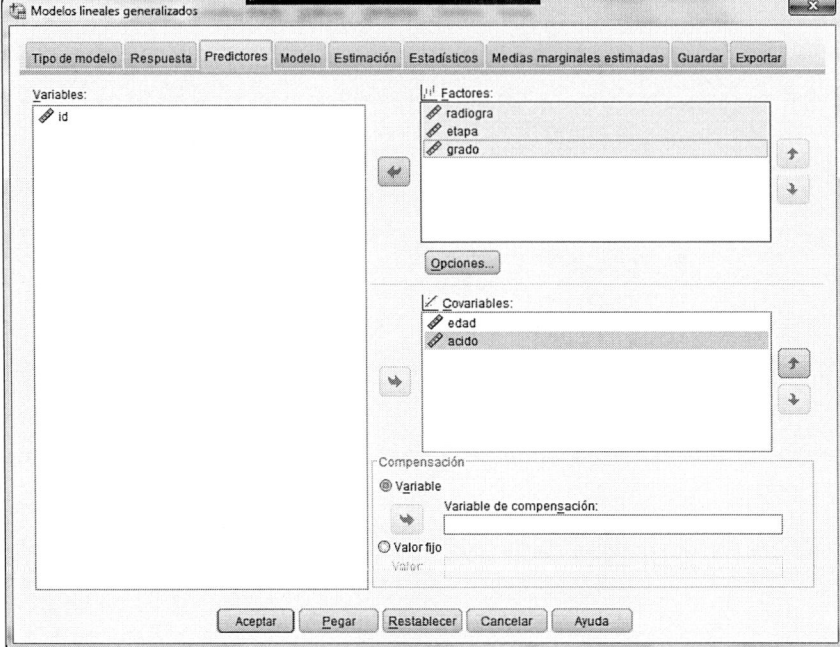

Figura 2-5

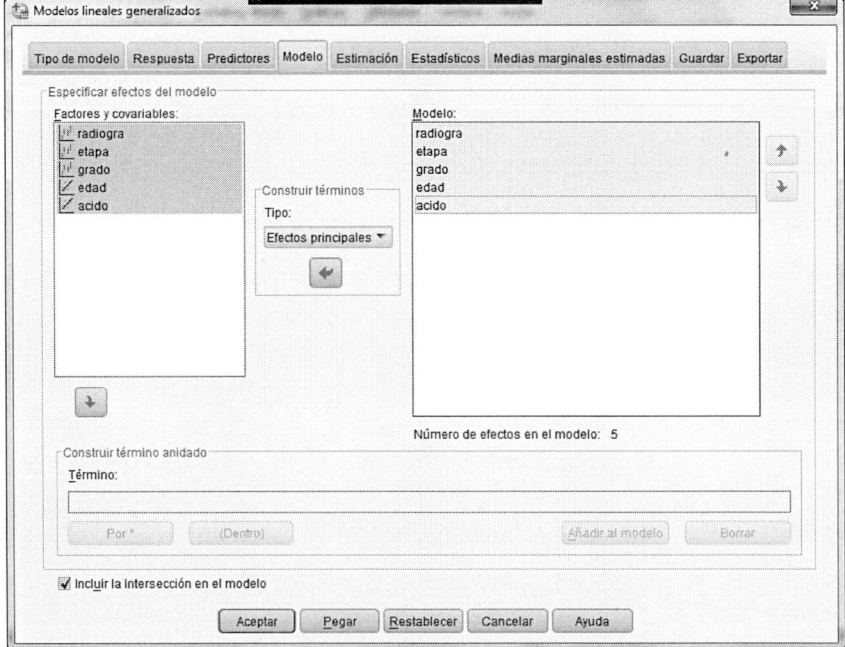

Figura 2-6

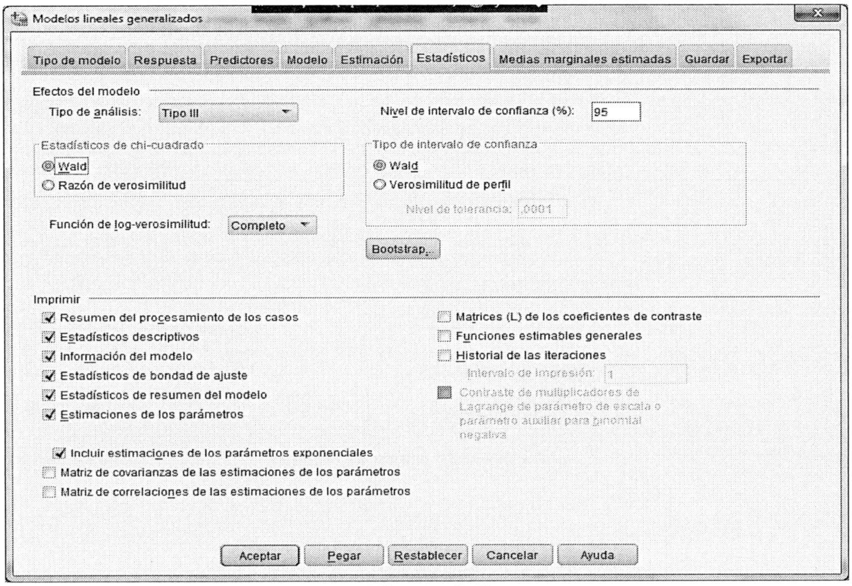

Figura 2-7

En la salida observamos que la familia es la binomial y la función de enlace es la función Logit, ya que el modelo es logístico (Figura 2-8)

Información del modelo

Variable dependiente	nodos[a]
Distribución de probabilidades	Binomial
Función de enlace	Logit

a. El procedimiento modela Neg como la respuesta y trata a Pos como la categoría de referencia.

Resumen del procesamiento de los casos

	N	Porcentaje
Incluido	53	100,0%
Excluidos	0	0,0%
Total	53	100,0%

Información de variable categórica

			N	Porcentaje
Variable dependiente	nodos	Neg	33	62,3%
		Pos	20	37,7%
		Total	53	100,0%
Factor	radiogra	0	38	71,7%
		1	15	28,3%
		Total	53	100,0%
	etapa	0	26	49,1%
		1	27	50,9%
		Total	53	100,0%
	grado	0	33	62,3%
		1	20	37,7%
		Total	53	100,0%

Figura 2-8

En la Figura 2-9 vemos el contraste *Omnibus* que indica que la significatividad global del modelo es muy buena (p-valor muy pequeño) y los contrastes de los efectos el modelo presenta una buena significatividad.

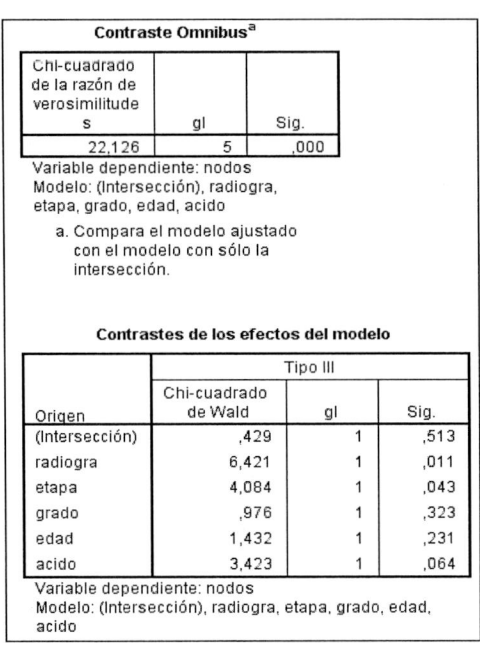

Contraste Omnibus[a]

Chi-cuadrado de la razón de verosimilitudes	gl	Sig.
22,126	5	,000

Variable dependiente: nodos
Modelo: (Intersección), radiogra, etapa, grado, edad, acido

a. Compara el modelo ajustado con el modelo con sólo la intersección.

Contrastes de los efectos del modelo

	Tipo III		
Origen	Chi-cuadrado de Wald	gl	Sig.
(Intersección)	,429	1	,513
radiogra	6,421	1	,011
etapa	4,084	1	,043
grado	,976	1	,323
edad	1,432	1	,231
acido	3,423	1	,064

Variable dependiente: nodos
Modelo: (Intersección), radiogra, etapa, grado, edad, acido

Figura 2-9

Finalmente se presenta la estimación del modelo Logit adecuado a los datos (Figura 2-10).

Estimaciones de los parámetros

Parámetro	B	Típ. Error	Intervalo de confianza de Wald 95% Inferior	Intervalo de confianza de Wald 95% Superior	Chi-cuadrado de Wald	gl	Sig.	Exp(B)	Intervalo de confianza de Wald de Exp(B) 95% Inferior	Intervalo de confianza de Wald de Exp(B) 95% Superior
(Intersección)	-4,433	3,5315	-11,354	2,489	1,576	1	,209	,012	1,172E-005	12,048
[radiogra=0]	2,045	,8072	,463	3,627	6,421	1	,011	7,732	1,589	37,615
[radiogra=1]	0[a]	.	.	.	.	.	.	1	.	.
[etapa=0]	1,564	,7740	,047	3,081	4,084	1	,043	4,778	1,048	21,783
[etapa=1]	0[a]	.	.	.	.	.	.	1	.	.
[grado=0]	,761	,7708	-,749	2,272	,976	1	,323	2,141	,473	9,700
[grado=1]	0[a]	.	.	.	.	.	.	1	.	.
edad	,069	,0579	-,044	,183	1,432	1	,231	1,072	,957	1,200
acido	-,024	,0132	-,050	,001	3,423	1	,064	,976	,951	1,001
(Escala)	1[b]									

Variable dependiente: nodos
Modelo: (Intersección), radiogra, etapa, grado, edad, acido

a. Establecido en cero ya que este parámetro es redundante.

b. Fijado en el valor mostrado.

Figura 2-10

La ecuación de predicción del modelo Logit estimado será:

$$p(nodos = 1) = \begin{cases} \dfrac{1}{1+e^{-(-4,433+2,045+1,564+0,761+0,069\,Edad-0,024\,\acute{a}cido)}} & si\ radiogra = etapa = grado = 0 \\[2ex] \dfrac{1}{1+e^{-(-4,433+2,045+1,564+0,069\,Edad-0,024\,\acute{a}cido)}} & si\ radiogra = etapa = 0 \\[2ex] \dfrac{1}{1+e^{-(-4,433+2,045+0,761+0,069\,Edad-0,024\,\acute{a}cido)}} & si\ radiogra = grado = 0 \\[2ex] \dfrac{1}{1+e^{-(-4,433+1,564+0,761+0,069\,Edad-0,024\,\acute{a}cido)}} & si\ etapa = grado = 0 \\[2ex] \dfrac{1}{1+e^{-(-4,433+2,045+0,069\,Edad-0,024\,\acute{a}cido)}} & si\ radiogra = 0 \\[2ex] \dfrac{1}{1+e^{-(-4,433+1,564+0,069\,Edad-0,024\,\acute{a}cido)}} & si\ etapa = 0 \\[2ex] \dfrac{1}{1+e^{-(-4,433+0,761+0,069\,Edad-0,024\,\acide)}} & si\ grado = 0 \\[2ex] \dfrac{1}{1+e^{-(-4,433+0,069\,Edad-0,024\,\acide)}} & en\ otro\ caso \end{cases}$$

Como segundo ejemplo realizamos el ejercicio anterior ajustando un modelo Probit para los mismos datos.

Para realizar el ajuste a un modelo Probit rellenamos la solapa *Tipo de Modelo* del asistente para modelos lineales generalizados eligiendo *Probit binario* (Figura 2-11)

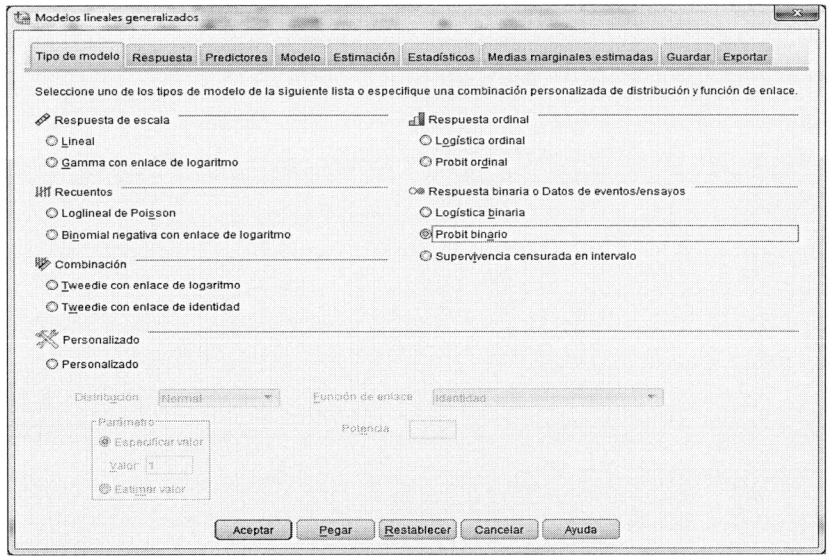

Figura 2-11

Las Figuras 2-12 a 2-14 presentan el ajuste del modelo para una familia de probabilidades Binomial con función de enlace Probit. El modelo presenta un buen ajuste global (contraste Omnibus con p-valor pequeño), efectos significativos y estimaciones de los parámetros con p-valores pequeños aceptables-

Información del modelo

Variable dependiente	nodos[a]
Distribución de probabilidades	Binomial
Función de enlace	Probit

a. El procedimiento modela Neg como la respuesta y trata a Pos como la categoría de referencia.

Resumen del procesamiento de los casos

	N	Porcentaje
Incluido	53	100,0%
Excluidos	0	0,0%
Total	53	100,0%

Información de variable categórica

			N	Porcentaje
Variable dependiente	nodos	Neg	33	62,3%
		Pos	20	37,7%
		Total	53	100,0%
Factor	radiogra	0	38	71,7%
		1	15	28,3%
		Total	53	100,0%
	etapa	0	26	49,1%
		1	27	50,9%
		Total	53	100,0%
	grado	0	33	62,3%
		1	20	37,7%
		Total	53	100,0%

Figura 2-12

Contraste Omnibus[a]

Chi-cuadrado de la razón de verosimilitudes	gl	Sig.
22,424	5	,000

Variable dependiente: nodos
Modelo: (Intersección), radiogra, etapa, grado, edad, acido

a. Compara el modelo ajustado con el modelo con sólo la intersección.

Contrastes de los efectos del modelo

	Tipo III		
Origen	Chi-cuadrado de Wald	gl	Sig.
(Intersección)	,446	1	,504
radiogra	6,708	1	,010
etapa	4,687	1	,030
grado	,925	1	,336
edad	1,523	1	,217
acido	3,690	1	,055

Variable dependiente: nodos
Modelo: (Intersección), radiogra, etapa, grado, edad, acido

Figura 2-13

Estimaciones de los parámetros

Parámetro	B	Típ. Error	Intervalo de confianza de Wald 95% Inferior	Superior	Chi-cuadrado de Wald	gl	Sig.
(Intersección)	-2,658	2,0879	-6,750	1,434	1,621	1	,203
[radiogra=0]	1,212	,4678	,295	2,129	6,708	1	,010
[radiogra=1]	0[a]	.	.	.	.	.	.
[etapa=0]	,956	,4415	,091	1,821	4,687	1	,030
[etapa=1]	0[a]	.	.	.	.	.	.
[grado=0]	,425	,4422	-,441	1,292	,925	1	,336
[grado=1]	0[a]	.	.	.	.	.	.
edad	,042	,0343	-,025	,109	1,523	1	,217
acido	-,015	,0078	-,030	,000	3,690	1	,055
(Escala)	1[b]						

Variable dependiente: nodos
Modelo: (Intersección), radiogra, etapa, grado, edad, acido

a. Establecido en cero ya que este parámetro es redundante.

b. Fijado en el valor mostrado.

Figura 2-14

La ecuación de predicción del modelo Probit estimado será:

$$p(nodos=1) = \begin{cases} (2\pi)^{-1/2} \int_{-\infty}^{-2,658+1,212+0,956+0,425+0,43\,Edad.0,015\,\acute{A}cido} e^{-\frac{t^2}{2}} \; si\; radiogra = etapa = grado = 0 \\[2mm] (2\pi)^{-1/2} \int_{-\infty}^{-2,658+1,212+0,956+0,43\,Edad.-0,015\,\acute{A}cido} e^{-\frac{t^2}{2}} \; si\; radiogra = etapa = 0 \\[2mm] (2\pi)^{-1/2} \int_{-\infty}^{-2,658+1,212+0,425+0,43\,Edad.-0,015\,\acute{A}cido} e^{-\frac{t^2}{2}} \; si\; radiogra = grado = 0 \\[2mm] (2\pi)^{-1/2} \int_{-\infty}^{-2,658+0,956+0,425+0,43\,Edad.-0,015\,\acute{A}cido} e^{-\frac{t^2}{2}} \; si\; etapa = grado = 0 \\[2mm] (2\pi)^{-1/2} \int_{-\infty}^{-2,658+1,212+0,43\,Edad.-0,015\,\acute{A}cido} e^{-\frac{t^2}{2}} \; si\; radiogra = 0 \\[2mm] (2\pi)^{-1/2} \int_{-\infty}^{-2,658+0,956+0,43\,Edad.-0,015\,\acute{A}cido} e^{-\frac{t^2}{2}} \; si\; etapa = 0 \\[2mm] (2\pi)^{-1/2} \int_{-\infty}^{-2,658+0,425+0,43\,Edad.-0,015\,\acute{A}cido} e^{-\frac{t^2}{2}} \; si\; grado = 0 \\[2mm] (2\pi)^{-1/2} \int_{-\infty}^{-2,658+0,43\,Edad.-0,015\,\acute{A}cido} e^{-\frac{t^2}{2}} \; en\; otro\; caso \end{cases}$$

2.6 MODELOS LINEALES GENERALIZADOS CON R

En R se pueden ajustar modelos avanzados a través del comando glm cuya sintaxis general es la siguiente:

glm(formula, family=probabilityfamily(link=function))

Las familias y sus enlaces por defecto que se pueden utilizar son las siguientes:

binomial	*link="logit"*
binomial	*link="probit"*
gaussian	*link="identity"*
gamma	*link="inverse"*
inverse.gaussian	*link="1/mu^2"*
poisson	*link="log"*
quasi	*link="identity", variance="constant"*
quasibinomial	*link="logit"*
qasipoisson	*link="log"*

Es posible obtener la siguiente información relativa a un modelo GLM:

summary(r)	*Muestra resultados detallados del modelo ajustado*
coefficients(r)	*Lista los parámetros ajustados del modelo*
confint(r)	*Lista los intervalos de confianza al 95% para los parámetros estimados del modelo*
plot(hatvalues(modelo))	*Lista los valores predichos en el modelo ajustado*
residuals(r)	*Lista los residuos del modelo ajustado*
anova(r)	*Lista la tabla ANOVA del modelo ajustado*
plot(rstudent(model))	*Grafica los residuos estudentizados*
influencePlot(model)	*Detecta los puntos influyentes*
plot(cooks.distance(model))	*Detecta los residuos atípicos*
plot(r)	*Muestra diagnósticos gráficos para el modelo ajustado*
predict(r)	*Predice valores con el modelo ajustado*

Como primer ejemplo **ajustamos un modelo Logit** que prediga la probabilidad de averías en los coches en función de su consumo, potencia y motor.

```
> logistic=glm(derivada~consumo+cv+motor, family=binomial(lin
k="logit"))
> summary(logistica)

Call:
glm(formula = derivada ~ consumo + cv + motor, family = binom
ial(link = "logit"))

Deviance Residuals:
    Min        1Q     Median        3Q        Max
-3.06558  -0.00061   0.00316    0.02105    1.74268

Coefficients:
              Estimate Std. Error z value Pr(>|z|)
(Intercept) 25.5108094  4.8037094   5.311 1.09e-07 ***
consumo     -0.5701033  0.2210108  -2.580 0.009894 **
cv          -0.0628101  0.0223905  -2.805 0.005028 **
motor       -0.0023797  0.0006716  -3.543 0.000395 ***
---
Signif. codes:  0 `***' 0.001 `**' 0.01 `*' 0.05 `.' 0.1 ` '
1
  (Dispersion parameter for binomial family taken to be 1)

    Null deviance: 470.351  on 405  degrees of freedom
Residual deviance:  50.787  on 402  degrees of freedom
AIC: 58.787

Number of Fisher Scoring iterations: 9
```

Observamos que el ajuste es bastante bueno. La ecuación predictiva del ajuste del modelo es la siguiente:

$$P(derivada=1) = \frac{1}{1+e^{-(25.51-0,57Consumo-0,062cv-0,0023motor)}}$$

Para *ajustar un modelo Probit* al caso anterior utilizamos la siguiente sintaxis:

```
> probability=glm(derivada~consumo+cv+motor, family=binomial(
link="probit"))
```

La salida es la siguiente:

```
Coefficients:
(Intercept)         consumo              cv         motor
   13.702971       -0.319538       -0.034384     -0.001226

Degrees of Freedom: 405 Total (i.e. Null);  402 Residual
Null Deviance:       470.4
Residual Deviance: 51.7          AIC: 59.7
```

La salida completa se observa a continuación:

```
> summary(probability)

Call:
glm(formula = derivada ~ consumo + cv + motor, family = binom
ial(link = "probit"))

Deviance Residuals:
    Min         1Q      Median          3Q         Max
-2.91567    0.00000     0.00001     0.00297     1.73371

Coefficients:
             Estimate Std. Error z value Pr(>|z|)
(Intercept) 13.7029706  2.3908062   5.732 9.95e-09 ***
consumo     -0.3195378  0.1034361  -3.089  0.00201 **
cv          -0.0343841  0.0112141  -3.066  0.00217 **
motor       -0.0012257  0.0002993  -4.096 4.21e-05 ***
---
Signif. codes:  0 '***' 0.001 '**' 0.01 '*' 0.05 '.' 0.1 ' '
1
  (Dispersion parameter for binomial family taken to be 1)
    Null deviance: 470.351  on 405  degrees of freedom
Residual deviance:  51.705  on 402  degrees of freedom
AIC: 59.705

Number of Fisher Scoring iterations: 25
```

Observamos que el ajuste es bastante bueno. La ecuación predictiva del ajuste del modelo es la siguiente:

$$P(derivada=1) = (2\pi)^{-1/2} \int_{-\infty}^{25.51-0,57Consumo-0,062cv-0,0023motor} e^{-\frac{t^2}{2}} dt$$

2.7 MODELOS LINEALES GENERALIZADOS EN R A TRAVÉS DE MENÚS

La subopción *General linear model* de la opción *Fit models* del menú *Statistics* permite (Figura 2-15) ajustar modelos lineales generalizados, *logit, probit, cloglog* y otros. Rellenando la pantalla de entrada como se indica en la Figura 2-16 se obtiene la salida para el ***modelo logit binomial*** que se muestra en la página siguiente.

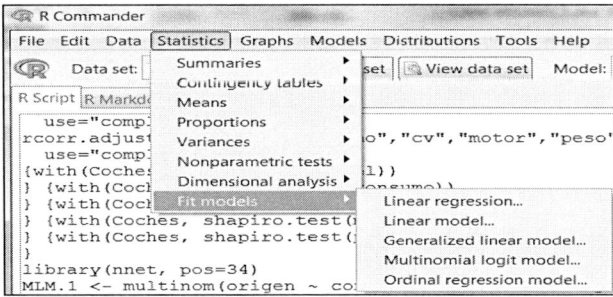

Figura 2-15

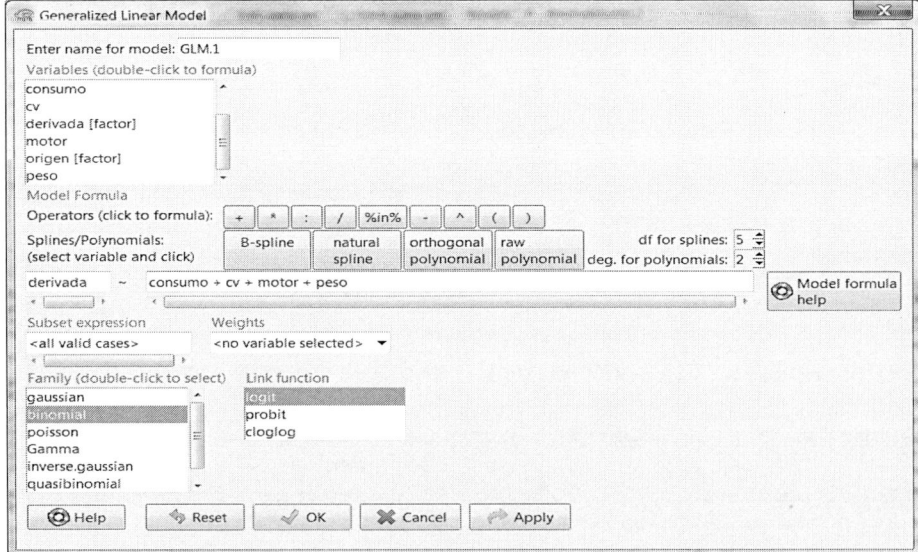

Figura 2-16

```
Rcmdr>   GLM.1 <- glm(derivada ~ consumo + cv + motor + peso,
family=binomial(logit),
Rcmdr+       data=Datos)

Rcmdr>   summary(GLM.1)

Call:
glm(formula = derivada ~ consumo + cv + motor + peso, family
= binomial(logit),
    data = Datos)

Deviance Residuals:
     Min          1Q     Median          3Q         Max
-3.02943    -0.00019    0.00192     0.01133     1.71982

Coefficients:
              Estimate Std. Error z value Pr(>|z|)
(Intercept) 23.886284    5.014976   4.763 1.91e-06 ***
consumo     -0.689723    0.206173  -3.345 0.000822 ***
cv          -0.075638    0.024650  -3.069 0.002151 **
motor       -0.003919    0.001110  -3.530 0.000415 ***
peso         0.009733    0.004265   2.282 0.022490 *
---
Signif. codes:  0 '***' 0.001 '**' 0.01 '*' 0.05 '.' 0.1 ' '
1

(Dispersion parameter for binomial family taken to be 1)

    Null deviance: 470.35  on 405  degrees of freedom
Residual deviance:  44.63  on 401  degrees of freedom
AIC: 54.63

Number of Fisher Scoring iterations: 9
```

Se observa que el ajuste del modelo Logit binomial que explica la probabilidad de avería de un coche en función de su consumo, potencia, motor y peso es correcto ya que los p-valores de los parámetros estimados son muy bajos. La ecuación predictiva estimada del modelo es la siguiente:

$$P(derivada=1) = \frac{1}{1+e^{-(23,88-0,689Consumo-0,075cv-0,0039Motor+0,0097Peso)}}$$

Si queremos realizar el ajuste anterior mediante un ***modelo Probit*** rellenamos la pantalla de entrada como se indica en la Figura 2-17. Al hacer clic en *Aceptar* se obtiene la salida de la página siguiente.

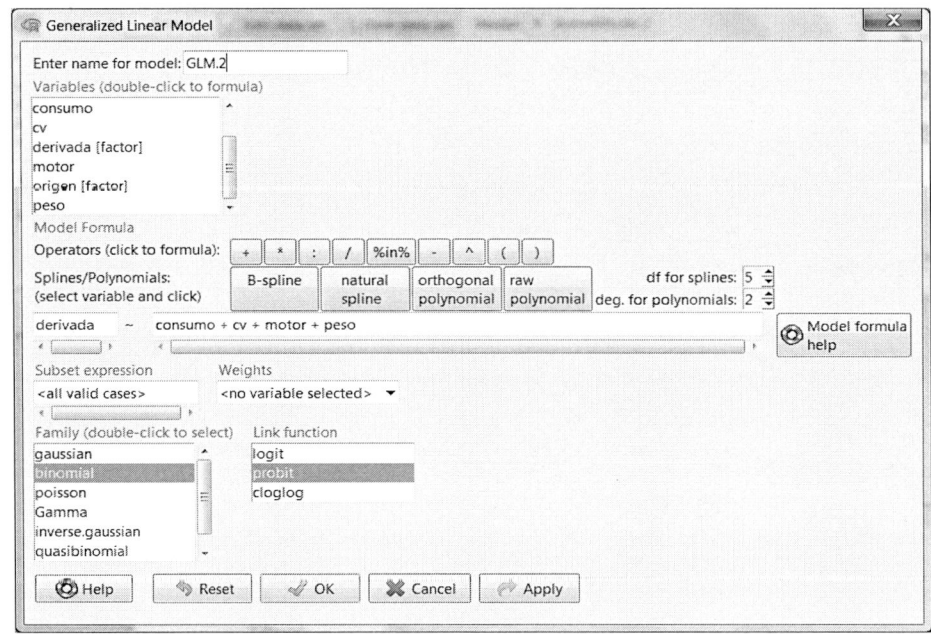

Figura 2-17

```
Rcmdr>  GLM.2 <- glm(derivada ~ consumo + cv + motor + peso,
family=binomial(probit), data=Datos)
RcmdrMsg: [4] AVISO: Warning: glm.fit: fitted probabilities n
umerically 0 or 1 occurred

Rcmdr>  summary(GLM.2)

Call:
glm(formula = derivada ~ consumo + cv + motor + peso, family
= binomial(probit),
    data = Datos)

Deviance Residuals:
    Min        1Q      Median       3Q         Max
-3.06907   0.00000   0.00000   0.00055   1.68325


Coefficients:
             Estimate Std. Error z value Pr(>|z|)
(Intercept) 12.7396040  2.4085454    5.289 1.23e-07 ***
consumo     -0.3529930  0.1058517   -3.335 0.000854 ***
cv          -0.0403722  0.0128115   -3.151 0.001626 **
motor       -0.0020675  0.0005446   -3.796 0.000147 ***
peso         0.0049110  0.0021290    2.307 0.021070 *

Signif. codes:  0 '***' 0.001 '**' 0.01 '*' 0.05 '.' 0.1 ' '
1
```

```
(Dispersion parameter for binomial family taken to be 1)

    Null deviance: 470.351   on 405   degrees of freedom
Residual deviance:  45.021   on 401   degrees of freedom
AIC: 55.021

Number of Fisher Scoring iterations: 11
```

Se observa que el ajuste del modelo Probit binomial que explica la probabilidad de avería de un coche en función de su consumo, potencia, motor y peso es correcto ya que los p-valores de los parámetros estimados son muy bajos. La ecuación predictiva del modelo estimado es la siguiente:

$$P(derivada=1) = (2\pi)^{-1/2} \int_{-\infty}^{12,73-0,35\,Consumo-0,04\,cv-0,002\,Motor+0,0049\,Peso} e^{-\frac{t^2}{2}}\, dt$$

2.8 MODELOS LINEALES GENERALIZADOS A TRAVÉS DE STATGRAPHICS CENTURION

STATGRAPHICS incorpora los modelos Logit, Probit, Poisson Y Binomial Negativa en la opción *Relacionar → Datos de Atributos* (Figura 2-18).

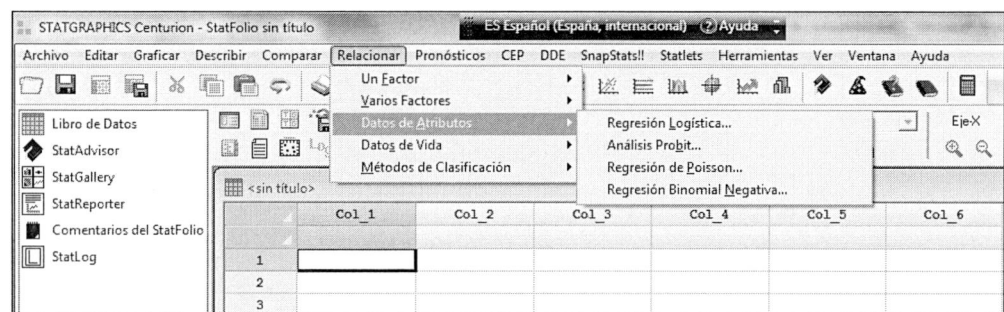

Figura 2-18

Como ejemplo consideramos el archivo 7-10.xls contiene información sobre la variable narr86 que representa el número de veces que es arrestado un hombre durante 1986 y que se desea explicar mediante las variables pcnv (proporción de arrestos previos en los que fue condenado), avgsen (duración media en meses de las sentencias), tottime (tiempo en prisión en meses), ptime86 (tiempo en prisión en 1986 en meses), qemp86 (trimestres empleados en 1986), inc86 (ingresos legales en 1986 en cientos de dólares), black (ficticia que vale 1 para arrestado de raza negra), hispan (ficticia que vale 1 para arrestado de raza hispana) y born60 (ficticia que vale 1 si el arrestado nació en 1960).

Como la variable explicada toma el valor 0 en un número elevado de casos y sólo toma valor superior a 5 en 8 casos, podría utilizarse un modelo de datos de recuento. Se trata de estudiar el efecto de las variables explicativas sobre la explicada utilizando datos de recuento de Poissson, exponencial y binomial negativa. Comparar los modelos.

Para ajustar nuestro problema a un modelo Binomial Negativa utilizamos *Relacionar → Datos de Atributos → Regresión Binomial Negativa* (Figura 2-19) y se rellena la pantalla de entrada del procedimiento como se indica en la Figura 2-20.

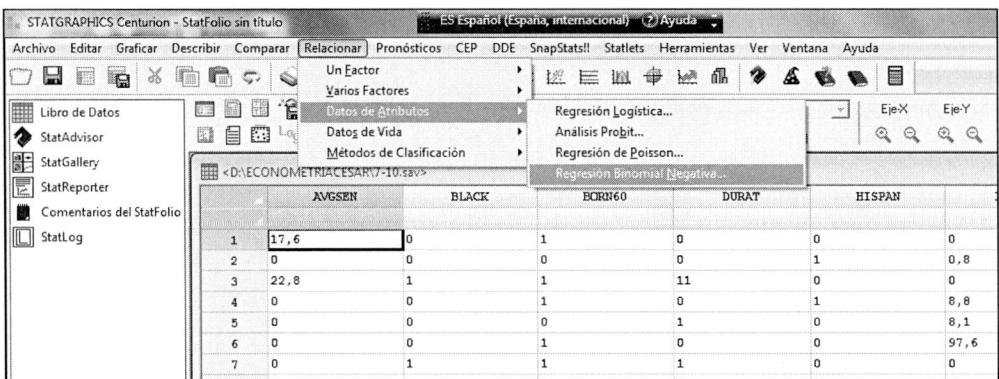

Figura 2-19

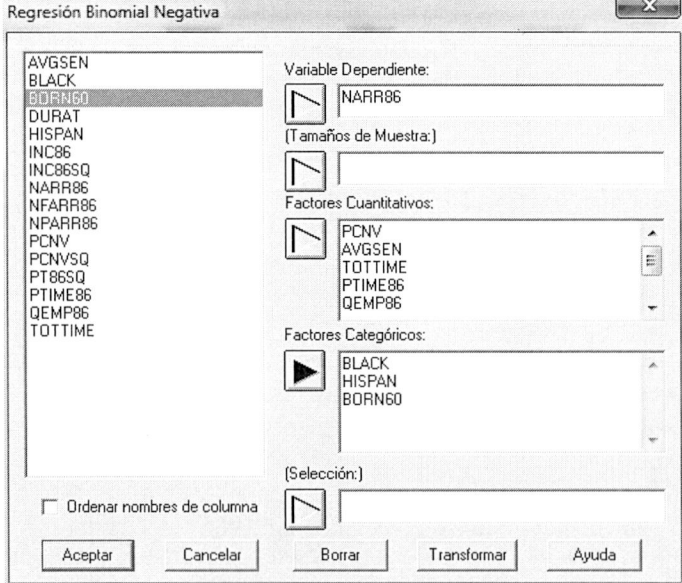

Figura 2-20

Se pulsa *Aceptar* y se rellena la pantalla *Opciones de Regresión Binomial Negativa* como se indica en la Figura 2-21. La pantalla Tablas y gráficos se rellena como se indica en la Figura 2-22

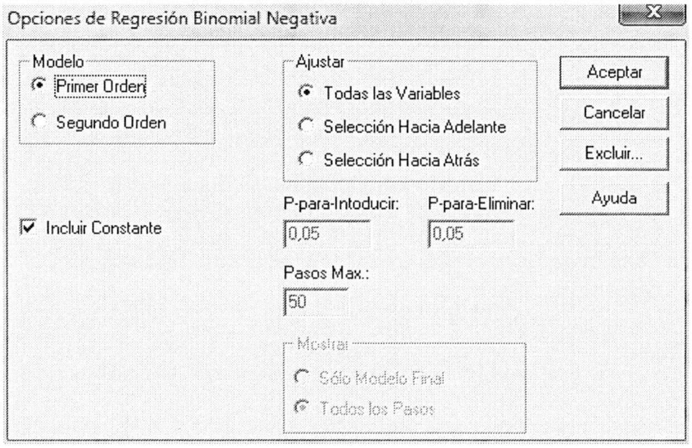

Figura 2-21

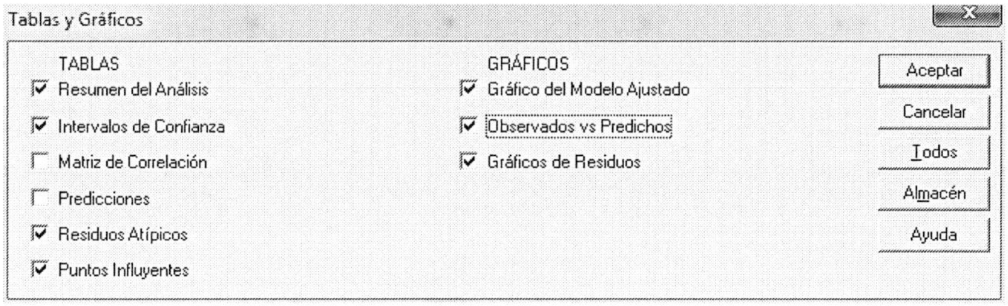

Figura 2-22

En la salida de *Resumen de Análisis* se observa un ajuste del del modelo con significatividad conjunta muy buena y significatividad individual de los parámetros estimados basta aceptable (salvo quizás AVGSEN y BORN60 que son significativas al 50% aproximadadmente).

Regresión Binomial Negativa - NARR86

Variable dependiente: NARR86
Factores:
  PCNV
  AVGSEN
  TOTTIME
  PTIME86
  QEMP86
  INC86
  BLACK
  HISPAN
  BORN60
Número de observaciones: 2725

Modelo Estimado de Regresión (Máxima Verosimilitud)

Parámetro	Estimado	Error Estandar	Razón de Momios Estimada
CONSTANTE	0,510418	0,0891951	
PCNV	-0,401615	0,0717093	0,669238
AVGSEN	-0,0238654	0,0156566	0,976417
TOTTIME	0,0245856	0,0113967	1,02489
PTIME86	-0,0985997	0,0182358	0,906105
QEMP86	-0,0380555	0,0241328	0,96266
INC86	-0,00808062	0,000930773	0,991952
BLACK=0	-0,661117	0,0593497	0,516275
HISPAN=0	-0,499853	0,0612882	0,60662
BORN60=0	0,0510633	0,0525824	1,05239
Alpha	0,9		

Análisis de Desviación

Fuente	Desviación	Gl	Valor-P
Modelo	265,026	9	0,0000
Residuo	1716,94	2715	1,0000
Total (corr.)	1981,97	2724	

Porcentaje de desviación explicado por el modelo = 13,3719
Porcentaje ajustado = 12,3628

Pruebas de Razón de Verosimilitud

Factor	Chi-Cuadrada	Gl	Valor-P
PCNV	21,4968	1	0,0000
AVGSEN	0,400533	1	0,5268
TOTTIME	1,04317	1	0,3071
PTIME86	23,7611	1	0,0000
QEMP86	1,94872	1	0,1627
INC86	52,4635	1	0,0000
BLACK	48,683	1	0,0000
HISPAN	30,8073	1	0,0000
BORN60	0,369146	1	0,5435
Alpha	181,435	1	0,0000

Análisis de Residuos

	Estimación	Validación
n	2725	
CME	0,643993	
MAE	0,681042	
MAPE		
ME	-0,00506016	
MPE		

El StatAdvisor
La salida muestra los resultados de ajustar un modelo de regresión binomial negativa para describir la relación entre NARR86 y 9 variable(s) independiente(s). La ecuación del modelo ajustado es

NARR86 = exp(0,510418 - 0,401615*PCNV - 0,0238654*AVGSEN + 0,0245856*TOTTIME - 0,0985997*PTIME86 - 0,0380555*QEMP86 - 0,00808062*INC86 - 0,661117*BLACK=0 - 0,499853*HISPAN=0 + 0,0510633*BORN60=0)

Como el valor-P de la tabla de Análisis de Desviaciones es menor que 0,05, existe una relación estadísticamente significativa entre las variables, con un nivel de confianza del 95,0%. Además, el valor-P para los residuos es mayor o igual que 0,05, indicando que el modelo no es significativamente peor que el mejor modelo posible para estos datos con un nivel de confianza del 95,0% o mayor.

Esta ventana también muestra que el porcentaje de desviación de NARR86 explicado por el modelo es igual a 13,3719%. Este estadístico es similar al estadístico R-Cuadrada habitual. El porcentaje ajustado, que es más apropiado para comparar modelos con diferente número de variables independientes, es 12,3628%.

Para determinar si el modelo puede ser simplificado, note que el valor-P más alto para las pruebas de verosimilitud es 0,5435, que pertenece a BORN60. Como el valor-P es mayor o igual que 0,05, ese término no es estadísticamente significativo al nivel de confianza del 95,0% o mayor. Consecuentemente, debería eliminar BORN60 del modelo.

Se observa que la ecuación predictiva del modelo Binomial Negativa estimado es la siguiente:

$$NARR\,86 = e^{\substack{0,510418\ -\ 0,401615\ *PCNV\ -\ 0,0238654\ *AVGSEN\ +\ 0,0245856\ *TOTTIME\ -\ 0,0985997\ *PTIME86 \\ -\ 0,0380555\ *QEMP86\ -\ 0,00808062\ *INC86\ -\ 0,661117\ *BLACK\ =0\ -\ 0,499853\ *HISPAN\ =0\ +\ 0,0510633\ *BORN60\ =0}}$$

Los intervalos de confianza al 95% para los parámetros estimados se presentan en la tabla siguiente:

Intervalos de confianza del 95,0% para los estimados de los coeficientes

Parámetro	Estimado	Error Estándar	Límite Inferior	Límite Superior
CONSTANTE	0,510418	0,0891951	0,335599	0,685238
PCNV	-0,401615	0,0717093	-0,542163	-0,261067
AVGSEN	-0,0238654	0,0156566	-0,0545519	0,00682115
TOTTIME	0,0245856	0,0113967	0,00224842	0,0469228
PTIME86	-0,0985997	0,0182358	-0,134341	-0,0628582
QEMP86	-0,0380555	0,0241328	-0,0853549	0,00924395
INC86	-0,00808062	0,000930773	-0,00990491	-0,00625634
BLACK=0	-0,661117	0,0593497	-0,77744	-0,544793
HISPAN=0	-0,499853	0,0612882	-0,619976	-0,37973
BORN60=0	0,0510633	0,0525824	-0,0519964	0,154123

Intervalos de confianza del 95,0% para la razón de tasas

Parámetro	Estimado	Límite Inferior	Límite Superior
PCNV	0,669238	0,581489	0,770229
AVGSEN	0,976417	0,946909	1,00684
TOTTIME	1,02489	1,00225	1,04804
PTIME86	0,906105	0,874292	0,939077
QEMP86	0,96266	0,918186	1,00929

INC86	0,991952	0,990144	0,993763
BLACK=0	0,516275	0,459581	0,579962
HISPAN=0	0,60662	0,537957	0,684046
BORN60=0	1,05239	0,949332	1,16663

El StatAdvisor

Esta tabla muestra intervalos de confianza del 95,0% para los coeficientes en el modelo. Los intervalos de confianza muestran con que precisión se pueden estimar los coeficientes dada la cantidad de datos disponibles y del ruido que está presente. También se muestran los intervalos de confianza para la razón de tasas. La razón de tasa es igual al inverso del logaritmo natural del coeficiente y muestra el incremento proporcional en la variable de respuesta cuando la variable independiente se incrementa en 1 unidad.

A continuación, se ajusta el modelo anterior mediante un modelo de regresión de Poisson. Para ello utilizamos *Relacionar → Datos de Atributos → Regresión de Poisson* (Figura 2-23) y se rellena la pantalla de entrada del procedimiento como se indica en la Figura 2-24.

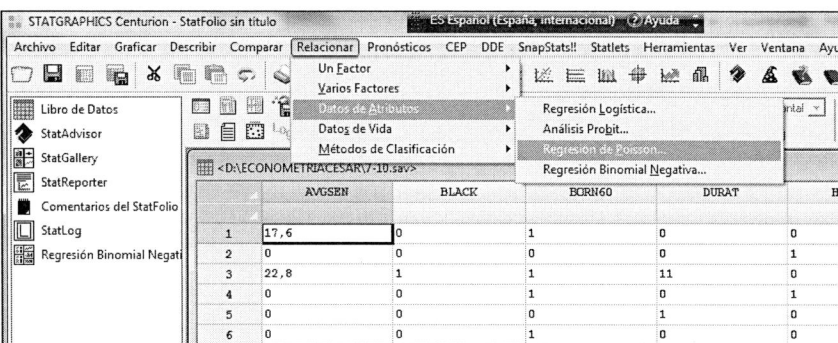

Figura 2-23

Figura 2-24

Se pulsa *Aceptar* y se rellena la pantalla *Opciones de Regresión de Poisson* como se indica en la Figura 2-25. La pantalla *Tablas y gráficos* se rellena como se indica en la Figura 2-26.

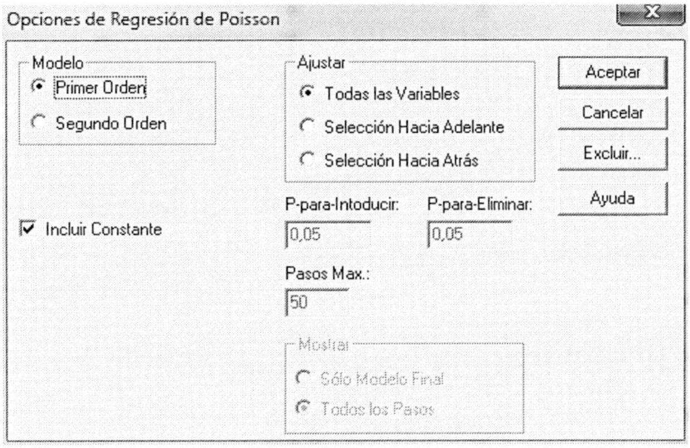

Figura 2-25

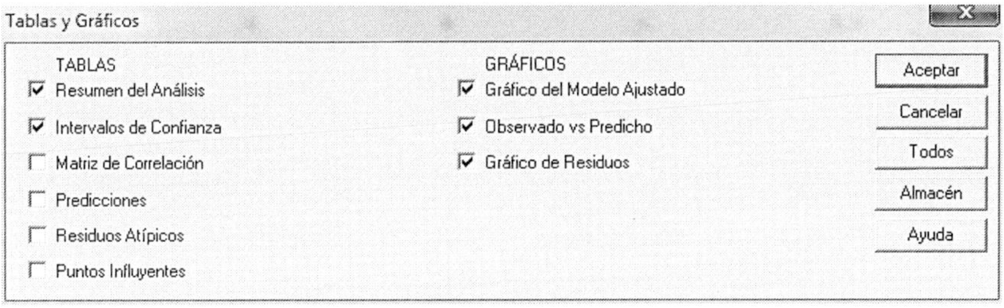

Figura 2-26

En la salida de *Resumen de Análisis* se observa un ajuste del del modelo con significatividad conjunta muy buena y significatividad individual de los parámetros estimados basta aceptable (salvo quizás BORN60 que es significativa al 60% aproximadadmente). El ajuste es mejor que en el caso previo de la Bnomial Negativa.

Regresión de Poisson – NARR86

Variable dependiente: NARR86

Factores:
  PCNV
  AVGSEN
  TOTTIME
  PTIME86
  QEMP86
  INC86
  BLACK
  HISPAN
  BORN60

Número de observaciones: 2725

Modelo Estimado de Regresión (Máxima Verosimilitud)

Parámetro	Estimado	Error Estandar	Razón de Momios Estimada
CONSTANTE	0,510033	0,11096	
PCNV	-0,401571	0,0849709	0,669268
AVGSEN	-0,0237723	0,019946	0,976508
TOTTIME	0,0244904	0,0147504	1,02479
PTIME86	-0,0985584	0,0206945	0,906143
QEMP86	-0,0380187	0,0290241	0,962695
INC86	-0,0080807	0,001041	0,991952
BLACK=0	-0,660838	0,0738341	0,516419
HISPAN=0	-0,499813	0,0739266	0,606644
BORN60=0	0,0510286	0,0640517	1,05235

Análisis de Desviación

Fuente	Desviación	Gl	Valor-P
Modelo	386,32	9	0,0000
Residuo	2822,18	2715	0,0742
Total (corr.)	3208,5	2724	

Porcentaje de desviación explicado por el modelo = 12,0405
Porcentaje ajustado = 11,4171

Pruebas de Razón de Verosimilitud

Factor	Chi-Cuadrada	Gl	Valor-P
PCNV	23,2523	1	0,0000
AVGSEN	1,4346	1	0,2310
TOTTIME	2,54577	1	0,1106
PTIME86	30,6333	1	0,0000
QEMP86	1,7211	1	0,1895
INC86	71,8977	1	0,0000
BLACK	75,1354	1	0,0000
HISPAN	43,3718	1	0,0000
BORN60	0,63808	1	0,4244

Análisis de Residuos

	Estimación	Validación
n	2725	
CME	0,397997	
MAE	0,652186	
MAPE		
ME	-0,00204159	
MPE		

El StatAdvisor

La salida muestra los resultados de ajustar un modelo de regresión de Poisson para describir la relación entre NARR86 y 9 variable(s) independiente(s). La ecuación del modelo ajustado es

NARR86 = exp(0,510033 - 0,401571*PCNV - 0,0237723*AVGSEN + 0,0244904*TOTTIME - 0,0985584*PTIME86 - 0,0380187*QEMP86 - 0,0080807*INC86 - 0,660838*BLACK=0 - 0,499813*HISPAN=0 + 0,0510286*BORN60=0)

Como el valor-P de la tabla de Análisis de Desviaciones es menor que 0,05, existe una relación estadísticamente significativa entre las variables, con un nivel de confianza del 95,0%. Además, el valor-P para los residuos es mayor o igual que 0,05, indicando que el modelo no es significativamente peor que el mejor modelo posible para estos datos con un nivel de confianza del 95,0% o mayor. Esta ventana también muestra que el porcentaje de desviación de NARR86 explicado por el modelo es igual a 12,0405%. Este estadístico es similar al estadístico R-Cuadrada habitual. El porcentaje ajustado, que es más apropiado para comparar modelos con diferente número de variables independientes, es 11,4171%. Para determinar si el modelo puede ser simplificado, note que el valor-P más alto para las pruebas de verosimilitud es 0,4244, que pertenece a BORN60. Como el valor-P es mayor o igual que 0,05, ese término no es estadísticamente significativo al nivel de confianza del 95,0% o mayor. Consecuentemente, debería eliminar BORN60 del modelo.

La ecuación predictiva del modelo de Poisson estimado es la siguiente:

$$NARR86 = e^{\substack{0,510033 - 0,401571*PCNV - 0,0237723*AVGSEN + 0,0244904*TOTTIME - 0,0985584*PTIME86 \\ - 0,0380187*QEMP86 - 0,0080807*INC86 - 0,660838*BLACK=0 - 0,499813*HISPAN=0 + 0,0510286*BORN60=0}}$$

Los intervalos de confianza al 95% para los parámetros estimados son los siguientes:

Intervalos de confianza del 95,0% para los estimados de los coeficientes

Parámetro	Estimado	Error Estándar	Límite Inferior	Límite Superior
CONSTANTE	0,510033	0,11096	0,292556	0,727511
PCNV	-0,401571	0,0849709	-0,568111	-0,235031
AVGSEN	-0,0237723	0,019946	-0,0628658	0,0153212
TOTTIME	0,0244904	0,0147504	-0,00441988	0,0534006
PTIME86	-0,0985584	0,0206945	-0,139119	-0,0579979
QEMP86	-0,0380187	0,0290241	-0,0949051	0,0188677
INC86	-0,0080807	0,001041	-0,010121	-0,00604038
BLACK=0	-0,660838	0,0738341	-0,80555	-0,516125
HISPAN=0	-0,499813	0,0739266	-0,644707	-0,35492
BORN60=0	0,0510286	0,0640517	-0,0745106	0,176568

Intervalos de confianza del 95,0% para la razón de tasas

Parámetro	Estimado	Límite Inferior	Límite Superior
PCNV	0,669268	0,566594	0,790546
AVGSEN	0,976508	0,939069	1,01544
TOTTIME	1,02479	0,99559	1,05485
PTIME86	0,906143	0,870125	0,943652
QEMP86	0,962695	0,909459	1,01905
INC86	0,991952	0,98993	0,993978
BLACK=0	0,516419	0,446842	0,596829
HISPAN=0	0,606644	0,524816	0,70123
BORN60=0	1,05235	0,928198	1,19312

El StatAdvisor
Esta tabla muestra intervalos de confianza del 95,0% para los coeficientes en el modelo. Los intervalos de confianza muestran con que precisión se pueden estimar los coeficientes dada la cantidad de datos disponibles y del ruido que está presente. También se muestran los intervalos de confianza para la razón de tasas. La razón de tasa es igual al inverso del logaritmo natural del coeficiente y muestra el incremento proporcional en la variable de respuesta cuando la variable independiente se incrementa en 1 unidad.

Ejercicio 2-1. *El archivo 7-10.sav contiene información sobre la variable narr86 que representa el número de veces que es arrestado un hombre durante 1986 y que se desea explicar mediante las variables pcnv (proporción de arrestos previos en los que fue condenado), avgsen (duración media en meses de las sentencias), tottime (tiempo en prisión en meses), ptime86 (tiempo en prisión en 1986 en meses), qemp86 (trimestres empleados en 1986), inc86 (ingresos legales en 1986 en cientos de dólares), black (ficticia que vale 1 para arrestado de raza negra), hispan (ficticia que vale 1 para arrestado de raza hispana) y born60 (ficticia que vale 1 si el arrestado nació en 1960).*

Como la variable explicada toma el valor 0 en un número elevado de casos y sólo toma valor superior a 5 en 8 casos, podría utilizarse un modelo de datos de recuento. Estudiar el efecto de las variables explicativas sobre la explicada utilizando datos de recuento de Poisson, exponencial y binomial negativa. Comparar los modelos. Utilizar el software SPSS.

Comenzamos utilizando la opción *Analizar → Modelos Lineales Generalizados → Modelos Lineales Generalizados*. En la solapa Tipo de Modelos del asistente se elige Binomial Negativa con enlace de logaritmo (Figura 2-27).

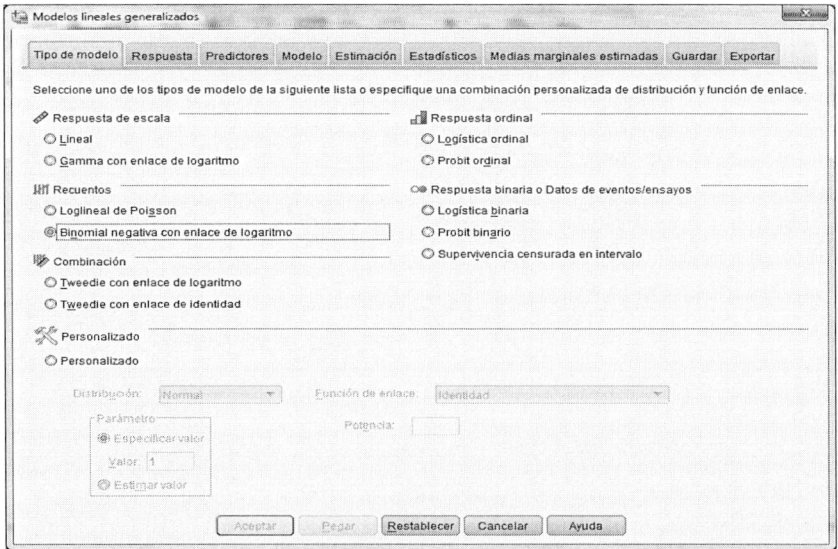

Figura 2-27

Las solapas *Respuesta, Predictores, Modelo* y *Estadísticos* se rellenan como se indica en la Figuras 2-28 a 2-31.

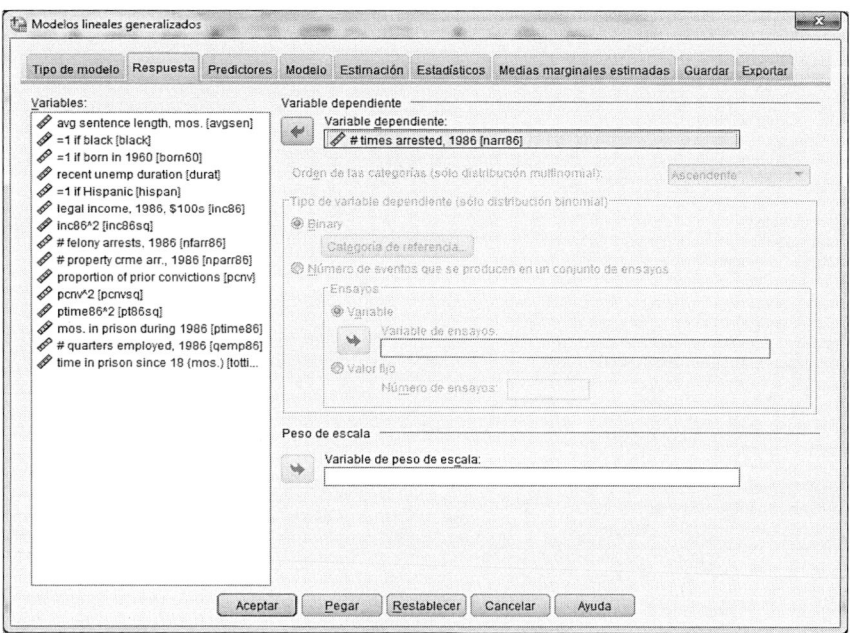

Figura 2-28

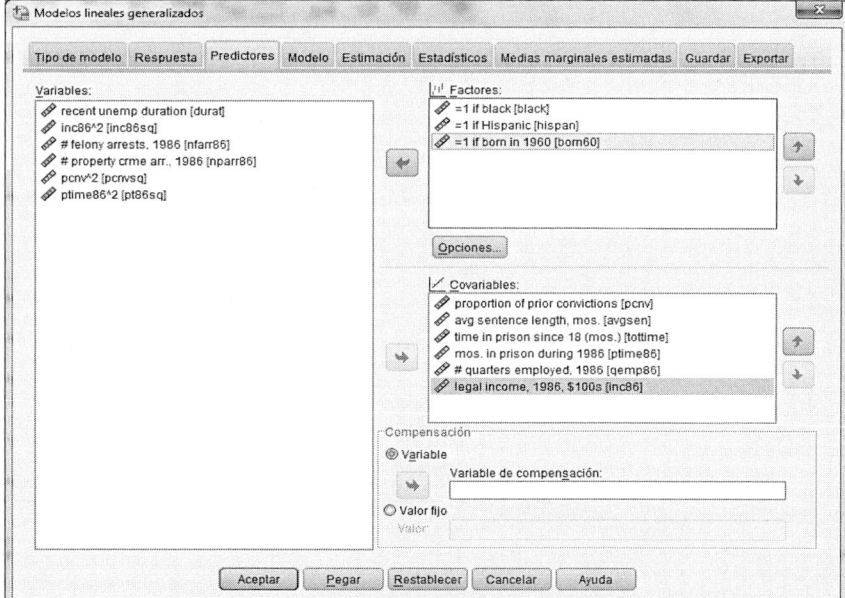

Figura 2-29

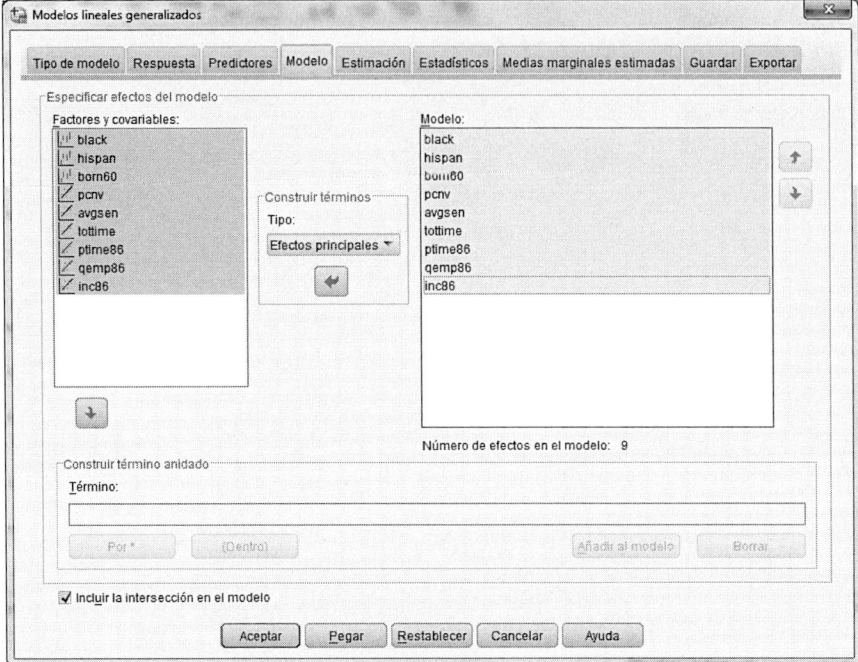

Figura 2-30

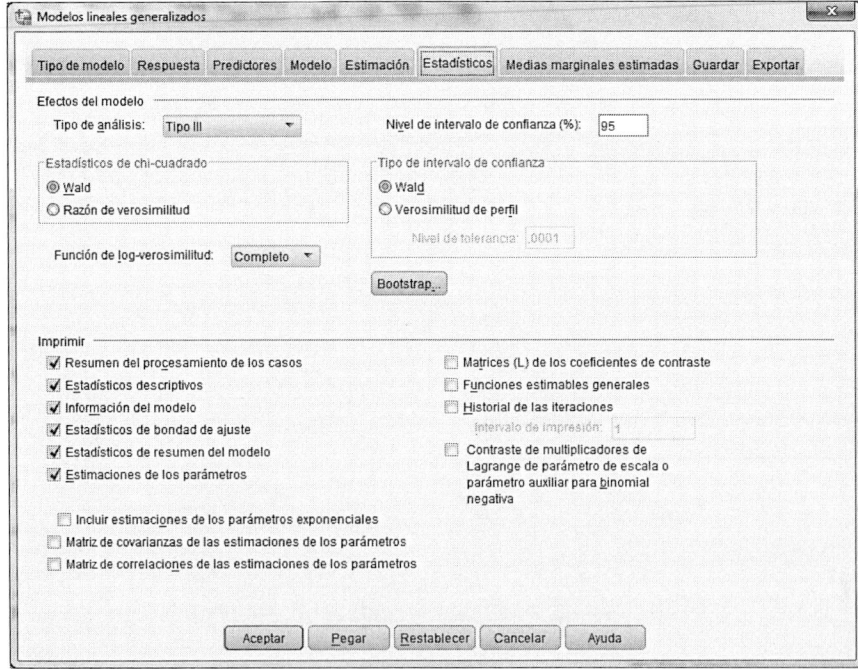

Figura 2-31

Al pulsar *Aceptar* se obtiene la salida presentada en las Figuras 2-32 a 2-34. Se observa un ajuste con familia de probabilidad Binoial Negativa y Función de enlace Log. La significtividad individual y conjunta de los parámetros estimados es bastante aceptable.

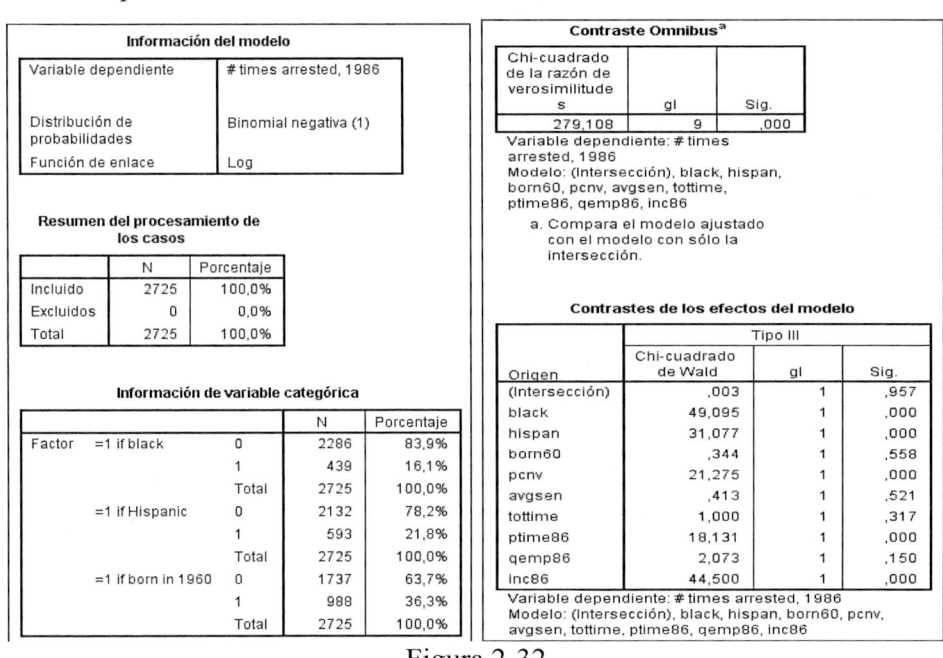

Información del modelo

Variable dependiente	# times arrested, 1986
Distribución de probabilidades	Binomial negativa (1)
Función de enlace	Log

Resumen del procesamiento de los casos

	N	Porcentaje
Incluido	2725	100,0%
Excluidos	0	0,0%
Total	2725	100,0%

Información de variable categórica

			N	Porcentaje
Factor	=1 if black	0	2286	83,9%
		1	439	16,1%
		Total	2725	100,0%
	=1 if Hispanic	0	2132	78,2%
		1	593	21,8%
		Total	2725	100,0%
	=1 if born in 1960	0	1737	63,7%
		1	988	36,3%
		Total	2725	100,0%

Contraste Omnibus[a]

Chi-cuadrado de la razón de verosimilitudes	gl	Sig.
279,108	9	,000

Variable dependiente: # times arrested, 1986
Modelo: (Intersección), black, hispan, born60, pcnv, avgsen, tottime, ptime86, qemp86, inc86

a. Compara el modelo ajustado con el modelo con sólo la intersección.

Contrastes de los efectos del modelo

	Tipo III		
Origen	Chi-cuadrado de Wald	gl	Sig.
(Intersección)	,003	1	,957
black	49,095	1	,000
hispan	31,077	1	,000
born60	,344	1	,558
pcnv	21,275	1	,000
avgsen	,413	1	,521
tottime	1,000	1	,317
ptime86	18,131	1	,000
qemp86	2,073	1	,150
inc86	44,500	1	,000

Variable dependiente: # times arrested, 1986
Modelo: (Intersección), black, hispan, born60, pcnv, avgsen, tottime, ptime86, qemp86, inc86

Figura 2-32

Estimaciones de los parámetros

Parámetro	B	Típ. Error	Intervalo de confianza de Wald 95% Inferior	Superior	Chi-cuadrado de Wald	gl	Sig.
(Intersección)	,553	,1420	,275	,831	15,179	1	,000
[black=0]	-,656	,0936	-,839	-,472	49,095	1	,000
[black=1]	0[a]	.	.	.	.	.	.
[hispan=0]	-,505	,0906	-,683	-,328	31,077	1	,000
[hispan=1]	0[a]	.	.	.	.	.	.
[born60=0]	,046	,0785	-,108	,200	,344	1	,558
[born60=1]	0[a]	.	.	.	.	.	.
pcnv	-,481	,1043	-,686	-,277	21,275	1	,000
avgsen	-,017	,0265	-,069	,035	,413	1	,521
tottime	,020	,0195	-,019	,058	1,000	1	,317
ptime86	-,108	,0254	-,158	-,058	18,131	1	,000
qemp86	-,051	,0356	-,121	,018	2,073	1	,150
inc86	-,008	,0012	-,010	-,005	44,500	1	,000
(Escala)	1[b]						
(Binomial negativa)	1[b]						

Variable dependiente: # times arrested, 1986
Modelo: (Intersección), black, hispan, born60, pcnv, avgsen, tottime, ptime86, qemp86, inc86

a. Establecido en cero ya que este parámetro es redundante.

b. Fijado en el valor mostrado.

Figura 2-33

Se observa que el modelo predictivo estimado no coincide exactamente con el obtenido en STATGRAPHICS, pero es prácticamente similar.

Para estimar el mismo modelo mediante una regresión de Poisson se rellena la solapa *Tipo de Modelo* del asistente para modelos lineales generalizados eligiendo *Loglineal de Poisson* (Figura 2-34).

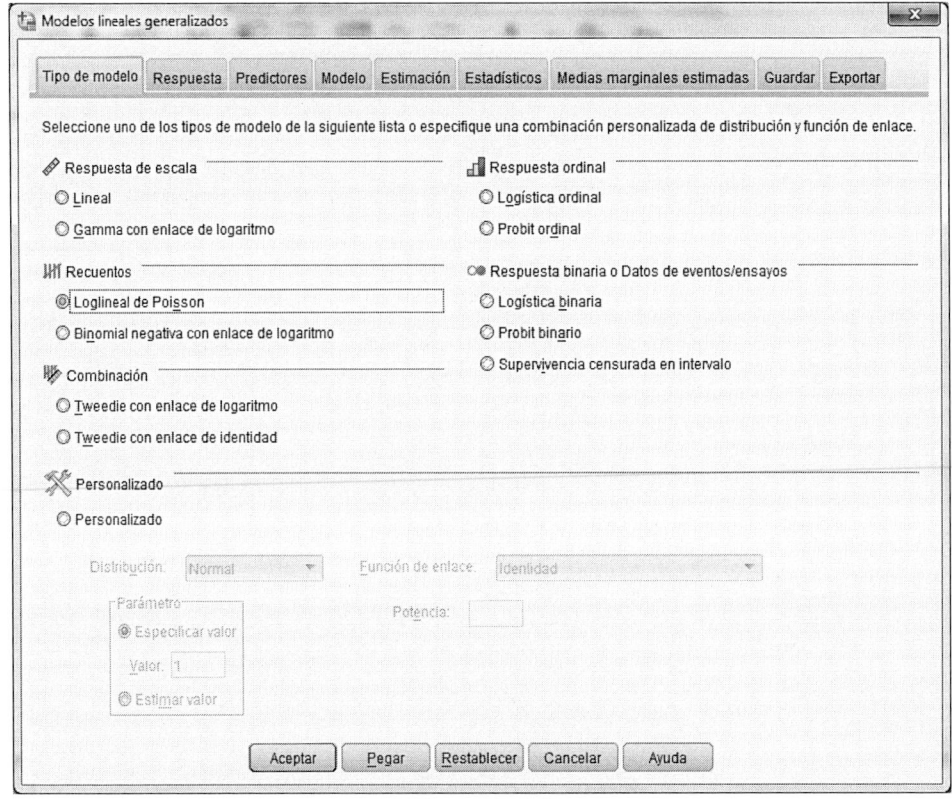

Figura 2-34

Al pulsar *Aceptar* se obtiene la salida presentada en las Figuras 2-35 a 2-37. Se observa un ajuste con familia de probabilidad de Poisson y Función de enlace Log. La significtividad individual y conjunta de los parámetros estimados es bastante aceptable.

Se observa que el modelo predictivo estimado no coincide exactamente con el obtenido en STATGRAPHICS, pero es prácticamente similar.

Información del modelo

Variable dependiente	# times arrested, 1986
Distribución de probabilidades	Poisson
Función de enlace	Log

Resumen del procesamiento de los casos

	N	Porcentaje
Incluido	2725	100,0%
Excluidos	0	0,0%
Total	2725	100,0%

Información de variable categórica

			N	Porcentaje
Factor	=1 if black	0	2286	83,9%
		1	439	16,1%
		Total	2725	100,0%
	=1 if Hispanic	0	2132	78,2%
		1	593	21,8%
		Total	2725	100,0%
	=1 if born in 1960	0	1737	63,7%
		1	988	36,3%
		Total	2725	100,0%

Figura 2-35

Contraste Omnibus[a]

Chi-cuadrado de la razón de verosimilitudes	gl	Sig.
386,320	9	,000

Variable dependiente: # times arrested, 1986
Modelo: (Intersección), black, hispan, born60, pcnv, avgsen, tottime, ptime86, qemp86, inc86

a. Compara el modelo ajustado con el modelo con sólo la intersección.

Contrastes de los efectos del modelo

	Tipo III		
Origen	Chi-cuadrado de Wald	gl	Sig.
(Intersección)	,544	1	,461
black	80,108	1	,000
hispan	45,710	1	,000
born60	,635	1	,426
pcnv	22,335	1	,000
avgsen	1,420	1	,233
tottime	2,757	1	,097
ptime86	22,682	1	,000
qemp86	1,716	1	,190
inc86	60,254	1	,000

Variable dependiente: # times arrested, 1986
Modelo: (Intersección), black, hispan, born60, pcnv, avgsen, tottime, ptime86, qemp86, inc86

Figura 2-36

Estimaciones de los parámetros

Parámetro	B	Típ. Error	Intervalo de confianza de Wald 95%		Contraste de hipótesis		
			Inferior	Superior	Chi-cuadrado de Wald	gl	Sig.
(Intersección)	,510	,1110	,293	,728	21,128	1	,000
[black=0]	-,661	,0738	-,806	-,516	80,108	1	,000
[black=1]	0[a]	.	.	.	.	.	.
[hispan=0]	-,500	,0739	-,645	-,355	45,710	1	,000
[hispan=1]	0[a]	.	.	.	.	.	.
[born60=0]	,051	,0641	-,075	,177	,635	1	,426
[born60=1]	0[a]	.	.	.	.	.	.
pcnv	-,402	,0850	-,568	-,235	22,335	1	,000
avgsen	-,024	,0199	-,063	,015	1,420	1	,233
tottime	,024	,0148	-,004	,053	2,757	1	,097
ptime86	-,099	,0207	-,139	-,058	22,682	1	,000
qemp86	-,038	,0290	-,095	,019	1,716	1	,190
inc86	-,008	,0010	-,010	-,006	60,254	1	,000
(Escala)	1[b]						

Variable dependiente: # times arrested, 1986
Modelo: (Intersección), black, hispan, born60, pcnv, avgsen, tottime, ptime86, qemp86, inc86

a. Establecido en cero ya que este parámetro es redundante.

b. Fijado en el valor mostrado.

Figura 2-37

Ejercicio 2-2. *Se considera el archivo logitb.sav que contiene datos de una muestra de 53 pacientes con cáncer de próstata en los que se mide la edad, el nivel de ácido que mide la extensión del tumor, el grado de agresividad del tumor, la etapa en la que se encuentra, los resultados de una radiografía y cuándo se ha detectado al intervenir quirúrgicamente que el cáncer se ha extendido a los nodos linfáticos. A partir de estos datos se trata de ajustar un modelo que permita predecir cuándo el cáncer se extiende a los nodos linfáticos (o no) sin necesidad de intervención quirúrgica.*

Comenzamos leyendo el fichero logitb.sav, observando su contenido y habilitando sus variables.

```
> library(foreign)
> datosc=read.spss("H:/R/data/logitb.sav", use.value.labels=T
RUE)

> summary(datosc)
         Length Class  Mode
ID       53     -none- numeric
RADIOGRA 53     -none- numeric
ETAPA    53     -none- numeric
GRADO    53     -none- numeric
EDAD     53     -none- numeric
ACIDO    53     -none- numeric
NODOS    53     factor numeric

> attach(datosc)
```

A continuación, ajustamos el modelo logít pedido.

```
> logistica1=glm(NODOS~RADIOGRA+ETAPA+GRADO+EDAD+ACIDO, famil
y=binomial(link="logit"))
> summary(logistica1)

Call:
glm(formula = NODOS ~ RADIOGRA + ETAPA + GRADO + EDAD + ACIDO,
    family = binomial(link = "logit"))

Deviance Residuals:
    Min       1Q   Median       3Q      Max
-2.0110  -0.7020  -0.3654   0.5723   1.9852

Coefficients:
             Estimate Std. Error z value Pr(>|z|)
(Intercept)   0.06180    3.45992   0.018   0.9857
RADIOGRA      2.04534    0.80718   2.534   0.0113 *
ETAPA         1.56410    0.77401   2.021   0.0433 *
GRADO         0.76142    0.77077   0.988   0.3232
EDAD         -0.06926    0.05788  -1.197   0.2314
ACIDO         0.02434    0.01316   1.850   0.0643 .
---
```

```
Signif. codes:  0 `***' 0.001 `**' 0.01 `*' 0.05 `.' 0.1 ` '
1

(Dispersion parameter for binomial family taken to be 1)

    Null deviance: 70.252  on 52  degrees of freedom
Residual deviance: 48.126  on 47  degrees of freedom
AIC: 60.126

Number of Fisher Scoring iterations: 5
```

Se observa que la constante no es significativa. Ajustaremos entonces el modelo sin constante.

```
> logistica1=glm(NODOS~0+RADIOGRA+ETAPA+GRADO+EDAD+ACIDO, fam
ily=binomial(link="logit"))
> summary(logistica1)

Call:
glm(formula = NODOS ~ 0 + RADIOGRA + ETAPA + GRADO + EDAD + A
CIDO,
    family = binomial(link = "logit"))
Deviance Residuals:
   Min      1Q   Median      3Q      Max
-2.0113  -0.7029  -0.3665   0.5727   1.9872

Coefficients:
         Estimate Std. Error z value Pr(>|z|)
RADIOGRA  2.04560    0.80711   2.534  0.01126 *
ETAPA     1.56566    0.76919   2.035  0.04180 *
GRADO     0.76284    0.76648   0.995  0.31961
EDAD     -0.06830    0.02131  -3.205  0.00135 **
ACIDO     0.02439    0.01294   1.884  0.05955 .
---
Signif. codes:  0 `***' 0.001 `**' 0.01 `*' 0.05 `.' 0.1 ` '
1

(Dispersion parameter for binomial family taken to be 1)

    Null deviance: 73.474  on 53  degrees of freedom
Residual deviance: 48.126  on 48  degrees of freedom
AIC: 58.126

Number of Fisher Scoring iterations: 5
```

El modelo ya resulta más o menos aceptable, salvo quizás la variable GRADO cuya significatividad es del 70%.

Ejercicio 2-3. Resuelva el ejercicio anterior mediante un modelo Probit.

Comenzamos estimando el modelo mediante una regresión Probit.

```
> probit1=glm(NODOS~RADIOGRA+ETAPA+GRADO+EDAD+ACIDO, family=b
inomial(link="probit"))
> summary(probit1)

Call:
glm(formula = NODOS ~ RADIOGRA + ETAPA + GRADO + EDAD + ACIDO
,
    family = binomial(link = "probit"))

Deviance Residuals:
    Min       1Q   Median       3Q      Max
-2.0061  -0.7001  -0.3230   0.5813   1.9760

Coefficients:
             Estimate Std. Error z value Pr(>|z|)
(Intercept)  0.065353   2.036217   0.032  0.97440
RADIOGRA     1.211738   0.461926   2.623  0.00871 **
ETAPA        0.955897   0.443673   2.155  0.03120 *
GRADO        0.425286   0.449035   0.947  0.34358
EDAD        -0.042297   0.033914  -1.247  0.21233
ACIDO        0.015021   0.007759   1.936  0.05289 .
---
Signif. codes:  0 '***' 0.001 '**' 0.01 '*' 0.05 '.' 0.1 ' '
1

(Dispersion parameter for binomial family taken to be 1)

    Null deviance: 70.252  on 52  degrees of freedom
Residual deviance: 47.828  on 47  degrees of freedom
AIC: 59.828

Number of Fisher Scoring iterations: 6
```

Se observa que la constante no es significativa, lo que nos lleva a estimar el modelo sin constante.

```
> probit1=glm(NODOS~0+RADIOGRA+ETAPA+GRADO+EDAD+ACIDO, family
=binomial(link="probit"))
>
>
> summary(probit1)
```

```
Call:
glm(formula = NODOS ~ 0 + RADIOGRA + ETAPA + GRADO + EDAD + A
CIDO,
    family = binomial(link = "probit"))

Deviance Residuals:
    Min        1Q    Median        3Q       Max
-2.0066   -0.7017   -0.3255    0.5822    1.9795

Coefficients:
          Estimate Std. Error z value Pr(>|z|)
RADIOGRA  1.211718   0.461858   2.624 0.008701 **
ETAPA     0.956375   0.442234   2.163 0.030572 *
GRADO     0.427660   0.446311   0.958 0.337956
EDAD     -0.041276   0.011823  -3.491 0.000481 ***
ACIDO     0.015067   0.007621   1.977 0.048034 *
---
Signif. codes:  0 `***' 0.001 `**' 0.01 `*' 0.05 `.' 0.1 ` '
1
(Dispersion parameter for binomial family taken to be 1)

    Null deviance: 73.474  on 53  degrees of freedom
Residual deviance: 47.829  on 48  degrees of freedom
AIC: 57.829

Number of Fisher Scoring iterations: 5
```

El modelo ya resulta más o menos aceptable, salvo quizás la variable GRADO cuya significatividad es del 70%. Los resultados son muy similares al caso del modelo Logit.

Capítulo 3

MODELOS DE VARIABLE DEPENDIENTE LIMITADA, ELECCIÓN DISCRETA, RECUENTO, CENSURADOS, TRUNCADOS Y SELECCIÓN MUESTRAL.

TRATAMIENTO CON STATA

3.1 MODELOS DE VARIABLE DEPENDIENTE LIMITADA

La expresión funcional del modelo de análisis de la regresión múltiple es $y = F(x_1, x_2, \cdots, x_n)$. La regresión múltiple admite la posibilidad de trabajar con variables dependientes cuyo rango de valores está restringido (variables binarias con valores 0 y 1, variables con valores enteros positivos, etc.). En general, los modelos que admiten variables dependientes con rango restringido se denominan modelos de variable dependiente limitada.

La mayoría de las variables económicas que se analizan presentan valores que están limitados de alguna manera, en muchas ocasiones porque deben ser positivos. Por ejemplo, el salario por hora, los precios de las viviendas, y los tipos de interés nominales deben ser mayores que cero. Pero no todas esas variables requieren un trato especial. No suele ser necesario ningún modelo econométrico especial para tratar las variables que son estrictamente positivas pero que toman muchos valores diferentes. Cuando la variable dependiente es discreta (*modelos de elección discreta*) y toma un reducido número de valores, no tiene sentido que la tratemos como si fuera una variable aproximadamente continua. El hecho de que la variable dependiente sea discreta no implica necesariamente que los modelos lineales no sean apropiados. Sin embargo, para respuestas binarias (*modelos de elección binaria*), suelen utilizarse los modelos Logit y Probit y en ciertos casos el *modelo lineal de probabilidad*. También para respuestas múltiples (*modelos de elección múltiple*) se utilizan los modelos Logit y Probit.

Otro ejemplo importante de variable dependiente limitada es la variable de recuento, que toma valores enteros no negativos. Un *modelo de datos de recuento* es aquel que tiene como variable dependiente una variable discreta de recuento que toma valores enteros no negativos. Los *modelos de regresión de Poisson* son apropiados para analizar las variables de recuento.

En el análisis econométrico, aparecen otros tipos de variables dependientes limitadas, especialmente cuando analizamos el comportamiento de individuos, familias, o empresas. Por ejemplo, supongamos que durante un año concreto una gran cantidad de familias de una región no realiza ninguna donación caritativa. Por tanto, la distribución de la población de las donaciones que realizan las familias está muy dispersa sobre valores positivos, pero con una alta concentración en el valor cero. Estamos aquí ante un ejemplo de solución de esquina. El *modelo Tobit* está diseñado explícitamente para variables dependientes que presentan soluciones de esquina. Estas variables valen cero para una proporción de la población considerable, pero se distribuye de forma aproximadamente continua para los valores positivos.

Otro tipo de variables dependientes limitadas son las originadas por la censura de datos. Un *modelo de regresión censurado* es aquel cuya variable dependiente está censurada por encima (censura superior) o por debajo (censura inferior) de algún valor, es decir, la variable dependiente no se observa para una parte de la población. En los modelos de regresión censurados la variable dependiente subyacente es aproximadamente continua, pero está censurada inferior o superiormente, debido a la forma en que recopilamos los datos o a limitaciones institucionales. Un *modelo de regresión truncada* es parecido a un modelo de regresión censurada, pero tiene alguna diferencia importante: en un modelo de regresión truncada, no disponemos de los datos acerca de algún segmento importante de la población. Normalmente, esto ocurre cuando el objetivo de una muestra es un subconjunto concreto de la población y, quizá porque es costoso, ignora al resto de la población. Se trata de un caso particular del *problema general de la selección muestral*, donde observamos una muestra no aleatoria de la población subyacente.

3.2 MODELOS DE ELECCIÓN DISCRETA

La expresión funcional del modelo de análisis de la regresión múltiple es $y = F(x_1, x_2, \cdots, x_n)$. La regresión múltiple admite la posibilidad de trabajar con variables dependientes discretas en vez de continuas para permitir la modelización de fenómenos discretos. Cuando la variable dependiente es una variable discreta que refleja decisiones individuales en las que el conjunto de elección está formado por alternativas separadas y mutuamente excluyentes estamos ante los **modelos de elección discreta**. Cuando la variable dependiente es discreta y toma sólo un número pequeño de valores no tiene sentido tratarla como si fuera una variable continua y suele interesar *caracterizar la probabilidad de que un agente tome una determinada decisión discreta*, condicional a los valores de ciertas variables explicativas. Estas funciones de distribución que caracterizan probabilidades para cada valor de las variables explicativas suelen ser no lineales y no suelen tener solución analítica por lo que suele ser necesario recurrir a métodos numéricos. Los modelos de elección discreta en los que el conjunto de elección tiene sólo dos alternativas posibles se llaman **modelos de elección binaria**. Cuando el conjunto de elección tiene varios valores discretos nos encontramos ante los **modelos de elección múltiple o modelos multinomiales**.

Los modelos de elección discreta se denominan *modelos de datos de recuento* cuando los valores de la variable dependiente discreta son números que no reflejan categorías. En caso de que los valores numéricos de la variable dependiente discreta reflejen categorías, los modelos se denominan *modelo de elección discreta categóricos*, y suelen clasificarse en *modelos de elección discreta categóricos ordenados* (los valores numéricos no tienen significado cuantitativo y reflejan un orden de categorías) y *modelos de elección discreta categóricos no ordenados* (los valores numéricos reflejan únicamente categorías).

3.3 MODELOS DE ELECCIÓN DISCRETA BINARIA

Dentro de los **modelos de elección discreta** en los que el conjunto de elección tiene sólo dos alternativas posibles mutuamente excluyentes, consideraremos el modelo lineal de probabilidad, el modelo Logit y el modelo Probit.

3.3.1 Modelo lineal de probabilidad

Partimos del modelo de regresión lineal habitual:

$$Y = \beta_0 + \beta_1 X_1 + \beta_2 X_2 + ... + \beta_k X_k + \varepsilon$$

una de cuyas hipótesis es:

$$E(\varepsilon | X_1, X_2, ..., X_k) = 0$$

lo que nos lleva a escribir el modelo como:

$$E(Y|X_1,...,X_k) = \beta_0 + \beta_1 X_1 + \beta_2 X_2 + ... + \beta_k X_k$$

Pero en el caso de los modelos de elección discreta en los que el conjunto de elección tiene sólo dos alternativas posibles mutuamente excluyentes, Y es una variable aleatoria de Bernouilli de parámetro p, lo que nos permite escribir:

$$E(Y|X_1,...,X_k) = P(Y=1|X_1,...,X_k) = \beta_0 + \beta_1 X_1 + \beta_2 X_2 + ... + \beta_k X_k$$

Estamos ahora ante el ***modelo lineal de probabilidad***, donde, por ejemplo, β_1 mide la variación en la probabilidad de "éxito" ($Y=1$) ante una variación unitaria en X_1 (con todo lo demás constante).

Como Y es una variable aleatoria de Bernouilli:

$$V(Y|X_1,...,X_k) = P(Y=1|X_1,...,X_k)\left(1 - P(Y=1|X_1,...,X_k)\right)$$

Tenemos entonces:

$$Y = \beta_0 + \beta_1 X_1 + \beta_2 X_2 + \cdots + \beta_k X_k + u \Rightarrow u = Y - \beta_0 + \beta_1 X_1 + \beta_2 X_2 + \cdots + \beta_k X_k$$

$$V(u) = V(Y - \beta_0 + \beta_1 X_1 + \beta_2 X_2 + \cdots + \beta_k X_k) = V(Y|X_1,...,X_k)$$

para cada observación $V(u_i) = p_i(1-p_i)$ ya que Y es una variable aleatoria de Bernouilli.

Estamos entonces ante un modelo con heteroscedasticidad porque la varianza del error no es constante, ya que para cada valor de $X_1,...,X_k$, la varianza del error tiene un valor diferente ($V(u)$ no constante). Además, Y es una variable de Bernouilli, con lo que tampoco se cumple la hipótesis de normalidad. Ello obliga a estimar estos modelos por un método alternativo a mínimos cuadrados ordinarios, por ejemplo, utilizando estimadores máximo verosímiles o mínimos cuadrados generalizados.

Realizada la estimación del modelo lineal de probabilidad tenemos que:

$$\hat{Y} = \hat{\beta}_0 + \hat{\beta}_1 X_1 + \hat{\beta}_2 X_2 + ... + \hat{\beta}_k X_k = \hat{P}$$

se puede interpretar como una estimación de la probabilidad de "éxito" (de que $Y=1$). En algunas aplicaciones tiene sentido interpretar $\hat{\beta}_0$ como la probabilidad de éxito cuando todas las X_j valen 0.

Otra limitación importante del modelo lineal de probabilidad es que para ciertas combinaciones de las variables explicativas $X_1,...,X_k$, las probabilidades estimadas pueden ser mayores que cero o menores que uno.

3.3.2 Modelos Probit y Logit

Podemos considerar los **modelos Logit y Probit** como modelos de respuesta binaria:

$$P(Y = 1 | X_1, X_2, \ldots, X_k) = G(\beta_0 + \beta_1 X_1 + \beta_2 X_2 + \ldots + \beta_k X_k)$$

que, para evitar los problemas del modelo lineal de probabilidad, se especifican como $Y = G(X\beta)$, donde G es una función que toma valores estrictamente entre 0 y 1 ($0 < G(Z) < 1$) para todos los números reales z. Según las diferentes definiciones de G tenemos los distintos modelos de elección binaria.

Si $G(z) = \dfrac{e^z}{1 + e^z}$ estamos ante el **modelo Logit**, cuya expresión será:

$$Y = G(z) = G(\beta_0 + \beta_1 X_1 + \beta_2 X_2 + \cdots + \beta_k X_k) = \frac{e^{\beta_0 + \beta_1 X_1 + \beta_2 X_2 + \cdots + \beta_k X_k}}{1 + e^{\beta_0 + \beta_1 X_1 + \beta_2 X_2 + \cdots + \beta_k X_k}}$$

En el caso del **modelo Probit** tenemos:

$$G(z) = \Phi(z) = \int_{-\infty}^{z} \phi(v) \mathbf{d}v$$

donde $\Phi(z) = \dfrac{1}{\sqrt{2\pi}} e^{\frac{-z^2}{2}}$ es la función de densidad de la *normal* (0,1).

La expresión del modelo Probit será:

$$Y = G(z) = G(\beta_0 + \beta_1 X_1 + \beta_2 X_2 + \cdots + \beta_k X_k) = \int_{-\infty}^{\beta_0 + \beta_1 X_1 + \beta_2 X_2 + \cdots + \beta_k X_k} \frac{1}{\sqrt{2\pi}} e^{\frac{-v^2}{2}} \, dv$$

Los modelos Probit y Logit, como son modelos no lineales, no podremos estimar por MCO y tendremos que emplear métodos de máxima verosimilitud.

Supongamos que tenemos n observaciones idéntica e independientemente distribuidas (muestra aleatoria) que siguen el modelo:

$$P(Y = 1 | \mathbf{X}) = G(\beta_0 + \beta_1 X_1 + \ldots + \beta_k X_k)$$

Para obtener el estimador de máxima verosimilitud (MV), condicionado a las variables explicativas, necesitamos la función de verosimilitud:

$$L(\beta) = \prod_{Y_i=1} P_i \prod_{Y_i=0} (1 - P_i) = \prod_{i=1}^{n} G(X_i'\beta)^{Y_i} \left(1 - G(X_i'\beta)\right)^{1-Y_i}$$

con:

$$P_i = P(Y_i = 1 | X_{1i}, \ldots, X_{ki}) = G(\beta_0 + \beta_1 X_{1i} + \ldots + \beta_k X_{ki}) = G(X_i'\beta)$$

El estimador de MV de β es el que maximiza el logaritmo de la función de verosimilitud:

$$l(\beta) = \ln L(\beta) = \sum_{i=1}^{n} \left[Y_i \ln G(X_i'\beta) + (1 - Y_i) \ln\left(1 - G(X_i'\beta)\right) \right]$$

que será un estimador consistente, asintóticamente normal y asintóticamente eficiente.

Las condiciones de primer orden serán:

$$S(\beta) = \sum_{i=1}^{n} \left[\frac{Y_i}{G(X_i'\beta)} - \frac{(1 - Y_i)}{\left(1 - G(X_i'\beta)\right)} \right] X_i g(X_i'\beta) = \sum_{i=1}^{n} \left[\frac{Y_i - G(X_i'\beta)}{G(X_i'\beta)\left(1 - G(X_i'\beta)\right)} \right] X_i g(X_i'\beta) = 0$$

donde $g(.)$ es la función de densidad de la normal o la logística (derivada de la función de distribución).

La no linealidad del problema hace que para obtener el estimador MV de β necesitemos aplicar un algoritmo iterativo y obtener el estimador por métodos numéricos iterativos. Mediante el algoritmo Scoring tenemos:

$$\hat{\beta}^{k+1} = \hat{\beta}^k + \left[I(\hat{\beta}^k) \right]^{-1} S(\hat{\beta}^k)$$

La matriz de covarianzas asintótica de $\hat{\beta}$ se estima como:

$$A\,\hat{\mathrm{var}}(\hat{\beta}) = \left[I(\hat{\beta}) \right]^{-1} = \left(\sum_{i=1}^{n} \frac{\left[g(X_i'\hat{\beta}) \right]^2 X_i X_i'}{G(X_i'\hat{\beta})\left(1 - G(X_i'\hat{\beta})\right)} \right)^{-1}$$

Para realizar *contrastes de hipótesis en los modelos Logit y Probit* tendremos en cuenta que la raíz cuadrada de los elementos de la diagonal principal de la matriz de covarianzas asintótica son los errores estándar (asintóticos) de cada uno de los $\hat{\beta}_j$, que los podemos emplear para construir los estadísticos t (que tendrán una distribución asintótica normal) o intervalos de confianza aproximados para cada parámetro. También podemos contrastar varias restricciones simultáneamente. Lo habitual es que lo que nos interese sean restricciones de exclusión por lo que es en lo que nos vamos a centrar.

Para contrastar la hipótesis nula de que un conjunto de parámetros es igual a cero podemos emplear varios procedimientos:

- **Estadístico de Wald**. Se distribuye asintóticamente como una *Chi-cuadrado* con q (nº de restricciones) grados de libertad y lo proporcionan la mayoría de los programas.

- **Contraste de razón de verosimilitudes (Likelihood Ratio (LR) test)**. Se basa en la diferencia entre el logaritmo de la función de verosimilitud en el modelo sin restringir y en el restringido:

$$LR = 2\left(l(\hat{\beta}_{NR}) - l(\hat{\beta}_R)\right)$$

que se distribuye asintóticamente como una *Chi-cuadrado* con q grados de libertad.

En cuanto a las **medidas de la bondad de ajuste en los modelos Logit y Probit** tenemos:

- **Porcentaje de predicciones correctas**. Para cada i calculamos la probabilidad estimada de que $Y_i = 1$:

$$\hat{P}_i = \hat{P}(Y_i = 1 | X_{1i}, ..., X_{ki}) = G(\hat{\beta}_0 + \hat{\beta}_1 X_{1i} + ... + \hat{\beta}_k X_{ki})$$

- Si $\hat{P}_i > 0,5$ nuestra predicción será que Y_i es 1 y si $\hat{P}_i \leq 0,5$ nuestra predicción será que Y_i es 0. El % de veces en que el valor de Y_i observado coincida con la predicción es el % de predicciones correctas. Lo interesante es calcular por separado el porcentaje de predicciones correctas de ceros y de unos.

- **Pseudo – R^2 (de McFadden)**. Está basado en el logaritmo de la función de verosimilitud:

$$Pseudo - R^2 = 1 - \frac{l(\hat{\beta})}{l(\hat{\beta}_0)}$$

donde $l(\hat{\beta})$ es el logaritmo de la función de verosimilitud para el modelo estimado y $l(\hat{\beta}_0)$ el de un modelo sólo con término constante. Como $|l(\hat{\beta})| < |l(\hat{\beta}_0)|$, el valor *Pseudo – R^2* está entre 0 y 1.

- **Criterios de Información.** Son medidas que tratan de buscar un equilibrio entre la bondad del ajuste, medida en base al valor del logaritmo de la función de verosimilitud, y una especificación parsimoniosa del modelo. (Ejemplos: *Akaike* (AIC), *Schwarz* (SC) y *Hannan-Quinn* (HQ)). Se escoge el modelo con menor valor del criterio de información.

A la hora de *interpretar las estimaciones en los modelos Probit y Logit*, generalmente lo que nos interesa es conocer el efecto de variaciones en una variable X_j sobre la probabilidad de respuesta, que si la variable es continua será:

$$\Delta \hat{P}(Y = 1 | \mathbf{X}) \approx \left[g(\mathbf{X}\hat{\beta})\hat{\beta}_j \right] \Delta X_j$$

Como $g(X\hat{\beta})$ depende de X habrá que calcular los efectos parciales para valores interesantes de X (las medias muestrales, valores máximos y mínimos de las variables de interés, etc.). También se puede calcular el efecto parcial para cada individuo y después calcular su media.

El *efecto parcial de una variable continua X_j sobre la probabilidad de respuesta* $P(Y = 1 | X)$ será:

$$\frac{\partial P(Y = 1 | \mathbf{X})}{\partial X_j} = g(\mathbf{X}\beta)\beta_j$$

donde $g(.)$ es la función de densidad de la logística (*Logit*) o de la normal estándar (*Probit*). Este efecto varía de individuo a individuo. Como en el caso del Probit y del Logit, $g(z) > 0$ para todo z, *el signo del efecto parcial de X_j es el mismo que el de β_j.*

El *efecto relativo de dos variables continuas X_j y X_h no depende de X.* Nótese que el cociente de los efectos parciales es β_j / β_h.

Si X_1, por ejemplo, es una variable explicativa ficticia, el efecto parcial de que varíe de 1 a 0 vendrá dado por:

$$G(\beta_0 + \beta_1 + \beta_2 X_2 + ... + \beta_k X_k) - G(\beta_0 + \beta_2 X_2 + ... + \beta_k X_k)$$

que también varía de un individuo a otro, pues depende de los valores de todas las X_j.

Como en el Probit $g(0) \approx 0,4$, en el Logit $g(0) \approx 0,25$ y en el MPL $g(0) = 1$, se puede obtener la siguiente relación entre las estimaciones:

$$\hat{\beta}_{Logit} \approx 1,6\hat{\beta}_{Probit} \qquad \hat{\beta}_{Logit} \approx 4\hat{\beta}_{MPL}$$

3.4 MODELOS DE ELECCIÓN MÚLTIPLE

Los modelos estudiados hasta ahora son modelos de elección discreta en los que el conjunto de elección tiene sólo dos alternativas posibles y que se llaman *modelos de elección binaria*. Pero cuando el conjunto de elección tiene varios valores discretos nos encontramos ante los **modelos de elección múltiple o modelos multinomiales**. Estudiaremos a continuación los más habituales.

3.4.1 Modelo Logit Multinomial

El **Modelo Logit Multinomial** es una extensión del modelo binario para el caso en el que la respuesta, "desordenada", tiene más de 2 posibilidades. Sea (X_i, Y_i) una muestra aleatoria de la población ($i = 1...n$).

Al igual que en el caso binario, lo que nos interesa es saber cómo afectan los cambios en los elementos de X a las probabilidades de respuesta:

$$P(Y = j | X_1, X_2, ..., X_k) = P(Y = j | \mathbf{X}) \qquad j = 0,1,...J$$

En el Modelo Logit Multinomial las probabilidades de respuesta son:

$$P(Y = j | \mathbf{X}) = \frac{\exp(\mathbf{X}\beta_j)}{1 + \sum_{h=1}^{J} \exp(\mathbf{X}\beta_h)} = p_j(\mathbf{X}, \beta) \qquad j = 1, ... J$$

$$P(Y = 0 | \mathbf{X}) = \frac{1}{1 + \sum_{h=1}^{J} \exp(\mathbf{X}\beta_h)} = p_0(\mathbf{X}, \beta)$$

Si $J = 1$, estamos en el caso binario.

En estos modelos los efectos parciales son complicados y ni siquiera el signo del parámetro nos da el signo del efecto. Si X_k es continua, el efecto parcial será:

$$\frac{\partial P(Y = j | \mathbf{X})}{\partial X_k} = P(Y = j | \mathbf{X}) \left\{ \beta_{jk} - \left[\sum_{h=1}^{J} \beta_{hk} \exp(\mathbf{X}\beta_h) \right] / g(\mathbf{X}, \beta) \right\}$$

donde β_{hk} es el elemento k-ésimo de β_h y:

$$g(\mathbf{X}, \beta) = 1 + \sum_{h=1}^{J} \exp(\mathbf{X}\beta_h)$$

Se observa que:

$$\frac{P(Y=j|\mathbf{X})}{P(Y=0|\mathbf{X})} = \frac{p_j(\mathbf{X}, \beta)}{p_0(\mathbf{X}, \beta)} = \exp\left(\mathbf{X}\beta_j\right)$$

luego:

$$\Delta \frac{p_j(\mathbf{X}, \beta)}{p_0(\mathbf{X}, \beta)} \approx \beta_{jk} \exp\left(\mathbf{X}\beta_j\right)\Delta X_k$$

Además:

$$\log\left(\frac{p_j(\mathbf{X}, \beta)}{p_0(\mathbf{X}, \beta)}\right) = \mathbf{X}\beta_j$$

y por tanto:

$$\Delta \log\left(\frac{p_j(\mathbf{X}, \beta)}{p_0(\mathbf{X}, \beta)}\right) \approx \beta_{jk}\Delta X_k$$

En general:

$$\log\left(\frac{p_j(\mathbf{X}, \beta)}{p_h(\mathbf{X}, \beta)}\right) = \mathbf{X}(\beta_j - \beta_h)$$

La probabilidad de elegir j, si la elección es entre j y h, sigue un modelo Logit estándar con vector de parámetros β_j - β_h:

$$P(Y=j|Y=j \text{ o } Y=h, \mathbf{X}) = \Lambda\left[\mathbf{X}(\beta_j - \beta_h)\right] = \frac{\exp\left[\mathbf{X}(\beta_j - \beta_h)\right]}{1 + \exp\left[\mathbf{X}(\beta_j - \beta_h)\right]}$$

El Modelo Logit Multinomial se estima por máxima verosimilitud. El logaritmo de la función de verosimilitud condicional viene dado por:

$$l(\beta) = \sum_{i=1}^{n} \sum_{j=0}^{J} \mathbb{1}[Y_i = j]\log[p_j(X_i, \beta)]$$

y en general obtendremos estimadores consistentes y asintóticamente normales.

3.4.2 Modelo Logit Condicional

El Modelo Logit Condicional se utiliza para problemas en los que las elecciones del individuo (o empresa) se realizan, al menos en parte, en base a los atributos observables de cada alternativa. En el Logit Multinomial, las variables explicativas no cambian entre alternativas, es decir, para cada i, X_i contiene variables específicas del individuo, no de las alternativas y es apropiado para situaciones donde las características de las alternativas no son importantes (o no las observamos). En el Modelo Logit Condicional, para cada i, X_i contiene variables específicas del individuo y de las alternativas y es apropiado para situaciones donde se observan las características alternativas.

Supongamos que disponemos de una muestra aleatoria de tamaño n de la población subyacente ($i = 1\ldots n$). La utilidad de elegir la alternativa j es:

$$Y_{ij}^* = X_{ij}\beta + a_{ij} \qquad j = 0,1,2,\ldots,J$$

donde a_{ij} son inobservables que afectan a los gustos y X_{ij} varía entre alternativas (y puede que también entre individuos) pero no puede contener elementos que sólo varíen entre individuos (no contiene término constante).

Como ejemplo podemos considerar el tiempo que tarda en llegar al trabajo el individuo i que emplea el medio de transporte j o el coste del transporte j (que puede o no variar entre individuos).

Si las perturbaciones a_{ij} se distribuyen independientemente con distribución Weibull con:

$$F(a) = \exp[-\exp(-a)]$$

entonces el Modelo Logit Condicional se expresa como sigue:

$$P(Y_i = j \mid X_i) = p_j(\mathbf{X}) = \frac{\exp(X_{ij}\beta)}{\displaystyle\sum_{h=0}^{J} \exp(X_{ih}\beta)} \qquad j = 0,1,\ldots,J$$

Los efectos marginales se expresan como sigue:

$$\frac{\partial p_j(\mathbf{X})}{\partial X_{jk}} = p_j(\mathbf{X})[1 - p_j(\mathbf{X})]\beta_k \qquad j = 0,1,\ldots,J, \, k = 1,\ldots,K$$

$$\frac{\partial p_j(\mathbf{X})}{\partial X_{hk}} = -p_j(\mathbf{X})p_h(\mathbf{X})\beta_k \quad j \neq h, k = 1,...,K$$

donde β_k es el elemento k-ésimo de β.

La estimación del Modelo Logit Condicional se realiza por el método de máxima verosimilitud.

En el Modelo Logit Condicional también se cumple el supuesto de *independencia de alternativas irrelevantes IAI* porque el cociente de probabilidades de elección entre 2 alternativas ($Y= j$ *en lugar de* $Y=h$) es independiente del resto de alternativas. Se tiene

$$\frac{p_j(\mathbf{X}_j)}{p_j(\mathbf{X}_h)} = \frac{\exp(\mathbf{X}_j\beta)}{\exp(\mathbf{X}_h\beta)} = \exp[(\mathbf{X}_j - \mathbf{X}_h)\beta]$$

El supuesto de *independencia de alternativas irrelevantes IAI*, que se deriva del supuesto de independencia de las perturbaciones, es conveniente para la estimación, pero puede suponer una limitación, ya que en algunas aplicaciones con alternativas similares es poco realista. El supuesto de *independencia de alternativas irrelevantes IAI* supone que la probabilidad relativa de dos alternativas existentes no se ve afectada por la inclusión de una tercera alternativa. Se puede contrastar el supuesto de IAI empleando el un contraste sugerido en Hausman y McFadden.

3.4.3 Modelo Logit Anidado

El Modelo Logit Anidado es un caso particular del Modelo Logit Condicional en el que se relaja el supuesto de IAI agrupando las J alternativas en L subgrupos de alternativas similares. Se emplea mucho para modelizar decisiones de consumo. Se sigue manteniendo la IAI dentro de cada grupo, pero no entre grupos. Se considera el proceso de elección como que primero se elige uno de los L grupos $P(Y \in G_L|X)$ y después, en ese grupo, la alternativa j $P(Y = j|Y \in G_L, X)$. El objeto de interés $P(Y = j| X)$ se obtiene multiplicando las dos anteriores.

El Modelo Logit Anidado se puede estimar por el método de máxima verosimilitud con información completa (ambas decisiones) o en 2 etapas (Logit Condicional para la elección de cada j en cada grupo y después la probabilidad de elegir el grupo L).

3.4.4 Modelo Probit Multinomial

Cuando en un modelo Logit condicional se puede relajar el supuesto de IAI empleando modelos con supuestos más flexibles sobre a_{ij}, puede obtenerse el modelo Probit multinomial como un caso particular suyo.

Supongamos que a_{ij} sigue una distribución normal multivariante con correlaciones arbitrarias entre a_{ij} y a_{ih} (con $j{\neq}h$) estamos ante el **Modelo Probit Multinomial**. Aunque este modelo es atractivo teóricamente, las probabilidades de respuesta son muy complicadas y la estimación máxima verosímil es casi imposible con más de 5 alternativas. Los avances econométricos recientes van haciendo más fácil el uso de estos modelos.

3.5 MODELOS LOGIT Y PROBIT ORDENADOS

Los modelos de elección múltiple vistos hasta ahora no tienen en cuenta la naturaleza ordinal de Y. A veces en los modelos de elección múltiple Y es una respuesta ordenada y el valor asignado a cada alternativa no es arbitrario. Estamos entonces ante los modelos de respuesta ordenada. Por ejemplo, cuando Y puede reflejar la valoración de un crédito es una escala de 0 a 6.

Sea Y una variable de respuesta ordenada que toma valores $\{0, 1, 2, ..., J\}$. El modelo Probit (o Logit) ordenado para Y (condicionado a unas variables explicativas X) se puede derivar de un modelo de variable latente:

$$Y^* = \mathbf{X}\beta + \varepsilon$$

donde X no contiene constante, β contiene k parámetros y $\varepsilon|X \to N(0,1)$. Sean $\alpha_1 < \alpha_2 < ... < \alpha_J$ puntos de corte (*threshold parameters*) desconocidos. Definimos:

$$Y = 0 \quad si \quad Y^* \leq \alpha_1$$
$$Y = 1 \quad si \quad \alpha_1 < Y^* \leq \alpha_2$$
$$.....$$
$$Y = J \quad si \quad Y^* > \alpha_J$$

La distribución condicional de Y dado X vendrá dada por:

$$P(Y = 0|\mathbf{X}) = P(Y^* \leq \alpha_1|\mathbf{X}) = P(\mathbf{X}\beta + \varepsilon \leq \alpha_1|\mathbf{X}) = \Phi(\alpha_1 - \mathbf{X}\beta)$$
$$P(Y = 1|\mathbf{X}) = P(\alpha_1 < Y^* \leq \alpha_2|\mathbf{X}) = \Phi(\alpha_2 - \mathbf{X}\beta) - \Phi(\alpha_1 - \mathbf{X}\beta)$$
$$.....$$
$$P(Y = J|\mathbf{X}) = P(Y^* > \alpha_J|\mathbf{X}) = 1 - \Phi(\alpha_J - \mathbf{X}\beta)$$

Si $J = 1$ tenemos el Probit binario con la constante $-\alpha_1$ incluida dentro de $\Phi(.)$ (en los binarios solemos poner el punto de corte en cero y estimar la constante).

Los parámetros α y β se pueden estimar por el método de máxima verosimilitud. Si en vez de emplear $\Phi(.)$ utilizamos la logística $\Lambda(.)$ tendremos el Modelo Logit Ordenado.

Para el Probit Ordenado tenemos que los efectos parciales son:

$$\frac{\partial p_0(\mathbf{X})}{\partial X_k} = -\beta_k \phi(\alpha_1 - \mathbf{X}\beta) \qquad \frac{\partial p_J(\mathbf{X})}{\partial X_k} = \beta_k \phi(\alpha_J - \mathbf{X}\beta)$$

$$\frac{\partial p_j(\mathbf{X})}{\partial X_k} = \beta_k [\phi(\alpha_{j-1} - \mathbf{X}\beta) - \phi(\alpha_j - \mathbf{X}\beta)] \quad 0 < j < J$$

El signo de β_k sólo determina el signo del efecto parcial para $P(Y=0|X)$ y $P(Y=J|X)$, pero no para el resto.

Podemos aplicar estos modelos de respuesta ordenada en casos en que Y tiene un sentido cuantitativo, pero también nos interesa conocer la naturaleza de la respuesta ordenada discreta. En estos casos puede interesarnos conocer:

$$E(Y|\mathbf{X}) = a_0 P(Y = a_0|\mathbf{X}) + a_1 P(Y = a_1|\mathbf{X}) + \ldots + a_J P(Y = a_J|\mathbf{X})$$

donde $a_0, a_1, \ldots, a_J$ son los valores que toma la variable. Una vez que estimemos las probabilidades podemos estimar $E(Y|X)$ para cualquier valor de X que nos interese.

3.6 MODELOS DE DATOS DE RECUENTO

Una tipología importante de variable dependiente limitada es la variable de recuento, que toma valores enteros no negativos. Un **modelo de datos de recuento** es aquel que tiene como variable dependiente una variable discreta de recuento que toma valores enteros no negativos. Los *modelos de regresión de Poisson* son apropiados para analizar las variables de recuento. También lo son los *modelos de regresión Exponencial* y los *modelos de regresión Binomial Negativa*.

Los modelos de datos de recuento se caracterizan porque no tienen, en general, un límite superior natural, toman valor cero para algunos miembros de la población y suelen tomar pocos valores.

Si Y es la variable de recuento y $X_1, ..., X_k$ son las variables explicativas, normalmente estaremos interesados en:

$$E(Y|X_1,...,X_k) = E(Y|\mathbf{X})$$

En los casos en los que Y es estrictamente positiva podemos emplear la transformación logarítmica $log(Y)$ y usar el modelo lineal. Sin embargo, en los datos de recuento Y suele tomar valor cero para un porcentaje no despreciable de la población. Con datos de recuento lo que se suele hacer es modelizar $E(Y|\mathbf{X})$ eligiendo formas funcionales que aseguren valores positivos para todo X y todo valor de los parámetros.

3.6.1 Modelo de Regresión de Poisson

Para datos de recuento, en que la variable Y toma pocos valores, lo más habitual es asumir que Y dado $X_1, ..., X_k$ sigue una distribución Poisson. La distribución Poisson viene completamente determinada por su media, con lo que nos vale con especificar $E(Y|\mathbf{X})$:

$$P(Y = h|\mathbf{X}) = \frac{\exp[-E(Y|\mathbf{X})][E(Y|\mathbf{X})]^h}{h!} \qquad h = 0,1,2...$$

Una posibilidad que nos asegura valores positivos para todo valor de X y de los parámetros es modelizar la función esperanza condicional $E(Y|\mathbf{X})$ como una función exponencial:

$$E(Y|X_1,...,X_k) = \exp(\beta_0 + \beta_1 X_1 + ... + \beta_k X_k) = \exp(\mathbf{X}\beta)$$

En este caso:

$$P(Y = h|\mathbf{X}) = \frac{\exp[-\exp(\mathbf{X}\beta)][\exp(\mathbf{X}\beta)]^h}{h!} \qquad h = 0,1,2...$$

que nos permite calcular las probabilidades condicionadas.

Tomando logaritmos tenemos que:

$$\log[E(Y|\mathbf{X})] = \beta_0 + \beta_1 X_1 + ... + \beta_k X_k = \mathbf{X}\beta$$

luego podemos decir que $100 \times \beta_j$ es aproximadamente la variación porcentual en $E(Y|\mathbf{X})$ cuando Xj varía en 1 unidad:

$$\%\Delta E(Y|\mathbf{X}) \approx 100\beta_j \Delta X_j$$

Podemos interpretar los coeficientes como si fueran un modelo lineal con variable dependiente en logaritmo.

Podemos medir la variación % exacta en $E(Y|\mathbf{X})$ ante una variación unitaria de X_k por $\exp(\beta_k) - 1$:

$$\%\Delta E(Y|\mathbf{X}) = \left(\frac{E(Y|\mathbf{X}+1)}{E(Y|\mathbf{X})} - 1\right) \times 100 = \left(\frac{\exp(\beta_0 + \beta_1 X + \beta_1)}{\exp(\beta_0 + \beta_1 X)} - 1\right) \times 100 =$$
$$= (\exp(\beta_1) - 1) \times 100$$

En base a los supuestos que hemos hecho sobre la distribución Poisson y sobre la forma de esperanza condicional, podemos construir el logaritmo de la función de verosimilitud como:

$$l(\beta) = \sum_{i=1}^{n} \{Y_i \mathbf{X}_i \beta - \exp(\mathbf{X}_i \beta)\}$$

donde se ha eliminado el término $-\log(Yi!)$ porque no depende de β.

Maximizando esta función se obtiene el estimador MV de β, que si la distribución condicional de Y es Poisson y la $E(Y|\mathbf{X})$ está bien especificada será consistente, eficiente y asintóticamente normal. A partir de estas estimaciones se pueden obtener los errores estándar de los $\hat{\beta}_j$.

A veces la distribución Poisson impone restricciones que no se cumplen en las aplicaciones empíricas. En concreto, en la Poisson todas las probabilidades y momentos de orden superior están determinados por la media, por lo que E(Y|X) = V(Y|X). Esta igualdad no se cumple en muchas aplicaciones. Sin embargo, aunque no se cumpla la distribución Poisson, seguiremos obteniendo estimadores consistentes y asintóticamente normales de los β_j si la media condicional está bien especificada.

Cuando Y dado $X_1, \ldots, X_k$ no sigue una distribución Poisson al estimador que se obtiene de maximizar el logaritmo de la función de verosimilitud:

$$l(\beta) = \sum_{i=1}^{n} \{Y_i \mathbf{X}_i \beta - \exp(\mathbf{X}_i \beta)\}$$

se le llama *estimador de cuasi máxima verosimilitud* (*CMV*). Cuando estimamos por CMV si no se cumple el supuesto de E(Y|X) = V(Y|X) hay que ajustar los errores estándar para que sean válidos, para realizar inferencia, aunque la distribución condicional de *Y* esté mal especificada. Una posibilidad para ajustar los errores estándar es suponer que la varianza es proporcional a la media:

$$V(Y|\mathbf{X}) = \sigma^2 E(Y|\mathbf{X})$$

donde $\sigma^2 > 0$ es un parámetro desconocido. Si $\sigma^2 = 1$ tenemos el *supuesto sobre la varianza de la Poisson*. Si $\sigma^2 > 1$ tenemos *sobredispersión*, que es lo que sucede en muchas aplicaciones. Si $\sigma^2 < 1$ tenemos *infradispersión*, que es raro en las aplicaciones empíricas.

Bajo el supuesto de varianza proporcional a la media es fácil ajustar los errores estándar de la Poisson obtenidos por máxima verosimilitud. Habrá que multiplicarlos por $\hat{\sigma} = \sqrt{\hat{\sigma}^2}$, siendo $\hat{\sigma}^2$ un estimador consistente de σ^2:

$$\hat{\sigma}^2 = \frac{1}{n-k-1} \sum_{i=1}^{n} \frac{\hat{u}_i^2}{\hat{Y}_i} \quad \hat{u}_i = Y_i - \hat{Y}_i \quad \hat{Y}_i = \exp(\hat{\beta}_0 + \hat{\beta}_1 X_1 + ... + \hat{\beta}_k X_k)$$

Los errores estándar así obtenidos se llaman *errores estándar GLM (Generalized Linear Models)*. Estos errores estándar están obtenidos bajo el supuesto de varianza proporcional a la media, pero también es posible obtener errores estándar para los estimadores de CMV del modelo Poisson sin restringir la varianza.

Bajo el supuesto de distribución Poisson, para realizar *contrastes de restricciones de exclusión*, podemos emplear el contraste de razón de verosimilitudes:

$$LR = 2\left(l(\hat{\beta}_{NR}) - l(\hat{\beta}_R)\right)$$

que se distribuye asintóticamente como una Chi-cuadrado con *q* grados de libertad.

Bajo el supuesto de varianza proporcional a la media, para realizar *contrastes de restricciones de exclusión*, basta con ajustar el contraste de Razón de verosimilitudes dividiéndolo por $\hat{\sigma}^2$ del modelo sin restringir (estadístico de CMV). Para medir la bondad del ajuste en estos modelos se puede emplear un R^2 definido como el cuadrado del coeficiente de correlación entre Y_i e $\hat{Y}_i$. Tiene la ventaja de que siempre estará entre 0 y 1.

3.6.2 Modelo de Regresión de Binomial Negativa

Existen otros modelos de regresión para datos de recuento empleando distribuciones que generalizan la Poisson, por ejemplo, utilizando la distribución Binomial Negativa. Estamos entonces ante el modelo de regresión de Binomial Negativa. Este modelo se emplea para casos de sobredispersión ya que se supone que $V(Y|X) = \sigma^2 E(Y|X) = (1+\eta^2) E(Y|X)$. En este caso se estiman los parámetros β y η^2 conjuntamente por el método de máxima verosimilitud. Para que las estimaciones sean consistentes y eficientes es necesario que se cumpla el supuesto de binomial negativa. Si estimamos β para η^2 fijo, las estimaciones serán consistentes si la $E(Y|X)$ está bien especificada.

3.6.3 Modelo de Regresión Exponencial

En el Modelo de regresión exponencial se estiman los parámetros por máxima verosimilitud empleando la distribución exponencial. Si la E(Y|X) está bien especificada los estimadores serán consistentes, aunque la distribución no sea exponencial (como otros estimadores de CMV). Para obtener errores GLM se supone: V(Y|X) = σ2 [E(Y|X)]2.

3.6.4 Modelo de Regresión Normal

En el Modelo de regresión normal se estiman los parámetros por máxima verosimilitud empleando la distribución normal. Para σ2 fijo, si la E(Y|X) está bien especificada los estimadores serán consistentes, aunque la distribución no sea normal.

3.7 MODELOS CENSURADOS: EL MODELO TOBIT

Un determinado tipo muy especial de variables dependientes limitadas son las originadas por la censura de datos. Un *modelo de regresión censurado* es aquel cuya variable dependiente está censurada por encima (censura superior) o por debajo (censura inferior) de algún valor, es decir, la variable dependiente no se observa para una parte de la población. En los modelos de regresión censurados la variable dependiente subyacente es aproximadamente continua, pero está censurada inferior o superiormente, debido a la forma en que recopilamos los datos o a limitaciones institucionales.

Un caso particular de censura de datos se presenta cuando la variable dependiente vale cero para una gran parte de la población y es continua para los valores positivos. Estamos entonces ante modelo de variable limitada con solución de esquina. El **modelo Tobit** está diseñado explícitamente para variables dependientes que presentan soluciones de esquina. Estas variables valen cero para una proporción de la población considerable, pero se distribuye de forma aproximadamente continua para los valores positivos.

El modelo de regresión censurado Tobit o Tobit tipo I se expresa como sigue:

$$Y^* = \mathbf{X}\beta + u \qquad u|\mathbf{X} \sim N(0, \sigma^2) \quad Y = \max(0, Y^*)$$

que también puede escribirse como:

$$Y_i = \begin{cases} 0 & si \quad Y_i^* \leq 0 \\ Y_i^* & si \quad Y_i^* > 0 \end{cases}$$

Hemos formulado el modelo Tobit en términos de una variable latente Y^*, que satisface los supuestos del modelo de regresión clásico, distribución normal, homocedástica y con media condicional lineal.

La densidad de Y dado X es la misma que la de Y^* dado X para los valores positivos. Además, sabemos que:

$$P(Y = 0|\mathbf{X}) = P(Y^* < 0|\mathbf{X}) = P(u < -\mathbf{X}\beta|\mathbf{X}) = P\left(\frac{u}{\sigma} < \frac{-\mathbf{X}\beta}{\sigma}\Big|\mathbf{X}\right) =$$

$$= \Phi\left(\frac{-\mathbf{X}\beta}{\sigma}\right) = 1 - \Phi(\mathbf{X}\beta / \sigma)$$

Por tanto, dada una muestra aleatoria de la población, podemos escribir el logaritmo de la función de verosimilitud como:

$$l(\beta, \sigma) = \sum_{i=1}^{n} 1[Y_i = 0]\log[1 - \Phi(X_i\beta / \sigma)]$$
$$+ 1[Y_i > 0]\log\{(1 / \sigma)\phi[(Y_i - X_i\beta) / \sigma]\}$$

Al maximizar la función de verosimilitud obtenemos los **estimadores MV de β y de σ**. Se pueden obtener los errores estándar de los coeficientes estimados y construir estadísticos t de Student para contrastes. También se pueden emplear el estadístico de Wald y RV.

3.7.1 Interpretación de los coeficientes en el modelo Tobit

Observamos que:

$$E(Y|Y > 0, \mathbf{X}) = \mathbf{X}\beta + E(u|u > -\mathbf{X}\beta)$$

y utilizando que si $z \rightarrow N(0,1)$ $E(z|z>c) = \phi(c) / (1-\Phi(c))$ se tiene:

$$E(Y|Y > 0, \mathbf{X}) = \mathbf{X}\beta + \sigma E[(u/\sigma)|(u/\sigma) > -\mathbf{X}\beta/\sigma) =$$
$$= \mathbf{X}\beta + \sigma\phi(\mathbf{X}\beta/\sigma) / \Phi(\mathbf{X}\beta/\sigma) =$$
$$= \mathbf{X}\beta + \sigma\lambda(\mathbf{X}\beta/\sigma)$$

$$\lambda(X\beta/\sigma) = \frac{\phi(X\beta/\sigma)}{\Phi(X\beta/\sigma)} = \text{Ratio de Mills}$$

Entonces, si realizamos estimaciones del modelo Tobit por MCO empleando sólo las observaciones para las que $Y>0$, omitiendo los ceros, obtendríamos un estimador de β insesgado e inconsistente, porque omitiríamos la ratio de Mills que está correlacionado con X.

En el modelo Tobit tenemos:

$$P(Y = 0|\mathbf{X}) = 1 - \Phi(\mathbf{X}\beta/\sigma)$$

Por otro lado:

$$E(Y|\mathbf{X}) = P(Y = 0|\mathbf{X})0 + P(Y > 0|\mathbf{X})E(Y|Y > 0, \mathbf{X}) =$$
$$= \Phi(\mathbf{X}\beta/\sigma)E(Y|Y > 0, \mathbf{X})$$

Y teniendo presente el valor del segundo término de la ecuación anterior en función de la ratio de Mills, podemos escribir:

$$E(Y|\mathbf{X}) = \Phi(\mathbf{X}\beta/\sigma)[\mathbf{X}\beta + \sigma\lambda(\mathbf{X}\beta/\sigma)] =$$
$$= \Phi(\mathbf{X}\beta/\sigma)\mathbf{X}\beta + \sigma\phi(\mathbf{X}\beta/\sigma)$$

Estamos entonces ante una función no lineal de X y de β, que nos permite llegar a la conclusión de que si estimamos el modelo Tobit por MCO como un modelo lineal con todas las observaciones no tendremos estimadores consistentes.

3.7.2 Efectos parciales en el modelo Tobit

Si X_j es una variable continua, el efecto parcial sobre el valor esperado de Y en la subpoblación de valores positivos dependerá de β_j y de un término entre 0 y 1 y valdrá (*):

$$\frac{\delta E(Y|Y>0,\mathbf{X})}{\delta X_j} = \beta_j\{1 - \lambda(\mathbf{X}\beta/\sigma)[\mathbf{X}\beta/\sigma + \lambda(\mathbf{X}\beta/\sigma)]\}$$

Podemos estimar este efecto parcial empleando las estimaciones MV de β y de σ para los valores medios de X o para otros que sean de interés en nuestras aplicaciones. Si X_j es una variable binaria podemos calcular la diferencia entre $E(Y|Y>0,X)$ para $X_j = 1$ y $X_j = 0$. De forma similar se puede hacer para cualquier X_j discreta.

Así mismo, si X_j es una variable continua, podremos calcular el efecto parcial sobre el valor esperado de Y. Este efecto parcial se puede descomponer en dos partes, el efecto sobre el valor medio de Y en la parte positiva de la distribución, y el efecto sobre la probabilidad en la otra parte de la distribución. Tenemos (**):

$$\frac{\delta E(Y|\mathbf{X})}{\delta X_j} = \frac{\delta P(Y>0|\mathbf{X})}{\delta X_j}E(Y|Y>0,\mathbf{X}) + P(Y>0|\mathbf{X})\frac{\delta E(Y|Y>0,\mathbf{X})}{\delta X_j}$$

Como:

$$P(Y>0|\mathbf{X}) = \Phi(\mathbf{X}\beta/\sigma)$$

derivando se tiene (***):

$$\frac{\delta P(Y>0|\mathbf{X})}{\delta X_j} = (\beta_j/\sigma)\phi(\mathbf{X}\beta/\sigma)$$

Sustituyendo (*) y (***) en (**) se tiene:

$$\frac{\delta E(Y|\mathbf{X})}{\delta X_j} = \beta_j\Phi(\mathbf{X}\beta/\sigma)$$

Este valor de los efectos lo podemos estimar fácilmente empleando las estimaciones MV de β y de σ para los valores medios de X o para otros que sean de interés en nuestras aplicaciones.

El modelo Tobit está basado en los supuestos de normalidad y homocedasticidad en el modelo de la latente. Cuando no se cumplen, el problema no es sólo la inconsistencia del estimador MV de β y de σ. Ni siquiera las expresiones de las esperanzas condicionales son las adecuadas. Se puede generalizar el modelo para permitir ciertas formas de heterocedasticidad y de no normalidad. También existen contrastes de ciertos tipos de normalidad y de heterocedasticidad, como, por ejemplo:

$$V(u|X) = \sigma^2 \exp(Z\delta)$$

Pero, para incumplimientos leves de los supuestos, se piensa que el modelo Tobit puede generar una buena aproximación de los efectos parciales.

3.7.3 Modelo Tobit con censura en los datos

Hemos analizado el modelo Tobit para solución de esquina, pero podemos generalizar al caso en que haya censura de cualquier tipo en los datos. El caso más general es cuando la variable de interés es continua, pero está censurada por encima (censura a la derecha) o por debajo de un valor (censura la izquierda) que no tiene por qué ser el cero.

Podemos escribir el modelo Tobit como:

$$Y^* = \mathbf{X}\beta + u \qquad u|\mathbf{X}, c \sim N(0, \sigma^2) \quad Y = \min(Y^*, c)$$

que también puede escribirse como:

$$Y_i = \begin{cases} c & si & Y_i^* \geq c \\ Y_i^* & si & Y_i^* < c \end{cases}$$

Observamos Y^* o c (sabemos qué Y^* es menor que un valor c pero no sabemos cuánto vale). Estamos considerando el modelo Tobit con censura a la derecha, pero si la censura fuese a la izquierda tendríamos:

$$Y_i = \begin{cases} c & si & Y_i^* \leq c \\ Y_i^* & si & Y_i^* > c \end{cases} \quad \text{y con las dos censuras a la vez:}$$

$$Y_i = \begin{cases} c & si & Y_i^* \leq c \\ Y_i^* & si & c < Y_i^* \leq d \\ d & si & d < Y_i^* \end{cases}$$

3.7.4 Estimación máximo verosímil (MV) del modelo Tobit censurado

Si tuviéramos una muestra aleatoria podríamos estimar β por MCO y realizar la inferencia de forma habitual, pero la censura en los datos nos causa problemas de inconsistencia en la estimación MCO (con todas las observaciones o sin las censuradas). Dada una muestra aleatoria, podemos obtener estimaciones consistentes de β y de σ si estimamos por MV. Para las observaciones sin censura, $Y = Y^*$, la densidad de Y es la misma que la de Y^*. Para las observaciones censuradas tenemos:

$$P(Y = c|\mathbf{X}) = P(Y^* \geq c|\mathbf{X}) = P(u \geq c - \mathbf{X}\beta|\mathbf{X}) = 1 - \Phi[(c - \mathbf{X}\beta) / \sigma]$$

Calcularemos el logaritmo de la función de verosimilitud y realizaremos la estimación MV. En este modelo los β_j se interpretan como en el modelo de regresión lineal.

La expresión del logaritmo de la función de verosimilitud para una muestra de tamaño n es la siguiente:

$$LnMV = \sum_{i=1}^{c}\left(1 - \Phi\left(\frac{X_i\beta}{\sigma}\right)\right) + \sum_{i=c+1}^{n}\Phi\left(\frac{Y_i - X_i\beta}{\sigma}\right)$$

3.7.5 Estimación por mínimos cuadrados ordinarios en dos etapas del modelo Tobit censurado

Aunque la estimación del modelo Tobit censurado por MCO no puede hacerse directamente, sí podemos utilizar el siguiente método en dos etapas:

1. Se construye la variable artificial dicotómica que vale 1 para valores positivos de Y ($Y_i > 0$ o $Y_i > c$) y que vale 0 para valores de Y menores o iguales que cero ($Y_i \leq 0$ o $Y_i \leq c$). Se estima el modelo Probit correspondiente y a partir de los valores estimados se obtiene el ratio de Mills:

$$\lambda(X\beta / \sigma) = \frac{\phi(X\beta / \sigma)}{\Phi(X\beta / \sigma)}$$

2. Se estima por MCO el modelo $Y_i = \beta_0 + \beta_1 X_{1i} + \beta_2 X_{2i} + \beta_k X_{ki} + \sigma\lambda_i + u_i$

3.8 SELECCIÓN MUESTRAL: MODELOS TRUNCADOS

Un *modelo de regresión truncada* es parecido a un modelo de regresión censurada, pero tiene alguna diferencia importante: en un modelo de regresión truncada, no disponemos de los datos acerca de algún segmento importante de la población. Normalmente, esto ocurre cuando el objetivo de una muestra es un subconjunto concreto de la población y, quizá porque es costoso, ignora al resto de la población. Se trata de un caso particular del *problema general de la selección muestral*, donde observamos una muestra no aleatoria de la población subyacente.

Supongamos que tenemos un modelo poblacional subyacente que satisface los supuestos del modelo de regresión clásico:

$$Y = \mathbf{X}\beta + u \qquad u\big|\mathbf{X} \sim N(0,\sigma^2)$$

Si tuviéramos una muestra aleatoria de la población, el procedimiento de estimación más eficiente sería MCO. Sin embargo, en el caso del modelo truncado el problema es que no tenemos una muestra aleatoria, porque nuestra muestra observada presenta una acotación del tipo $Y_i \leq c_i$ o $Y_i > c_i$ (*Modelo Tobit truncado*). Si queremos estimar β y σ necesitamos conocer la distribución de Y_i dado X y que $Y_i \leq c_i$ o $Y_i > c_i$. Es decir:

$$g(Y|\mathbf{X}_i, c_i) = \frac{f(Y|\mathbf{X}_i\beta, \sigma^2)}{F(c_i|\mathbf{X}_i\beta, \sigma^2)}$$

$$Y_i \leq c_i \text{ o } Y_i > c_i$$

donde $f(Y|X_i\beta, \sigma^2)$ es la densidad de una normal con media $X_i\beta$ y varianza σ^2 y $F(c_i|X_i\beta, \sigma^2)$ es la función de distribución de una normal con media $X_i\beta$ y varianza σ evaluada en c_i.

Si dividimos la densidad de Y dado X entre la probabilidad de que $Y_i \leq c_i$ o $Y_i > c_i$ (dado X), tomamos logaritmos y sumamos para todo n maximizando el resultado obtenemos los estimadores MV de β y σ^2, que serán consistentes y asintóticamente normales. Pero si los supuestos de homocedasticidad y normalidad no se cumplen, los estimadores MV serán inconsistentes.

3.8.1 Estimación del modelo Tobit truncado

Supongamos que tenemos un modelo $Y_i = X_i\beta + u_i$ y que la variable Y_i está truncada a partir de una cierta cota o barrera a (sólo toma valores a partir de la barrera). Tenemos:

$$E(Y_i \mid X_i; Y_i > a) = X_i\beta + \sigma \frac{\phi\left(\dfrac{a - X_i\beta}{\sigma}\right)}{1 - \Phi\left(\dfrac{a - X_i\beta}{\sigma}\right)} = Z_i + \sigma\gamma(\alpha_i)$$

$$\gamma(\alpha_i) = \frac{\phi\left(\dfrac{a - X_i\beta}{\sigma}\right)}{1 - \Phi\left(\dfrac{a - X_i\beta}{\sigma}\right)} \qquad \alpha_i = \frac{a - X_i\beta}{\sigma}$$

El modelo de variable truncada se puede especificar como sigue:

$$(Y_i / Y_i > a) = X_i\beta + \sigma \, \chi(\alpha_i) + u_i$$

3.8.2 Efectos parciales en el modelo Tobit truncado

Se trata de cuantificar el efecto de un incremento unitario de un regresor X_k sobre la variable explicada y que vendrá dado por la derivada parcial de su valor esperado respecto a la variable X_k tenemos:

$$\frac{\partial E(Y_i \mid X_i; Y_i > a)}{\partial X_k} = \beta_k + \sigma \frac{\gamma(\alpha_i)}{\partial X_k} = \beta_k + \sigma \frac{\partial\left[\dfrac{\phi\left(\dfrac{a - X_i\beta}{\sigma}\right)}{1 - \Phi\left(\dfrac{a - X_i\beta}{\sigma}\right)}\right]}{\partial X_k} =$$

$$= \beta_k - \sigma\left(\frac{\beta_k}{\sigma}\right) = \frac{\phi\left(\dfrac{a - X_i\beta}{\sigma}\right)}{1 - \Phi\left(\dfrac{a - X_i\beta}{\sigma}\right)} \left[\frac{\phi\left(\dfrac{a - X_i\beta}{\sigma}\right)}{1 - \Phi\left(\dfrac{a - X_i\beta}{\sigma}\right)} - \frac{a - X_i\beta}{\sigma}\right] =$$

$$= \beta_k - \beta_k[\{\gamma(\alpha_i)\}^2 - \alpha_i\gamma(\alpha_i)] = \beta_k[1 - [\{\gamma(\alpha_i)\}^2 - \alpha_i\gamma(\alpha_i)]] = \beta_k[1 - \delta(\alpha_i)]$$

Luego el efecto marginal de variable X_k respecto de la variable explicada equivale al coeficiente estimado β_k multiplicado por el factor de corrección $[1 - \delta(\alpha_i)]$ siendo:

$$\delta(\alpha_i) = \{\gamma(\alpha_i)\}^2 - \alpha_i \gamma(\alpha_i) \qquad \gamma(\alpha_i) = \dfrac{\phi\left(\dfrac{a - X_i\beta}{\sigma}\right)}{1 - \Phi\left(\dfrac{a - X_i\beta}{\sigma}\right)} \qquad \alpha_i = \dfrac{a - X_i\beta}{\sigma}$$

3.8.3 Estimación máximo verosímil (MV) del modelo Tobit truncado

La función de verosimilitud del modelo de regresión truncada se calcula a partir de la función de densidad:

$$f(Y_i \mid X_i; Y_i > a) = \frac{1}{\sigma} X_i\beta + \sigma \frac{\phi(Y_i)}{1 - \Phi(\alpha_i)} = Z_i + \sigma\gamma(\alpha_i)$$

Aplicando neperianos se obtiene que el logaritmo de la función de verosimilitud para una muestra de tamaño n es:

$$LnL = -\frac{n}{2}Ln2\pi - \frac{n}{2}Ln\sigma^2 - \frac{1}{2\sigma^2}\sum_{i=1}^{n}(Y_i - X_i\beta)^2 - \sum_{i=1}^{n}Ln\left[1 - \Phi\left(\frac{a - X_i\beta}{\sigma}\right)\right]$$

Derivando e igualando a cero obtenemos los estimadores MV de β y de σ.

3.8.4 Estimación por el método de Amemiya en dos etapas

Aunque la estimación del modelo Tobit truncado por MCO no puede hacerse directamente, sí podemos utilizar el siguiente método en dos etapas:

1. Se estima por MCO el modelo $Y_i = \beta_0 + \beta_1 X_{1i} + \beta_2 X_{2i} + \ldots + \beta_k X_{ki} + u_i$ y se obtiene $\hat{Y}_i$.

2. Se especifica la ecuación auxiliar $Y_i(Y_i - a) = \sigma^2 + \beta_0 Y_i + \beta_1 Y_i X_{1i} + \beta_2 X_{2i} + \ldots + \beta_k Y_i X_{ki} + u_i$ y se estima por el método de las variables instrumentales utilizando como instrumentos los regresores $\{1, \beta_0, \beta_1, \beta_2, \ldots, \beta_k\}$.

3.9 CORRECCIÓN DE LA SELECCIÓN MUESTRAL: ESTIMACIÓN BIETÁPICA DE HECKMAN O HECKIT

La regresión truncada es un caso especial de un problema general conocido como **selección muestral no aleatoria** que aparece cuando la muestra de que se dispone para la estimación no es aleatoria.

Heckman ideó un procedimiento en dos etapas para estimar modelos en presencia de truncamiento incidental que salva el problema de la presencia de sesgo de selección:

1ª Etapa. Usando las n observaciones se estima un modelo Probit de s sobre Z a partir del cual obtenemos $\hat{\gamma}$. A partir de esas estimaciones calculamos para cada i $\hat{\lambda}_i = \lambda(Z_i \hat{\gamma})$.

2ª Etapa. Empleando la muestra seleccionada ($s=1$) estimamos por MCO la regresión de Y sobre X y $\hat{\lambda}_i$.

Mediante este procedimiento se obtienen estimadores consistentes y asintóticamente normales.

Un contraste de la existencia de sesgo de selección muestral, consiste en contrastar en la 2ª etapa la hipótesis de $\rho = 0$ empleando el estadístico t de $\hat{\lambda}_i$. Cuando $\rho \neq 0$ los errores estándar de la 2ª etapa no son válidos y hay que corregirlos.

Hemos supuesto que X es un subconjunto de Z ya que si excluimos inadecuadamente algún elemento de X podemos tener estimadores inconsistentes. Es importante que Z contenga al menos un elemento que no pertenezca a X. No es imprescindible para la identificación de β ya que para eso es suficiente con la no linealidad de $\hat{\lambda}_i$.

Pero si tenemos elementos adicionales, disminuye la correlación de $\hat{\lambda}_i$ con X y obtendremos estimadores de los β más precisos. Además, si en la primera etapa no incluimos elementos adicionales, la significatividad de $\hat{\lambda}_i$ en la 2ª etapa puede ser por selección muestral o por una mala especificación.

Además de empleando el procedimiento de 2 etapas, este tipo de modelos se pueden estimar por MV, aunque es más complicado porque necesitamos la distribución conjunta de Y y s.

3.10 MODELOS DE VARIABLE DEPENDIENTE LIMITADA CON STATA: LOGIT Y PROBIT

STATA dispone del comando *Logit*, que permite ajustar un modelo logístico binario. Como ejemplo partiremos del archivo de automóviles *auto.dta* y estimaremos un modelo que explique la probabilidad de que un coche sea extranjero en función de su peso y su consumo. El modelo será entones:

$$Pr(foreign = 1) = F(\beta_0 + \beta_1\ weight + \beta_2\ mpg)\quad F = \text{distribución logística}$$

y se estima con STATA mediante la sintaxis siguiente:

```
. use http://www.stata-press.com/data/r9/auto
(1978 Automobile Data)

. logit foreign weight mpg

Iteration 0:   log likelihood =  -45.03321
Iteration 1:   log likelihood = -29.898968
Iteration 2:   log likelihood = -27.495771
Iteration 3:   log likelihood = -27.184006
Iteration 4:   log likelihood = -27.175166
Iteration 5:   log likelihood = -27.175156

Logistic regression                     Number of obs   =         74
                                        LR chi2(2)      =      35.72
                                        Prob > chi2     =     0.0000
Log likelihood = -27.175156             Pseudo R2       =     0.3966

------------------------------------------------------------------------------
     foreign |      Coef.   Std. Err.      z    P>|z|     [95% Conf. Interval]
-------------+----------------------------------------------------------------
      weight |  -.0039067   .0010116    -3.86   0.000    -.0058894    -.001924
         mpg |  -.1685869   .0919174    -1.83   0.067    -.3487418     .011568
       _cons |   13.70837   4.518707     3.03   0.002     4.851864    22.56487
------------------------------------------------------------------------------
```

Los *odds ratio* se obtienen mediante el procedimiento *logistic*.

```
logistic foreign weight mpg
```

```
Logistic regression                              Number of obs    =         74
                                                 LR chi2(2)       =      35.72
                                                 Prob > chi2      =     0.0000
Log likelihood = -27.175156                      Pseudo R2        =     0.3966

------------------------------------------------------------------------------
     foreign |  Odds Ratio   Std. Err.      z    P>|z|     [95% Conf. Interval]
-------------+----------------------------------------------------------------
      weight |   .9961009    .0010077    -3.86   0.000     .9941279    .9980779
         mpg |   .8448578    .0776572    -1.83   0.067     .7055753    1.011635
------------------------------------------------------------------------------
```

STATA dispone del comando *Probit*, que permite ajustar un modelo *Probit* binario. Como ejemplo partiremos del archivo de automóviles *auto.dta* y estimaremos un modelo que explique la probabilidad de que un coche sea extranjero en función de su peso y su consumo. El modelo será entonces:

$$Pr(foreign = 1) = \Phi(\beta_0 + \beta_1 \, weight + \beta_2 \, mpg) \quad \Phi = \text{distribución normal } (0,1)$$

y se estima con STATA mediante la sintaxis siguiente:

```
. probit foreign weight mpg

Iteration 0:   log likelihood =  -45.03321
Iteration 1:   log likelihood = -29.244141
Iteration 2:   log likelihood = -27.041557
Iteration 3:   log likelihood =  -26.84658
Iteration 4:   log likelihood = -26.844189
Iteration 5:   log likelihood = -26.844189

Probit regression                                Number of obs    =         74
                                                 LR chi2(2)       =      36.38
                                                 Prob > chi2      =     0.0000
Log likelihood = -26.844189                      Pseudo R2        =     0.4039

------------------------------------------------------------------------------
     foreign |      Coef.   Std. Err.      z    P>|z|     [95% Conf. Interval]
-------------+----------------------------------------------------------------
      weight |  -.0023355   .0005661    -4.13   0.000    -.003445    -.0012261
         mpg |  -.1039503   .0515689    -2.02   0.044    -.2050235   -.0028772
       _cons |   8.275464   2.554142     3.24   0.001     3.269438    13.28149
------------------------------------------------------------------------------
```

STATA dispone del comando *mlogit* para ajustar **modelos logísticos multinomiales**. Como ejemplo se ajusta un modelo que explica la probabilidad de disponer de un seguro con tres modalidades alternativas (*insure*) que son prepago, indemnización y no seguro, en función de la raza del asegurado (*nonwhite*) considerando blancos y no blancos como razas posibles. La sintaxis de STATA es la siguiente:

```
. use http://www.stata-press.com/data/r9/sysdsn3
(Health insurance data)

. mlogit insure nonwhite

Iteration 0:    log likelihood = -556.59502
Iteration 1:    log likelihood = -551.78935
Iteration 2:    log likelihood = -551.78348
Iteration 3:    log likelihood = -551.78348


Multinomial logistic regression                 Number of obs   =         616
                                                LR chi2(2)      =        9.62
                                                Prob > chi2     =      0.0081
Log likelihood = -551.78348                     Pseudo R2       =      0.0086

------------------------------------------------------------------------------
     insure |     Coef.   Std. Err.      z    P>|z|    [95% Conf. Interval]
------------+-----------------------------------------------------------------
Prepaid     |
   nonwhite |   .6608212   .2157321     3.06   0.002    .2379942    1.083648
      _cons |  -.1879149   .0937644    -2.00   0.045   -.3716896   -.0041401
------------+-----------------------------------------------------------------
Uninsure    |
   nonwhite |   .3779585    .407589     0.93   0.354   -.4209012    1.176818
      _cons |  -1.941934   .1782185   -10.90   0.000   -2.291236   -1.592632
------------------------------------------------------------------------------
(insure==Indemnity is the base outcome)
```

Según esta salida, la probabilidad de prepago para los blancos (*nonwhite*=0) se modeliza como sigue:

$$\Pr(insure = prepaid) = \frac{e^{-0,188}}{1 - e^{-0,188} + e^{-1,942}} = 0,42$$

Del mismo modo, para los no blancos la probabilidad de prepago será:

$$\Pr(insure = prepaid) = \frac{e^{-0,188+0,661}}{1 - e^{-0,188+0,661} + e^{-1,942+0,378}} = 0,57$$

STATA dispone del comando *mprobit* para ajustar **modelos Probit multinomiales**. Para el ejemplo anterior, el modelo *Probit* multinomial se ajusta mediante la sintaxis siguiente:

```
. mprobit insure nonwhite

Iteration 0:   log likelihood = -552.66429
Iteration 1:   log likelihood = -551.78515
Iteration 2:   log likelihood = -551.78348
Iteration 3:   log likelihood = -551.78348

Multinomial probit regression                  Number of obs   =        616
                                               Wald chi2(2)    =       9.52
Log likelihood = -551.78348                    Prob > chi2     =     0.0086


------------------------------------------------------------------------------
     insure |      Coef.   Std. Err.      z    P>|z|     [95% Conf. Interval]
------------+-----------------------------------------------------------------
Prepaid     |
   nonwhite |   .5669085   .1837347     3.09   0.002     .2067951    .9270219
      _cons |  -.1616883   .0805726    -2.01   0.045    -.3196077   -.0037688
------------+-----------------------------------------------------------------
Uninsure    |
   nonwhite |   .3119427   .2616306     1.19   0.233    -.2008438    .8247291
      _cons |  -1.392729   .1145066   -12.16   0.000    -1.617157     -1.1683
------------------------------------------------------------------------------

(insure=Indemnity is the base outcome)
```

3.11 MODELOS TOBIT CENSURADO Y TRUNCADO CON STATA. MÉTODO DE HECKMAN Y RATIO DE MILLS

STATA utiliza el comando *tobit* para ajustar **modelos con censura**. Como ejemplo ajustamos un modelo que explique el consumo de los automóviles en función de su peso (dividido por 1000) censurando los datos en el sentido de que consumos menores o iguales a 17 se sustituyen por el valor 17 (censura por la izquierda). El ajuste se haría ahora mediante un modelo *tobit* como sigue:

```
. use http://www.stata-press.com/data/r9/auto
(1978 Automobile Data)

. generate wgt = weight/1000

. replace mpg=17 if mpg<=17
(14 real changes made)

. tobit mpg wgt, ll

Tobit regression                               Number of obs   =         74
                                               LR chi2(1)      =      72.85
                                               Prob > chi2     =     0.0000
Log likelihood = -164.25438                    Pseudo R2       =     0.1815
```

```
-------------------------------------------------------------------------
         mpg |     Coef.   Std. Err.      t     P>|t|    [95% Conf. Interval]
-------------+-----------------------------------------------------------
         wgt |  -6.87305   .7002559    -9.82    0.000    -8.268658   -5.477442
       _cons |  41.49856   2.05838     20.16    0.000    37.39621    45.6009
-------------+-----------------------------------------------------------
       /sigma |  3.845701   .3663309                      3.115605    4.575797
-------------------------------------------------------------------------

  Obs. summary:          18  left-censored observations at mpg<=17
                         56      uncensored observations
                          0  right-censored observations
```

A continuación, ajustamos el modelo anterior, pero suponiendo que no hay valores de *mpg* superiores a 24, es decir, en presencia de ***censura por la derecha***. La sintaxis para el modelo *tobit* correspondiente podría ser la siguiente:

```
. use http://www.stata-press.com/data/r9/auto, clear
(1978 Automobile Data)

. generate wgt = weight/1000

. tobit mpg wgt, ul(24)

Tobit regression                                Number of obs   =        74
                                                LR chi2(1)      =     90.72
                                                Prob > chi2     =    0.0000
Log likelihood = -129.8279                      Pseudo R2       =    0.2589

-------------------------------------------------------------------------
         mpg |     Coef.   Std. Err.      t     P>|t|    [95% Conf. Interval]
-------------+-----------------------------------------------------------
         wgt |  -5.080645   .43493    -11.68    0.000    -5.947459   -4.213831
       _cons |  36.08037   1.432056   25.19     0.000    33.22628    38.93445
-------------+-----------------------------------------------------------
       /sigma |  2.385357   .2444604                      1.898148    2.872566
-------------------------------------------------------------------------

  Obs. summary:           0  left-censored observations
                         51      uncensored observations
                         23  right-censored observations at mpg>=24
```

Si ahora consideramos el ***modelo censurado por la izquierda*** y por la derecha, el modelo *tobit* correspondiente se ajustaría como sigue:

```
. tobit mpg wgt, ll(17) ul(24)

Tobit regression                                Number of obs   =        74
                                                LR chi2(1)      =     77.60
                                                Prob > chi2     =    0.0000
Log likelihood = -104.25976                     Pseudo R2       =    0.2712

-------------------------------------------------------------------------
         mpg |     Coef.   Std. Err.      t     P>|t|    [95% Conf. Interval]
-------------+-----------------------------------------------------------
         wgt |  -5.764448   .7245417   -7.96    0.000    -7.208457   -4.320438
       _cons |  38.07469   2.255917   16.88     0.000    33.57865    42.57072
-------------+-----------------------------------------------------------
       /sigma |  2.886337   .3952143                      2.098676    3.673998
-------------------------------------------------------------------------

  Obs. summary:          18  left-censored observations at mpg<=17
                         33      uncensored observations
                         23  right-censored observations at mpg>=24
```

STATA ajusta los ***modelos con sesgo de selección*** mediante el comando *heckman*. Como ejemplo se ajusta un modelo que explica el salario en función del nivel educativo y la edad en presencia de sesgo de selección relativo a las variables estado civil, hijos, nivel educativo y edad en el sentido de que el salario sólo se observa si una combinación lineal de estas últimas variables es positiva.

```
. clear

. use http://www.stata-press.com/data/r9/womenwk

. heckman wage educ age, select(married children educ age)

Iteration 0:    log likelihood = -5178.7009
Iteration 1:    log likelihood = -5178.3049
Iteration 2:    log likelihood = -5178.3045

Heckman selection model                      Number of obs    =      2000
(regression model with sample selection)     Censored obs     =       657
                                             Uncensored obs   =      1343

                                             Wald chi2(2)     =    508.44
Log likelihood = -5178.304                   Prob > chi2      =    0.0000
```

	Coef.	Std. Err.	z	P>|z|	[95% Conf. Interval]
wage					
education	.9899537	.0532565	18.59	0.000	.8855729 1.094334
age	.2131294	.0206031	10.34	0.000	.1727481 .2535108
_cons	.4857752	1.077037	0.45	0.652	-1.625179 2.59673
select					
married	.4451721	.0673954	6.61	0.000	.3130794 .5772647
children	.4387068	.0277828	15.79	0.000	.3842534 .4931601
education	.0557318	.0107349	5.19	0.000	.0346917 .0767718
age	.0365098	.0041533	8.79	0.000	.0283694 .0446502
_cons	-2.491015	.1893402	-13.16	0.000	-2.862115 -2.119915
/athrho	.8742086	.1014225	8.62	0.000	.6754241 1.072993
/lnsigma	1.792559	.027598	64.95	0.000	1.738468 1.84665
rho	.7035061	.0512264			.5885365 .7905862
sigma	6.004797	.1657202			5.68862 6.338548
lambda	4.224412	.3992265			3.441942 5.006881

```
LR test of indep. eqns. (rho = 0):   chi2(1) =    61.20   Prob > chi2 = 0.0000
```

3.12 MODELO DE POISSON CON STATA

STATA permite trabajar con el modelo de datos de recuento de Poisson mediante el comando *poisson*. A continuación, se presenta un ejemplo.

```
. use http://www.stata-press.com/data/r9/airline

. poisson injuries XYZowned

Iteration 0:    log likelihood = -31.507676
Iteration 1:    log likelihood = -31.507676

Poisson regression                          Number of obs   =           9
                                            LR chi2(1)      =        0.80
                                            Prob > chi2     =      0.3698
Log likelihood = -31.507676                 Pseudo R2       =      0.0126

------------------------------------------------------------------------------
    injuries |     Coef.    Std. Err.     z     P>|z|    [95% Conf. Interval]
-------------+----------------------------------------------------------------
    XYZowned |   -.2451225   .2780192   -0.88    0.378    -.7900301    .2997852
       _cons |    2.036882   .147442    13.81    0.000     1.747901    2.325863
------------------------------------------------------------------------------
```

MODELOS LOGIT, PROBIT, TOBIT, TRUNCADOS, RECUENTO, CENSURADOS Y DE SELECCIÓN MUESTRAL. TRATAMIENTO CON EVIEWS

4.1 MODELOS DE VARIABLE DEPENDIENTE LIMITADA CON EVIEWS: MLP, LOGIT Y PROBIT

Inicialmente ajustaremos un modelo lineal de probabilidad a los datos de 753 mujeres casadas en 1975 (archivo *casadas.wf*1), de las cuales 428 participaron en el mercado laboral en algún momento del año (*inlf*=1) y 325 no participaron (*inlf*=0).

Se considera que la probabilidad de participar en el mercado de trabajo (*inlf*) depende de otras fuentes de ingresos (*nwifeinc*), de los años de educación (*educ*), de los años de experiencia laboral (*exper* y *exper*^{2}), de la edad (*age*), del número de hijos de menos de 6 años (*kidslt6*) y del número de hijos entre 6 y 18 años (*kidsg6*).

Mediante un modelo lineal de probabilidad analizaremos la dependencia de la probabilidad de participación de la mujer en el mercado de trabajo en función de las variables explicativas anteriormente definidas.

Plantearemos el siguiente modelo lineal de probabilidad (MLP):

$$Inlf = \beta_0 + \beta_1 \, nwifeinc + \beta_2 \, educ + \beta_3 \, exper + \beta_4 \, exper^2 + \beta_5 \, age + \beta_6 \, kidslt6 + \beta_7 \, kidsg6$$

Comenzaremos realizando la ***estimación del MLP*** mediante MCO. Para ello se elige *Quick → Estimate Equation*, se escribe la ecuación del modelo a ajustar en el campo *Equation Specification* de la solapa *Specification*, se elige *LS-Least Squares (NLS and ARMA)* en el campo *Method* para ajustar por mínimos cuadrados ordinarios (Figura 4-1) y se hace clic en *Aceptar*. Se obtienen los resultados de la Figura 4-2 con buenas significatividades individuales y conjuntas para los parámetros estimados (salvo quizá *kidsge*6). El R^2 y el estadístico de Durbin Watson no son muy buenos, pero tenemos que pensar que estamos estimando un modelo lineal de probabilidad.

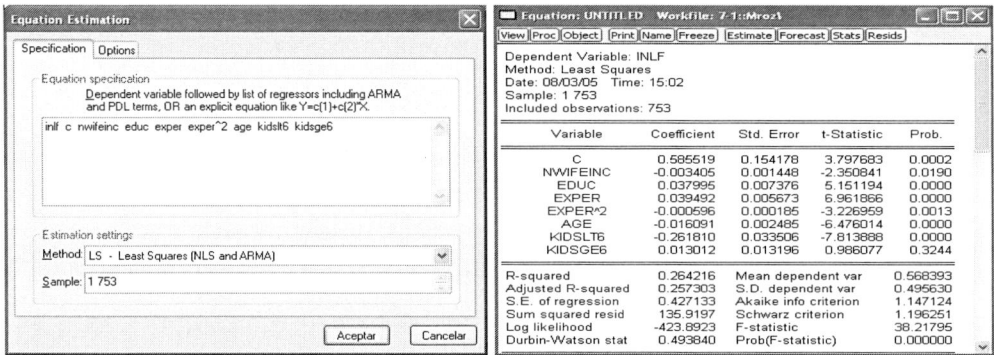

Figura 4-1   Figura 4-2

Pero el problema relevante en un MLP es la heteroscedasticidad. Mediante *View → Residual Tests → White Heteroskedasticity* (Figura 4-3) se obtienen p-valores de F y Chi menores que 0,05 (Figura 4-4), luego existe heteroscedasticidad. Utilizaremos entonces para la estimación un método robusto a la heteroscedasticidad, por ejemplo, el de White. La estimación mediante el método de White se hará ahora rellenando la solapa *Options* de la pantalla *Equation Estimation* como se indica en la Figura 4-5. Al hacer clic en *Aceptar* se obtiene la estimación sin heteroscedasticidad de la Figura 4-6.

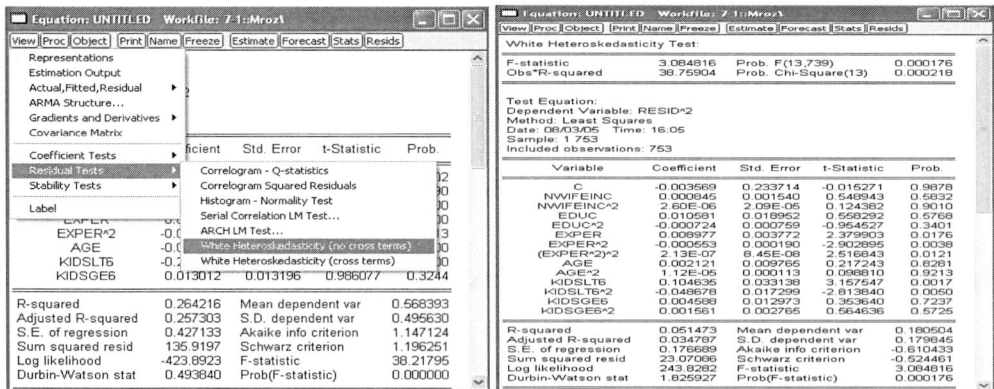

Figura 4-3   Figura 4-4

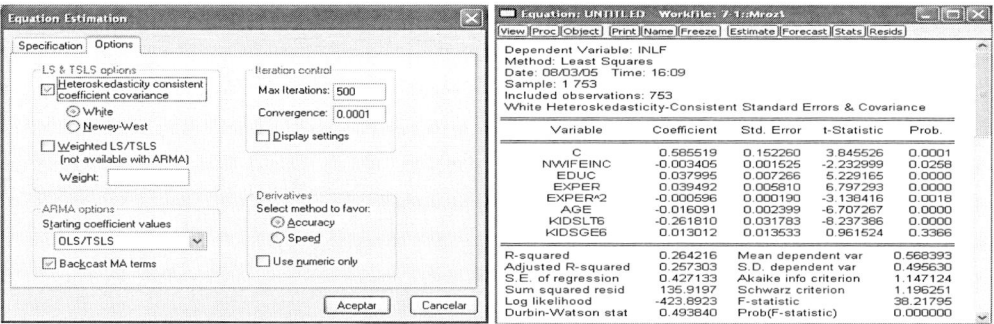

Figura 4-5   Figura 4-6

Salvo *kidsge6* todas las variables son estadísticamente significativas y tienen los signos esperados. También se observa una fuerte significatividad conjunta. Al interpretar los coeficientes se observa que si aumenta la educación en un año (y las restantes variables permanecen constantes), la probabilidad de la mujer de participar en el mercado de trabajo aumenta en 0,038. El efecto de otras fuentes de ingresos (*nwifeinc*) es significativo, pero muy pequeño, ya que, si otros ingresos aumentan en una unidad, la probabilidad de la mujer de participar en el mercado de trabajo disminuye en 0,0034 (con el resto de los factores constantes).

Al variar la experiencia en un año, con el resto de los factores fijos, la variación estimada en la probabilidad de la mujer de participar en el mercado de trabajo viene dada por 0,039-2(0,0006) *exper*. El punto en el que la experiencia no afecta a la probabilidad de participar (y a partir del cual cambia de signo la pendiente) es 0,039/0,0012=32,5 (sólo hay 13 mujeres con *exper*>32). Al aumentar la edad en un año (con todo lo demás constante), la probabilidad de la mujer de participar en el mercado laboral se reduce en 0,016. Tener un hijo más de menos de 6 años, reduce la probabilidad de la mujer de participar en el mercado de trabajo en 0,262, para unos niveles dados de las demás variables. Tener un hijo entre 6 y 18 años, aumenta la probabilidad de la mujer de participar en el mercado de trabajo en 0,013, para niveles fijos del resto de las variables.

Uno de los mayores problemas del MLP es que para ciertas combinaciones de valores de las variables explicativas, las probabilidades estimadas pueden ser menores que 0 o mayores que 1. Podemos calcular para todas las mujeres de la muestra:

$$\hat{P} = 0{,}586 - 0{,}0034\,nwifeinc + 0{,}038\,educ + 0{,}039\,\exp er$$
$$- 0{,}0006\exp er^2 - 0{,}016\,age - 0{,}262\,kidslt6 + 0{,}013\,kidsge6$$

Para ello hacemos clic en *Forecast* y rellenamos la pantalla de predicción como se indica en la Figura 4-7 (la variable *inlff* contiene los valores de $\hat{P}$ para las 753 mujeres de la muestra). Al pulsar *Aceptar* se obtiene la Figura 4-8 que representa $\hat{P}$, observándose que hay valores superiores a la unidad e inferiores a 0). De hecho, si hacemos doble clic sobre la variable *inlff* en la pantalla Workfile, vemos sus valores. En la Figura 4-9 se observan algunos valores superiores a la unidad, en la Figura 4-10 se observan valores menores que cero. En total hay 17 valores de $\hat{P}$ mayores que uno y 16 menores que cero.

Otra incongruencia del MLP es que el efecto sobre la probabilidad sea el mismo para todos los valores de las variables explicativas.

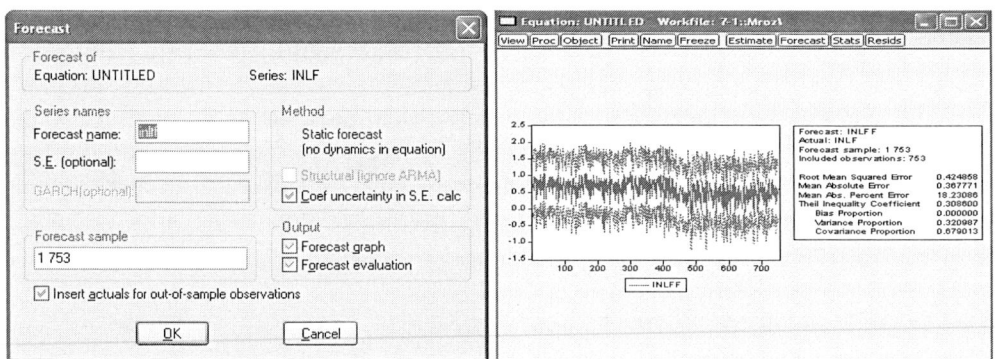

Figura 4-7   Figura 4-8

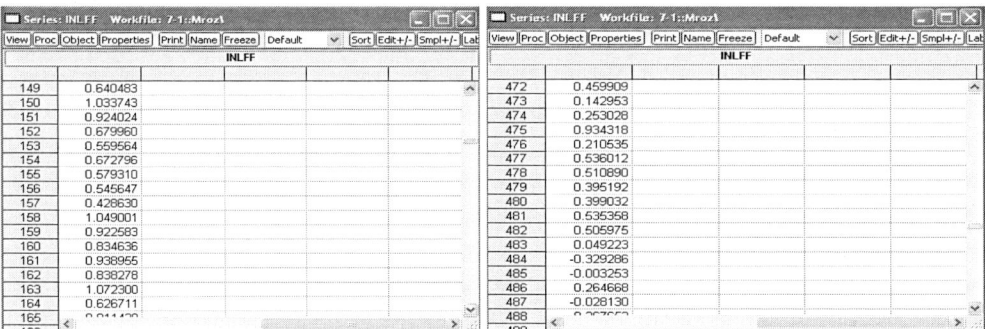

Figura 4-9   Figura 4-10

A continuación, dadas las posibles deficiencias del modelo lineal de probabilidad, resolvemos el problema anterior utilizando un modelo Probit y un modelo Logit. Adicionalmente se cuantificarán e interpretarán los efectos de las variables explicativas sobre la probabilidad de la mujer de participar en el mercado de trabajo de la forma adecuada

Plantearemos en primer lugar el modelo Probit:

$$Inlf = \Phi(\beta_0 + \beta_1\, nwifeinc + \beta_2\, educ + \beta_3\, exper + \beta_4\, exper^2 + \beta_5\, age + \beta_6\, kidslt6 + \beta_7\, kidsg6)$$

donde Φ es la función de distribución de una normal $(0,1)$.

Comenzaremos realizando la ***estimación mediante el modelo Probit***. Para ello se elige *Quick → Estimate Equation*, se escribe la ecuación del modelo a ajustar en el campo *Equation Specification* de la solapa *Specification*, se elige *BINARY-Binary choice (Logit, Probit, extreme value)* en el campo *Method,* se elige *Probit* en el campo *Binary estimation method* para realizar el ajuste mediante el modelo Probit (Figura 4-11) y se hace clic en *Aceptar*.

Se obtienen los resultados de la Figura 4-12 con buenas significatividades individuales para los parámetros estimados (salvo la constante y *kidsge6*). La significatividad conjunta es muy alta porque el p-valor del estadístico de la razón de verosimilitud es muy pequeño. El Pseudo R^2 de McFadden no se acerca demasiado a la unidad (0,22). Los valores de los criterios de información (Akaike, Schwarz y Hannan-Quinn) son adecuados porque son bajos y muy parecidos.

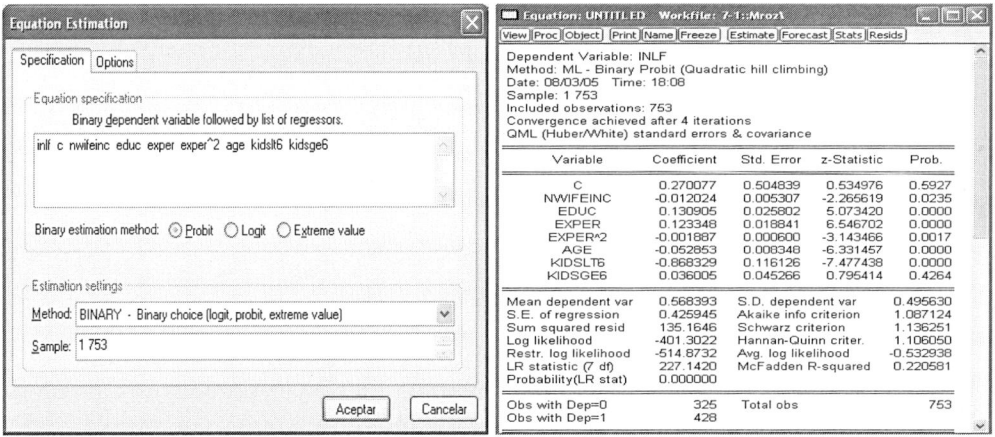

Figura 4-11   Figura 4-12

Otro criterio para medir la bondad del ajuste del modelo Probit es el criterio del porcentaje de predicciones correctas que consiste en observar el porcentaje de veces en que el valor de Y_i observado coincide con su predicción. Esta tarea se lleva a cabo con Eviews mediante *View → Expectation-Prediction Table* (Figura 4-13).

Al hacer clic en *Aceptar* se obtiene la salida de la Figura 4-14 en la que se observa que el modelo predice adecuadamente el 73,44% de las observaciones. Se predicen mejor los unos (la participación de la mujer en el mercado de trabajo) con un 81,31% de aciertos frente a un 63,08% de la no participación.

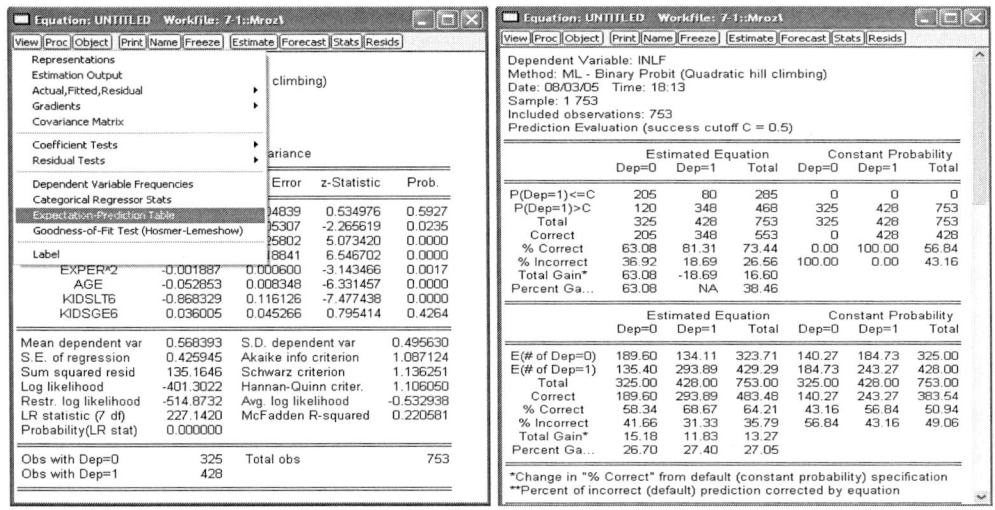

Figura 4-13   Figura 4-14

Para cuantificar e interpretar los efectos de las variables explicativas sobre la probabilidad de la mujer de participar en el mercado de trabajo tendremos presente que el efecto parcial de una variable explicativa continua X_j sobre la probabilidad de respuesta $P(Y = 1|X)$ es:

$$\frac{\partial P(Y = 1|\mathbf{X})}{\partial X_j} = g(\mathbf{X}\beta)\beta_j$$

Como para cada observación tenemos un efecto, evitaremos el cálculo de 753 efectos calculando los efectos para las observaciones medias. Para ello calculamos las medias de las variables del modelo seleccionándolas en la pantalla *Workfile* y abriéndolas como un grupo con el botón secundario del ratón mediante *Open* → *as Group* (Figura 4-15).

A continuación se elige *View* → *Descriptive Statistics* → *Individual samples* (Figura 4-16) y se obtienen los estadísticos descriptivos para todas las variables del modelo, incluida la media (Figura 4-17).

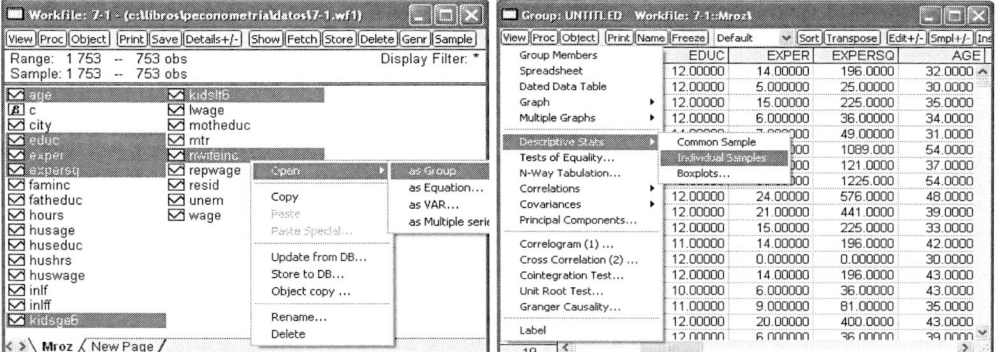

Figura 4-15   Figura 4-16

	NWIFEINC	EDUC	EXPER	EXPERSQ	AGE	KIDSGE6	KIDSLT6
Mean	20.12896	12.28685	10.63081	178.0385	42.53785	1.353254	0.237716
Median	17.70000	12.00000	9.000000	81.00000	43.00000	1.000000	0.000000
Maximum	96.00000	17.00000	45.00000	2025.000	60.00000	8.000000	3.000000
Minimum	-0.029057	5.000000	0.000000	0.000000	30.00000	0.000000	0.000000
Std. Dev.	11.63480	2.280246	8.069130	249.6308	8.072574	1.319874	0.523959
Skewness	2.210530	0.021034	0.960512	2.585364	0.150879	0.907723	2.309519
Kurtosis	11.38358	3.744087	3.701370	11.71909	1.981077	3.809829	8.254322
Jarque-Bera	2818.421	17.42677	131.2181	3224.061	35.43062	123.9835	1535.599
Probability	0.000000	0.000164	0.000000	0.000000	0.000000	0.000000	0.000000
Sum	15157.11	9252.000	8005.000	134063.0	32031.00	1019.000	179.0000
Sum Sq. Dev.	101797.1	3910.040	48963.37	46861302	49005.17	1310.035	206.4489
Observations	753	753	753	753	753	753	753

Figura 4-17

Tenemos:

$$\overline{nwifeinc} = 20{,}13 \quad \overline{educ} = 12{,}29 \quad \overline{\exp er} = 10{,}63$$

$$\overline{age} = 42{,}54 \quad \overline{kidslt6} = 0{,}24 \quad \overline{kidsge6} = 1{,}35$$

con lo que:

$$g(\overline{\mathbf{X}}\hat{\beta}) = \phi(\hat{\beta}_0 + \hat{\beta}_1\overline{nwifeinc} + \hat{\beta}_2\overline{educ} + \hat{\beta}_3\overline{\exp er} + \hat{\beta}_4\overline{\exp er^2} +$$
$$+ \hat{\beta}_5\overline{age} + \hat{\beta}_6\overline{kidslt6} + \hat{\beta}_7\overline{kidsge6}) = 0{,}391$$

$\phi =$ Función de densidad de la normal (0,1)

Podemos obtener el efecto parcial estimado de las variables continuas, para los valores medios de X, multiplicando los coeficientes estimados del modelo Probit por 0,391.

Por tanto, un año adicional de educación aumenta la probabilidad de participar en el mercado de trabajo en $0,131 \times 0,391 = 0,05$. Al aumentar la edad en un año la probabilidad de participar se reduce en $0,02$ ($-0,053 \times 0,391 = -0,021$). Al aumentar la experiencia en un año, la probabilidad de participar varía en $[0,124 - (2 \times 0,0019 \times exper]$ $\times 0,391$. Un aumento unitario en los otros ingresos hace que la probabilidad de participar se reduzca en $0,005$ ($-0,012 \times 0,391 = -0,05$).

También podemos calcular el efecto estimado al variar una variable discreta. Por ejemplo, para *kidslt6* el efecto sobre la probabilidad de trabajar de pasar de tener 0 a 1 hijo (menor de 6 años) es una reducción en $0,336$ porque siendo $\Phi =$ Función de distribución de la normal $(0,1)$ se tiene:

$$\Phi(\hat{\beta}_0 + \hat{\beta}_1\overline{nwifeinc} + \hat{\beta}_2\overline{educ} + \hat{\beta}_3\overline{\exp er} + \hat{\beta}_4\overline{\exp er^2} + \hat{\beta}_5\overline{age} + \hat{\beta}_7\overline{kidsge6}) -$$

$$\Phi(\hat{\beta}_0 + \hat{\beta}_1\overline{nwifeinc} + \hat{\beta}_2\overline{educ} + \hat{\beta}_3\overline{\exp er} + \hat{\beta}_4\overline{\exp er^2} + \hat{\beta}_5\overline{age} + \hat{\beta}_6 + \hat{\beta}_7\overline{kidsge6}) =$$

$$= 0,660 - 0,324 = 0,336$$

y el efecto sobre la probabilidad de trabajar de la mujer de pasar de 1 a 2 hijos (menor de 6 años) se reducirá en $0,231$ porque:

$$\Phi(\hat{\beta}_0 + \hat{\beta}_1\overline{nwifeinc} + \hat{\beta}_2\overline{educ} + \hat{\beta}_3\overline{\exp er} + \hat{\beta}_4\overline{\exp er^2} + \hat{\beta}_5\overline{age} + \hat{\beta}_6 + \hat{\beta}_7\overline{kidsge6}) -$$

$$\Phi(\hat{\beta}_0 + \hat{\beta}_1\overline{nwifeinc} + \hat{\beta}_2\overline{educ} + \hat{\beta}_3\overline{\exp er} + \hat{\beta}_4\overline{\exp er^2} + \hat{\beta}_5\overline{age} + 2\hat{\beta}_6 + \hat{\beta}_7\overline{kidsge6}) =$$

$$= 0,324 - 0,093 = 0,231$$

Ahora realizaremos la **estimación mediante el modelo Logit**. Para ello se elige *Quick → Estimate Equation*, se escribe la ecuación del modelo a ajustar en el campo *Equation Specification* de la solapa *Specification*, se elige *BINARY-Binary choice (Logit, Probit, extreme value)* en el campo *Method*, se elige *Logit* en el campo *Binary estimation method* para realizar el ajuste mediante el modelo Probit (Figura 4-18) y se hace clic en *Aceptar*.

Se obtienen los resultados de la Figura 4-19 con buenas significatividades individuales para los parámetros estimados (salvo la constante y *kidsge6*) al igual que en el caso del modelo Probit. La significatividad conjunta es muy alta porque el p-valor del estadístico de la razón de verosimilitud es muy pequeño. El Pseudo R^2 de McFadden no se acerca demasiado a la unidad ($0,219$). Los valores de los criterios de información (Akaike, Schwarz y Hannan-Quinn) son adecuados.

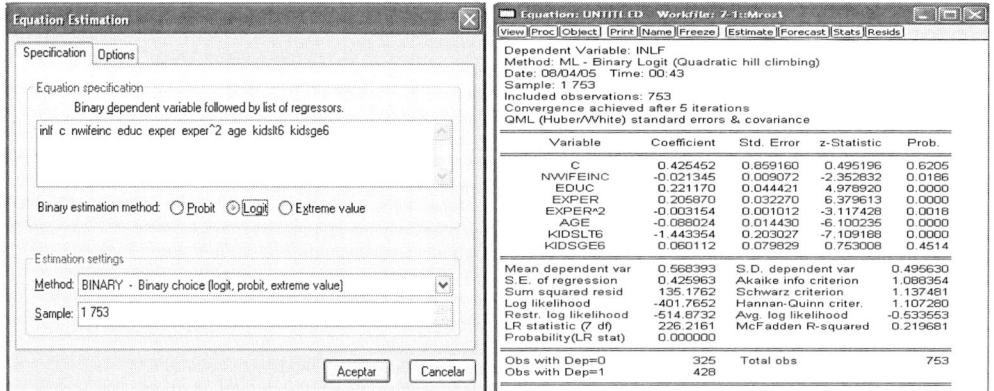

Figura 4-18   Figura 4-19

Para la función logística:

$$g(\overline{X}\hat{\beta}) = \lambda(\overline{X}\hat{\beta}) = \frac{e^{\overline{X}\hat{\beta}}}{(1-e^{\overline{X}\hat{\beta}})^2} = \Lambda(\overline{X}\hat{\beta})(1-\Lambda(\overline{X}\hat{\beta})) = 0{,}227$$

(λ es la función de densidad de la logística y Λ su función de distribución)

Y al calcular los efectos parciales medios de las variables multiplicando los coeficientes estimados por 0,227, se obtienen los mismos resultados que para el modelo Probit.

4.2 MODELOS DE RECUENTO CON EVIEWS: POISSON, BINOMIAL NEGATIVA Y EXPONENCIAL

Como ejemplo consideramos el archivo *arrestos.wf*1 que contiene información sobre la variable *narr*86 que representa el número de veces que es arrestado un hombre durante 1986 y que se desea explicar mediante las variables *pcnv* (proporción de arrestos previos en los que fue condenado), *avgsen* (duración media en meses de las sentencias), *tottime* (tiempo en prisión en meses), *ptime*86 (tiempo en prisión en 1986 en meses), *qemp*86 (trimestres empleados en 1986), *inc*86 (ingresos legales en 1986 en cientos de dólares), *black* (ficticia que vale 1 para arrestado de raza negra), *hispan* (ficticia que vale 1 para arrestado de raza hispana) y *born*60 (ficticia que vale 1 si el arrestado nació en 1960). Como la variable explicada toma el valor 0 en un número elevado de casos y sólo toma valor superior a 5 en 8 casos, podría utilizarse un modelo de datos de recuento. Estudiaremos el efecto de las variables explicativas sobre la explicada utilizando modelos de datos de recuento de Poissson, exponencial y binomial negativa.

Realizamos en primer lugar la ***estimación del modelo mediante un modelo de recuento de Poisson***. Para ello se elige *Quick → Estimate Equation*, se escribe la ecuación del modelo a ajustar en el campo *Equation Specification* de la solapa *Specification*, se elige *COUNT-Integer count data* en el campo *Method,* se señala *Poisson* (*ML and QML*) en el campo *Count estimation method* para ajustar por un modelo de datos de recuento de Poisson (Figura 4-20) y se hace clic en *Aceptar*. Se obtienen los resultados de la Figura 4-21 con buenas significatividades individuales y conjunta para los parámetros estimados (salvo para *avgsen, tottime, ptime86* y *born60*). El Pseudo R^2 es bastante pequeño y los valores de los criterios de información son bastante aceptables. Se observan parámetros de ajuste similares al caso anterior. *Mediante View → Representations* (Figura 4-22) se obtienen las ecuaciones del modelo ajustado (Figura 4-23).

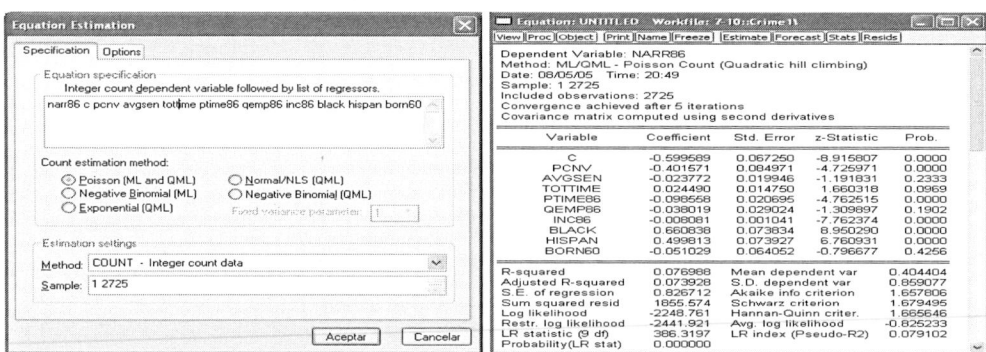

Figura 4-20   Figura 4-21

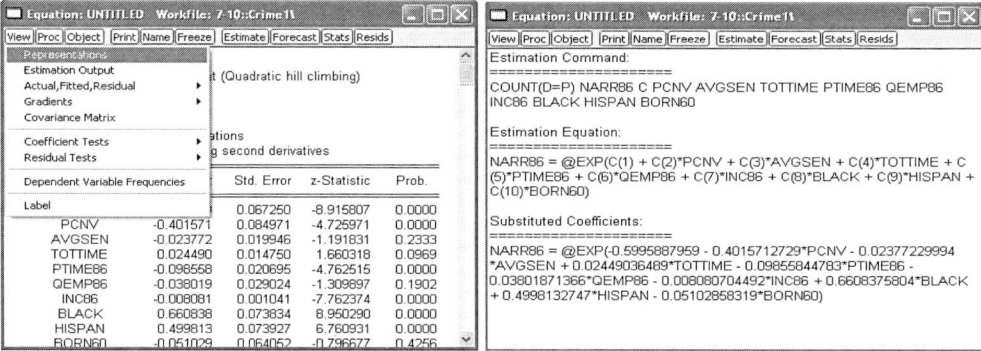

Figura 4-22   Figura 4-23

Como el ajuste ahora es $Ln(narr86) = X\beta + u \Leftrightarrow narr86 = e^{X\beta + u}$, a la hora de interpretar los resultados vemos que si el individuo está empleado en 1986 un trimestre más (el resto de los factores fijo), el número de arrestos esperado en ese año se reduce en un 3,8% (no significativo). Con todo lo demás igual, el número de arrestos esperado de un hombre negro es un 66% mayor que el de un blanco y el de un hispano es un 50% superior al de un blanco. Los demás parámetros se interpretarían de forma similar.

Si en la pantalla *Equation Estimation* hacemos clic en la solapa *Options* y elegimos *Robust Covariances-GLM* (Figura 4-24), al hacer clic en *Aceptar* obtenemos la estimación del modelo de recuento de Poisson con errores estándar GLM calculados bajo $V(Y|X) = \sigma^2 E(Y|X)$ según se muestra en la Figura 4-25. Se observa que los resultados no difieren demasiado del caso anterior y las estimaciones de los parámetros son muy parecidas. Obsérvese que la estimación de la varianza es:

$$\hat{\sigma}^2 = \frac{1}{n-k-1}\sum_{i=1}^{n}\frac{\hat{u}_i^2}{\hat{Y}_i} = 1{,}516788154$$

Como $\sigma^2 > 1$ tenemos un caso de *sobredispersión* respecto a la varianza de Poisson. *Mediante View $\rightarrow$ Representations* (Figura 4-26) se obtiene el modelo ajustado (Figura 4-27).

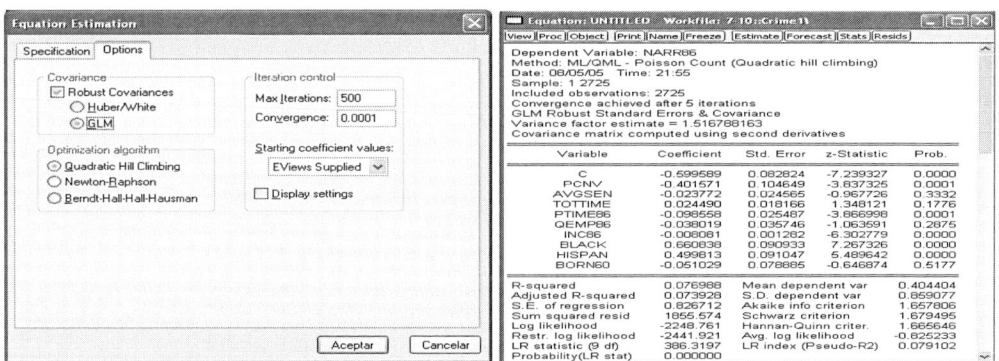

Figura 4-24   Figura 4-25

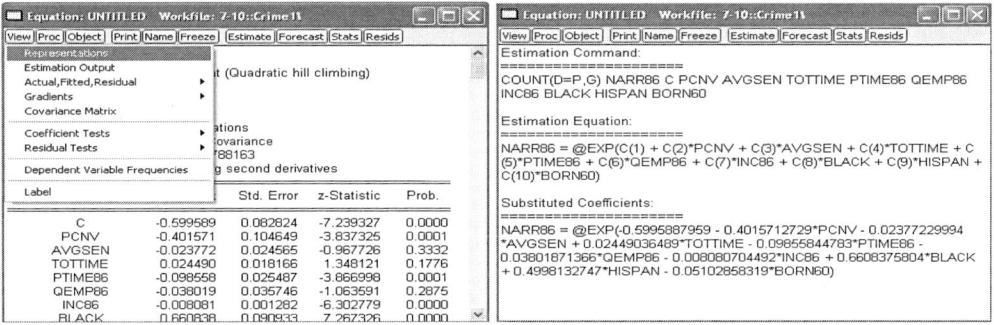

Figura 4-26   Figura 4-27

Realizamos ahora la **estimación del modelo mediante un modelo de recuento de binomial negativa (con cuasi máxima verosimilitud)**. Para ello se elige *Quick $\rightarrow$ Estimate Equation*, se escribe la ecuación del modelo a ajustar en el campo *Equation*

Specification de la solapa *Specification*, se elige *COUNT-Integer count data* en el campo *Method,* se señala *Negative Binomial (QML)* en el campo *Count estimation method* para ajustar por un modelo de datos de recuento de binomial negativa con máxima verosimilitud cuadrática (Figura 4-28) y se hace clic en *Aceptar*.

Se obtienen los resultados de la Figura 4-29 con buenas significatividades individuales y conjunta para los parámetros estimados (salvo para *avgsen, tottime* y *born*60). El Pseudo R^2 es bastante pequeño y los valores de los criterios de información son bastante aceptables. Además, se observan resultados muy similares a los de los métodos anteriores. Mediante *View → Representations* (Figura 4-30) se obtienen las ecuaciones del modelo ajustado (Figura 4-31).

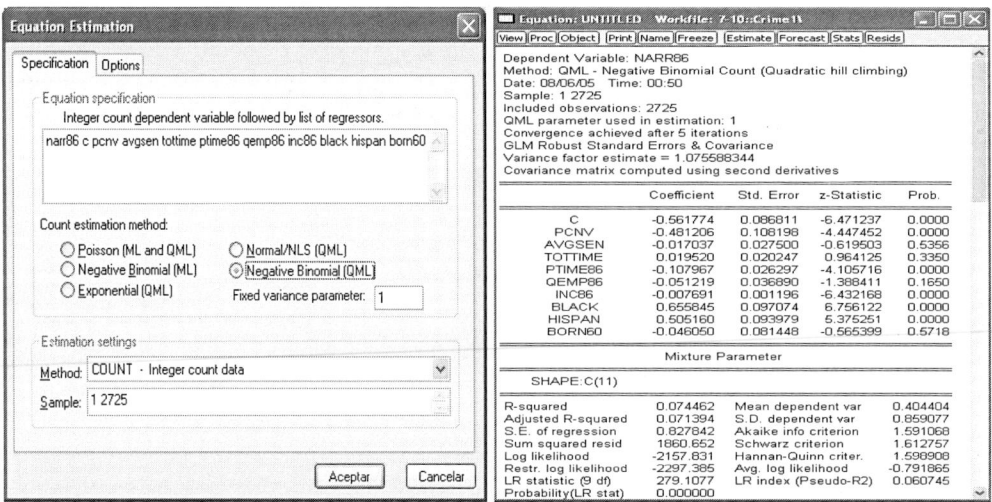

Figura 4-28   Figura 4-29

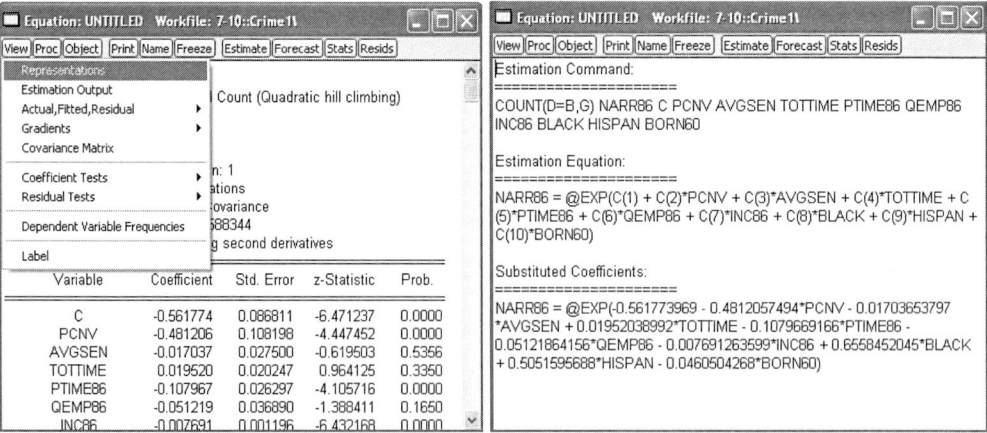

Figura 4-30   Figura 4-31

Por último, realizamos ahora la ***estimación del modelo mediante un modelo de recuento exponencial (con cuasi máxima verosimiltud)***. Para ello se elige *Quick → Estimate Equation*, se escribe la ecuación del modelo a ajustar en el campo *Equation Specification* de la solapa *Specification*, se elige *COUNT-Integer count data* en el campo *Method,* se señala *Exponential (QML)* en el campo *Count estimation method* para ajustar por un modelo de datos de recuento exponencial con máxima verosimilitud cuadrática (Figura 4-32) y se hace clic en *Aceptar*. Se obtienen los resultados de la Figura 4-33. Median*te View → Representations* (Figura 4-34) se obtienen las ecuaciones del modelo ajustado (Figura 4-35).

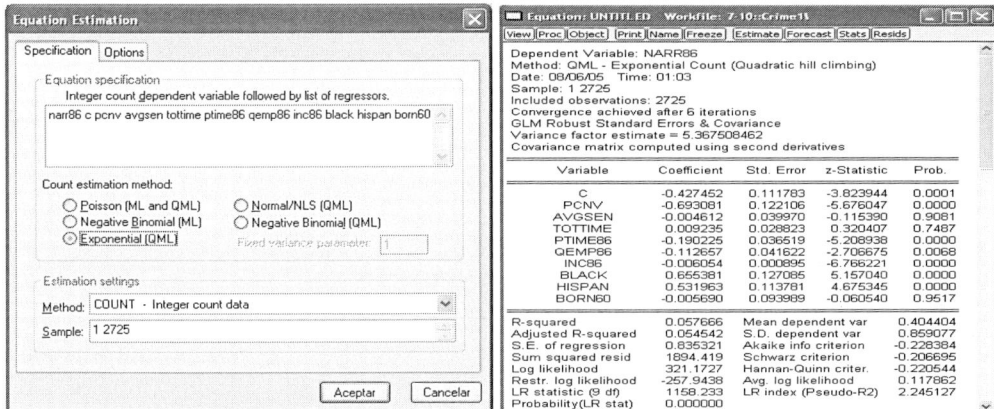

Figura 4-32   Figura 4-33

Se observan buenas significatividades individuales y conjunta para los parámetros estimados (salvo para *avgsen, tottime* y *born*60). El Pseudo R^2 es grande y los valores de los criterios de información son bastante aceptables. Además, se observan resultados muy similares a los de los métodos anteriores. El modelo de datos de recuento más adecuado para este ajuste es el modelo exponencial, ya que es el que menores valores presenta de los criterios de información de Akaike, Schwarz y Hannan-Quinn.

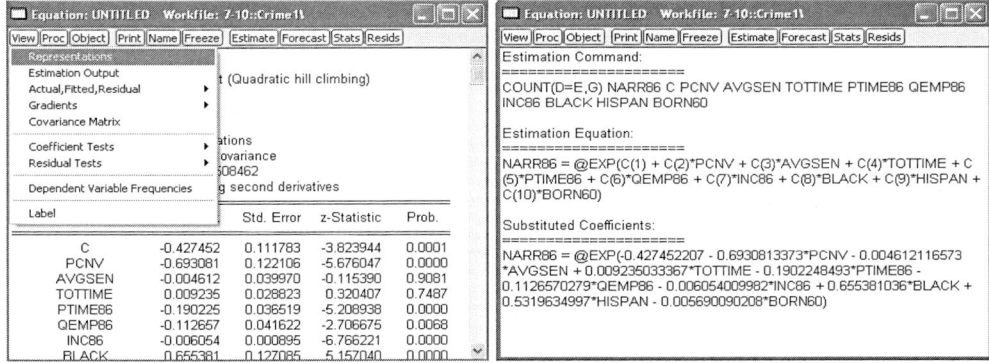

Figura 4-34   Figura 4-35

4.3 MODELOS TOBIT CENSURADO Y TRUNCADO CON EVIEWS. MÉTODO DE HECKMAN Y RATIO DE MILLS

Consideramos datos procedentes de un informe de una empresa sobre 753 familias (archivo *familias.wf*1) en el que se estimó un modelo que relacionaba el gasto en adquisición de un automóvil (*GASTO*) con la renta familiar en el último año (*RENTA*), el número de hijos inferiores a 18 años (*HIJOS*) y la edad del cabeza de familia (*EDAD*). Se especificó a la siguiente ecuación de comportamiento:

$$GASTO_i = \beta_0 + \beta_1 \, RENTA_i + \beta_2 \, HIJOS_i + \beta_3 \, EDAD_i + u_i$$

Se trata de estimar el modelo anterior teniendo presente que puede haber individuos encuestados que no hayan comprado vehículo en ese período, en cuyo caso se les ha asignado un gasto nulo. La tarea es hallar los efectos marginales de las variables explicativas sobre la explicada y compararlos con las estimaciones MCO de los coeficientes del modelo y calcular la elasticidad demanda renta en el punto medio.

Estamos ante el caso particular de censura de datos que se presenta cuando la variable dependiente vale cero para una parte de la población y es continua para los valores positivos. Estamos entonces ante modelo de variable limitada con solución de esquina. Concretamente ante un modelo Tobit censurado con solución de esquina.

Comenzaremos realizando la ***estimación mediante el modelo Tobit censurado por máxima verosimilitud***. Para ello se elige *Quick → Estimate Equation*, se escribe la ecuación del modelo a ajustar en el campo *Equation Specification* de la solapa *Specification*, se elige *CENSORED-Censored or truncated data (Tobit)* en el campo *Method*, se sitúa en cero en el campo *Left* y se señala *Actual censoring value* porque el modelo Tobit con solución de esquina está censurado a la izquierda por el valor cero, se elige *Normal* porque consideramos el modelo con distribución normal (Figura 4-36) y se hace clic en *Aceptar*. Se obtienen los resultados de la Figura 4-37 con buenas significatividades individuales para los parámetros estimados. El R^2 está muy lejano de la unidad, pero esto es habitual en este tipo de modelos. Se observa que de un total de 753 observaciones hay 336 valores nulos (observaciones no censuradas, o sea, individuos encuestados que no habían comprado vehículo en ese año) y 417 observaciones censuradas a la izquierda (porque son valores positivos con el valor de censura situado a su izquierda). Los valores de los criterios de información no son demasiado elevados y son bastante coincidentes entre ellos.

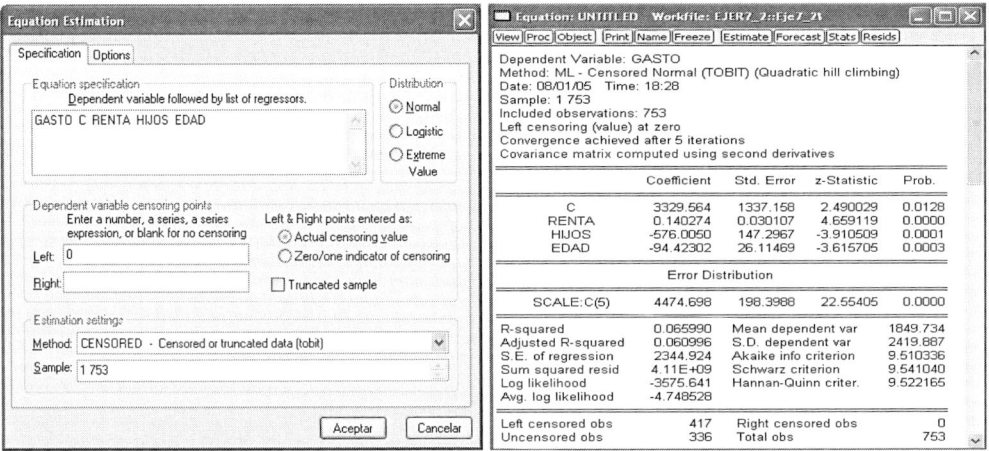

Figura 4-36   Figura 4-37

El efecto marginal en el modelo Tobit censurado de cada una de las variables se obtiene mediante la expresión (aplicada en los valores medios):

$$\frac{\delta E(Y|\mathbf{X})}{\delta X_j} = \beta_j \Phi(\mathbf{X}\beta/\sigma)$$

A partir del vector de las medias de todas las variables explicativas $\overline{X}_i$ y del vector de los parámetros estimados $\hat{\beta}$, se tiene que:

$$\frac{\overline{X}_i\hat{\beta}}{\hat{\sigma}} = \frac{-228,486}{447,698} = -0,051 \Rightarrow \Phi\left(\frac{\overline{X}_i\hat{\beta}}{\hat{\sigma}}\right) = \Phi(-0,051) = \int_0^{-0,051} \frac{1}{\sqrt{2\pi}} e^{\frac{-x^2}{2}} ds = 0,4796$$

Los **efectos marginales para el punto medio** pueden calcularse entonces como sigue:

$$\frac{\partial E(GASTO_i)}{\partial RENTA_i} = \hat{\beta}_1 \Phi\left(\frac{\overline{X}_i\hat{\beta}}{\hat{\sigma}}\right) = 0,140274 * 0,4796 = 0,06728$$

$$\frac{\partial E(GASTO_i)}{\partial HIJOS_i} = \hat{\beta}_2 \Phi\left(\frac{\overline{X}_i\hat{\beta}}{\hat{\sigma}}\right) = -576,005 * 0,4796 = -276,288$$

$$\frac{\partial E(GASTO_i)}{\partial EDAD_i} = \hat{\beta}_3 \Phi\left(\frac{\overline{X}_i\hat{\beta}}{\hat{\sigma}}\right) = -94,42302 * 0,4796 = -45,291$$

Por tanto, la **elasticidad demanda renta** se estimará a partir de nuestro modelo Tobit como sigue:

$$\frac{\partial E(GASTO_i)}{\overline{GASTO}} = \frac{\partial E(GASTO_i)}{\partial RENTA_i} \frac{\overline{RENTA}}{\overline{GASTO}} = \hat{\beta}_1 \Phi\left(\frac{\overline{X}_i \hat{\beta}}{\hat{\sigma}}\right)\frac{\overline{RENTA}}{\overline{GASTO}} = 0,06728\frac{587,73}{21,031} = 0,42$$

Para poder comparar los efectos marginales para el punto medio con los coeficientes estimados del modelo lineal mediante MCO realizaremos esta última estimación. Para ello se elige *Quick → Estimate Equation*, se escribe la ecuación del modelo a ajustar en el campo *Equation Specification* de la solapa *Specification*, se elige *LS-Two stage Least Squares (NLS and ARMA)* en el campo *Method* para ajustar por mínimos cuadrados (Figura 4-38) y se hace clic en *Aceptar*. Se obtienen los resultados de la Figura 4-39.

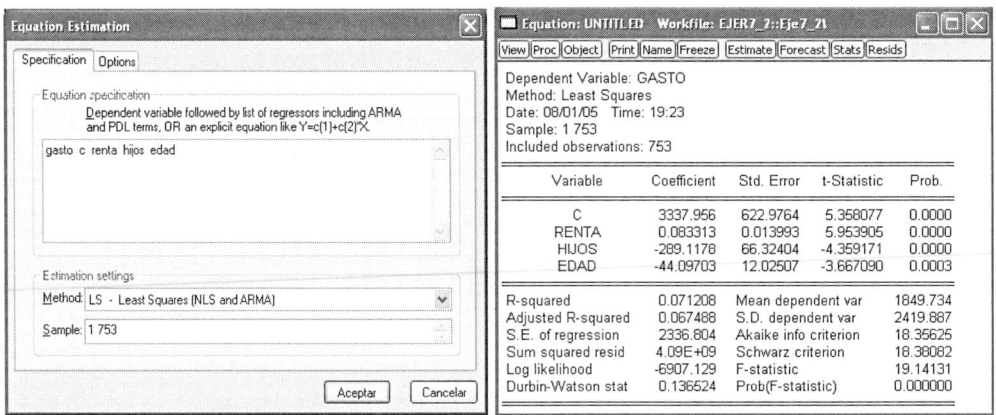

Figura 4-38   Figura 4-39

Se observa que los efectos marginales del modelo Tobit se acercan, pero no coinciden con los valores estimados del modelo MCO, quedando siempre un poquito por debajo. La diferencia entre estas estimaciones MCO y los efectos marginales del Tobit serían los errores que se cometerían en las estimaciones de los parámetros del modelo si se utilizara MCO en vez de un modelo Tobit.

Se trata ahora de estimar una ecuación salarial especificando un modelo econométrico en el que se relaciona el logaritmo de los salarios percibidos por los empleados Y con la experiencia laboral (X_2), su cuadrado (X_3), el nivel educativo (X_4), el estado civil del trabajador (X_5) y la titulación universitaria o no del mismo (X_6) a través de la siguiente ecuación de comportamiento:

$$Y_i = \beta_1 + \beta_2 X_{2i} + \beta_3 X_{3i} + \beta_4 X_{4i} + \beta_5 X_{5i} + \beta_6 X_{6i} + u_i$$

Realizaremos la estimación de esta ecuación de comportamiento salarial utilizando un modelo Tobit truncado y calcularemos los efectos marginales de las variables X_2, X_3 y X_4 sobre el salario. Los datos se recogen en el archivo *salarios.wf1*.

Dado que sólo observamos la oferta salarial para los individuos que están trabajando (y no para los que no trabajan) estamos ante un caso de selección muestral no aleatoria en el que observamos Y o no dependiendo de otra variable (el empleo). Estamos claramente ante un caso de **truncamiento** en el que se observa la oferta salarial dependiendo de otra variable que es la oferta de trabajo.

Como estamos en un ***modelo Tobit truncado*** utilizaremos el menor valor de la variable dependiente Y como valor de truncamiento. Este valor mínimo es el que queda más a la izquierda de los restantes valores de Y. Para calcular el valor mínimo de Y hacemos doble clic sobre Y en la pantalla *Workfile* y elegimos *View* → *Descriptive Statistics* → *Stats Table* (Figura 4-40). En la Figura 4-41 observamos que el valor mínimo de Y es 1,8718.

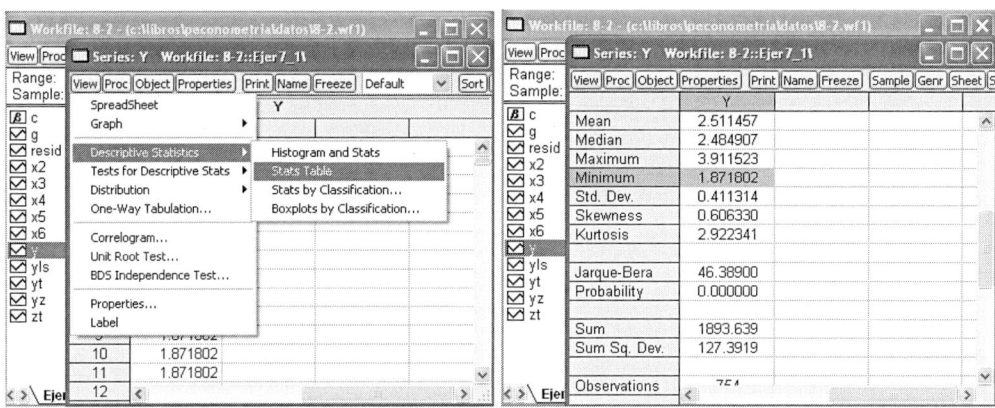

Figura 4-40 Figura 4-41

Realizamos ahora la ***estimación de la ecuación de comportamiento salarial mediante el modelo Tobit truncado por máxima verosimilitud***. Para ello se elige *Quick* → *Estimate Equation*, se escribe la ecuación del modelo a ajustar en el campo *Equation Specification* de la solapa *Specification*, se elige *CENSORED-Censored or truncated data (Tobit)* en el campo *Method*, se sitúa 1,8718 en el campo *Left* y se señala *Actual censoring value* porque el modelo Tobit truncado está censurado a la izquierda por dicho valor, se elige *Normal* porque consideramos el modelo con distribución normal, se señala *Truncated sample* (Figura 4-42) y se hace clic en *Aceptar*. Se obtienen los resultados de la Figura 4-43 con buenas significatividades individuales para los parámetros estimados (salvo quizás X_3 y X_5 al 80% y X_6 al 50%). El R^2 está muy lejano a la unidad, pero esto es habitual en este tipo de modelos. Los valores de los criterios de información no son demasiado elevados y son bastante coincidentes entre ellos.

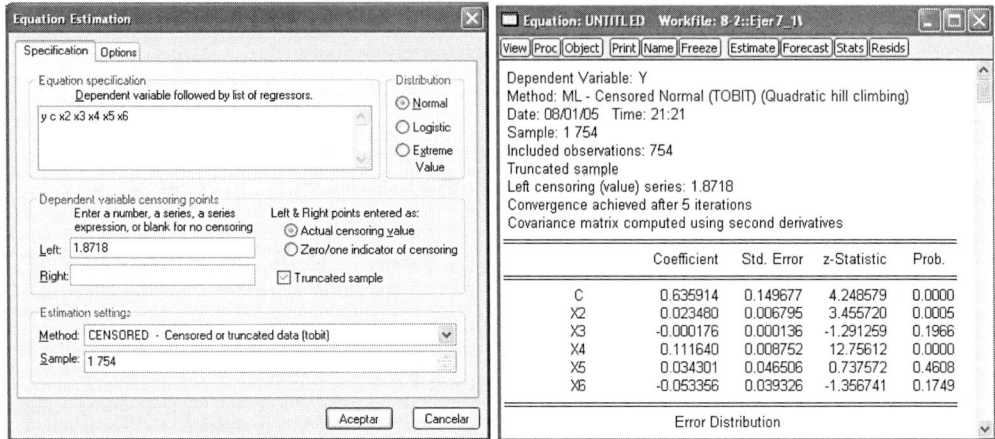

Figura 4-42   Figura 4-43

El efecto marginal en el modelo Tobit truncado de cada una de las variables se obtiene mediante la expresión (aplicada en los valores medios):

$$\frac{\partial E(Y_i \mid X_i ; Y_i > a)}{\partial X_k} = \beta_k - \beta_k [\{\gamma(\alpha_i)\}^2 - \alpha_i \gamma(\alpha_i)] = \beta_k [1 - [\{\gamma(\alpha_i)\}^2 - \alpha_i \gamma(\alpha_i)]] = \beta_k [1 - \delta(\alpha_i)]$$

Luego el efecto marginal de variable X_k respecto de la variable explicada equivale al coeficiente estimado β_k multiplicado por el factor de corrección $[1 - \delta(\alpha_i)]$ siendo:

$$\delta(\alpha_i) = \{\gamma(\alpha_i)\}^2 - \alpha_i \gamma(\alpha_i) \qquad \gamma(\alpha_i) = \frac{\phi\left(\dfrac{a - X_i \beta}{\sigma}\right)}{1 - \Phi\left(\dfrac{a - X_i \beta}{\sigma}\right)} \qquad \alpha_i = \frac{a - X_i \beta}{\sigma}$$

Tenemos:

$$\hat{\alpha}_i = \frac{a - X_i \hat{\beta}}{\hat{\sigma}} = \frac{1,8718 - 2,391155}{0,429388} = -1,209524$$

$$\gamma(\hat{\alpha}_i) = \frac{\phi\left(\dfrac{a - X_i \hat{\beta}}{\hat{\sigma}}\right)}{1 - \Phi\left(\dfrac{a - X_i \hat{\beta}}{\hat{\sigma}}\right)} = \frac{\phi(-1,209524)}{1 - \Phi(-1,209524)} = \frac{0,191970}{1 - 0,1131} = 0,216450$$

$$\delta(\hat{\alpha}_i) = \{\gamma(\hat{\alpha}_i)\}^2 - \hat{\alpha}_i \gamma(\hat{\alpha}_i) = 0,21645^2 - (-1,209524)0,21645 = 0,308652$$

Los efectos marginales para las variables X_2, X_3, X_4 sobre el salario se calcularán como sigue:

$$\frac{\partial E(Y_i \mid X_i; Y_i > a)}{\partial X_{2i}} = \hat{\beta}_2 [1 - \delta(\hat{\alpha}_i)] = 0,02348(1 - 0,308652) = 0,01623285$$

$$\frac{\partial E(Y_i \mid X_i; Y_i > a)}{\partial X_{3i}} = \hat{\beta}_3 [1 - \delta(\hat{\alpha}_i)] = 0,000176(1 - 0,308652) = -0,00012167$$

$$\frac{\partial E(Y_i \mid X_i; Y_i > a)}{\partial X_{4i}} = \hat{\beta}_4 [1 - \delta(\hat{\alpha}_i)] = 0,11640(1 - 0,308652) = 0,077182$$

A continuación, consideramos el archivo *casadas.wf*1 que contiene datos de 753 mujeres casadas en 1975, de las cuales 428 participaron en el mercado laboral en algún momento del año (*inlf*=1) y 325 no participaron (*inlf*=0). Se considera que la participación en el mercado de trabajo (*inlf*) depende de otras fuentes de ingresos (*nwifeinc*), de los años de educación (*educ*), de los años de experiencia laboral (*exper* y *exper*^{2}), de la edad (*age*), del número de hijos menores de 6 años (*kidslt6*) y del número de hijos entre 6 y 18 años (*kidsg6*).

Basándose en la información anterior, mediante un modelo Tobit truncado estimaremos la ecuación salarial que hace depender el logaritmo del salario de las mujeres (*wage*) de su nivel educativo, de su experiencia laboral y del cuadrado de esta última variable usando el método en dos etapas de Heckman.

Al igual que en el caso anterior estamos ante un **modelo Tobit con truncamiento incidental** porque la participación en el mercado laboral depende de la oferta de trabajo.

En una primera etapa estimamos un modelo Probit de *Inlf* frente a la constante y todas las variables explicativas. El modelo es:

$$Inlf = \Phi(\beta_0 + \beta_1\, nwifeinc + \beta_2\, educ + \beta_3\, exper + \beta_4\, exper^2 + \beta_5\, age + \beta_6\, kidslt6 + \beta_7\, kidsg6)$$

Para ello se elige *Quick* → *Estimate Equation*, se escribe la ecuación del modelo a ajustar en el campo *Equation Specification* de la solapa *Specification*, se elige *BINARY-Binary chice (Logit, Probit, extreme value)* en el campo *Method*, se elige *Probit* en el campo *Binary estimation method* para realizar el ajuste mediante el modelo Probit (Figura 4-44) y se hace clic en *Aceptar*. Se obtienen los resultados de la Figura 4-45 con buenas significatividades individuales para los parámetros estimados (salvo la constante y *kidsge6*). La significatividad conjunta es muy alta porque el p-valor del estadístico de la razón de verosimilitud es muy pequeño. El Pseudo R^2 de McFadden no se acerca demasiado a la unidad (0,22). Los valores de los criterios de información (Akaike, Schwarz y Hannan-Quinn) son adecuados porque son bajos y muy parecidos.

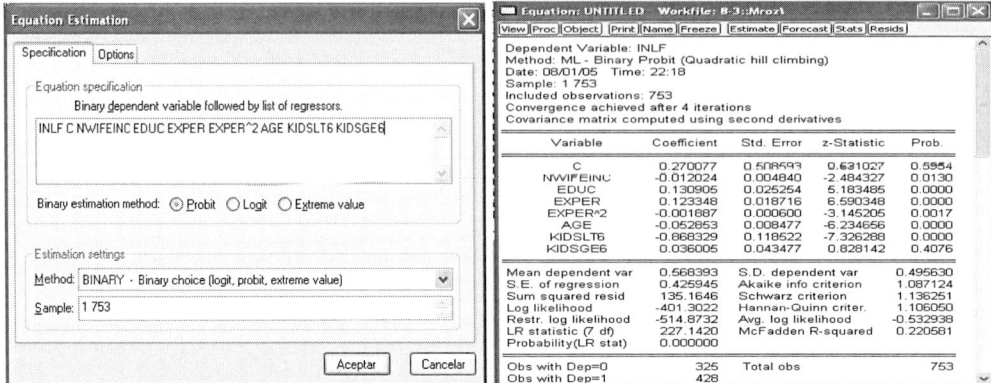

Figura 4-44   Figura 4-45

A continuación, calculamos el inverso de la ratio de Mills a través de los residuos generalizados del modelo Probit recién ajustado. Para ello, en la ventana del Probit se elige *Procs → Make residual series* y se elige *Generalized* (Figura 4-46). Se obtiene la nueva variable *resid*01 = $\hat{\lambda}_i$ equivalente a la ratio de Mills (Figura 4-47).

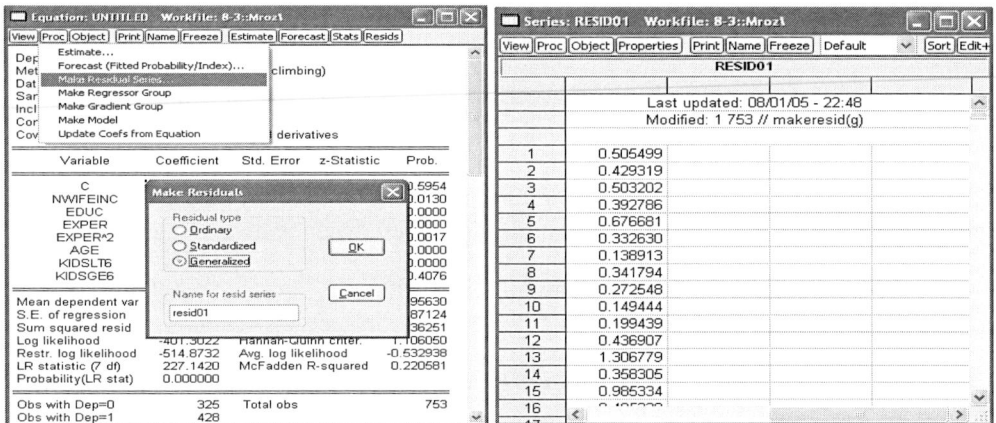

Figura 4-46   Figura 4-47

En una segunda etapa, estimamos por MCO la ecuación salarial incluyendo como regresor adicional el residuo generalizado del Probit. El modelo a estimar será:

$$Log(wage) = \beta_0 + \beta_1\ educ + \beta_2\ exper + \beta_3\ exper^2 + \rho\ \hat{\lambda}_i + e$$

Para ello se elige *Quick → Estimate Equation*, se escribe la ecuación del modelo a ajustar en el campo *Equation Specification* de la solapa *Specification*, se elige *LS-Two stage Least Squares (NLS and ARMA)* en el campo *Method* para ajustar por mínimos cuadrados (Figura 4-48) y se hace clic en *Aceptar*. Se obtienen los resultados de la Figura 4-49.

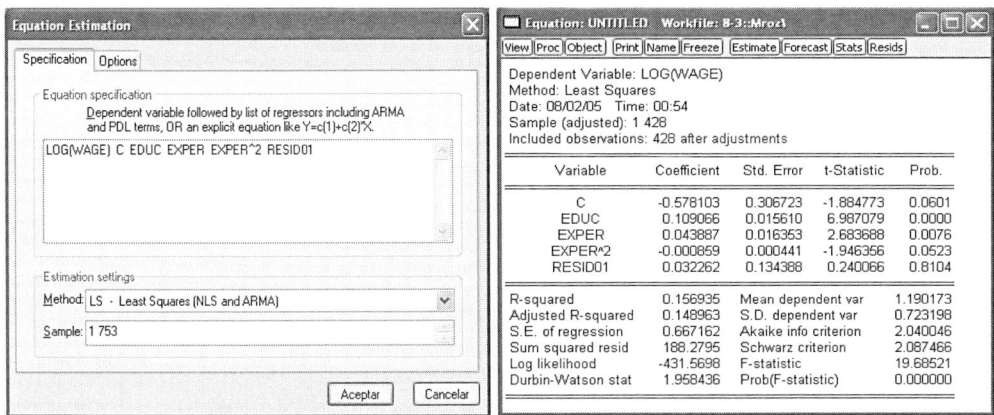

| Figura 4-48 | Figura 4-49 |

Se observa una muy buena significatividad de los coeficientes estimados, tanto individual como conjunta, buenos valores de los criterios de información y un estadístico de Durbin Watson muy cercano a 2, lo que indica que no existirán problemas de autocorrelación serial.

Ejercicio 4-1. *En un estudio sobre el mercado inmobiliario se dispone de información sobre el nivel de renta de las familias (RENTA), sobre el número de hijos de la familiaa (HIJOS) sobre una variable dicotómica (SUB) que toma el valor 1 si la vivienda está subvencionada y 0 en otro caso y sobre la variable discreta CASA referida a los metros cuadrados de las viviendas que están a disposición de los compradores cuyo valor depende de la superficie de la siguiente forma:*

$$CASA = \begin{cases} 0 \text{ si la vivienda tiene menos de } 80 \text{ m}^2 \\ 1 \text{ si la vivienda tiene entre } 81 \text{ m}^2 \text{ y } 100 \text{ m}^2 \\ 2 \text{ si la vivienda tiene entre } 101 \text{ m}^2 \text{ y } 120 \text{ m}^2 \\ 3 \text{ si la vivienda tiene más de } 120 \text{ m}^2 \end{cases}$$

Se trata de analizar qué tipo de vivienda compran las familias según sus características (renta e hijos) y las de la vivienda (subvencionada o no) utilizando un modelo de respuestra múltiple $Y_i^* = F(X_i\beta) + u_i$ y suponiendo que la función de distribución F pueda ser una normal (0,1) o una logística ¿Qué método es mejor?

Como la variable dependiente tiene valores que se pueden ordenar de menor a mayor según su superficie, se puede especificar un modelo de respuesta múltiple ordenado del tipo $Y_i^* = F(X_i\beta) + u_i$ con:

$$Y_i = \begin{cases} 0 & si \ Y_i^* \leq c_1 \\ 1 & si \ c_1 \leq Y_i^* \leq c_2 \\ 2 & si \ c_2 \leq Y_i^* \leq c_3 \\ 3 & si \ c_3 \leq Y_i^* \end{cases}$$

Los distintos modelos a utilizar se presentan al considerar la función de distribución F como una normal (modelo Probit Multidimensional) o una logística (modelo Logit Multidimensional).

Para realizar la **estimación del modelo Probit Multinomial ordenado** se elige *Quick → Estimate Equation*, se escribe la ecuación del modelo a ajustar en el campo *Equation Specification* de la solapa *Specification*, se elige *ORDERED-Ordered choice* en el campo *Method,* se elige *Normal* en el campo *Error ditribution* para realizar el ajuste mediante el modelo Probit Multinomial (Figura 4-50) y se hace clic en *Aceptar*. Se obtienen los resultados de la Figura 4-51 con buenas significatividades individuales para los parámetros estimados (salvo quizá *SUB* con una significatividad del 85% aproximadamente). La significatividad conjunta es muy alta porque el p-valor del estadístico de la razón de verosimilitud es muy pequeño. El Pseudo R^2 se acerca bastante al 60%. Los valores de los criterios de información (Akaike, Schwarz y Hannan-Quinn) son adecuados.

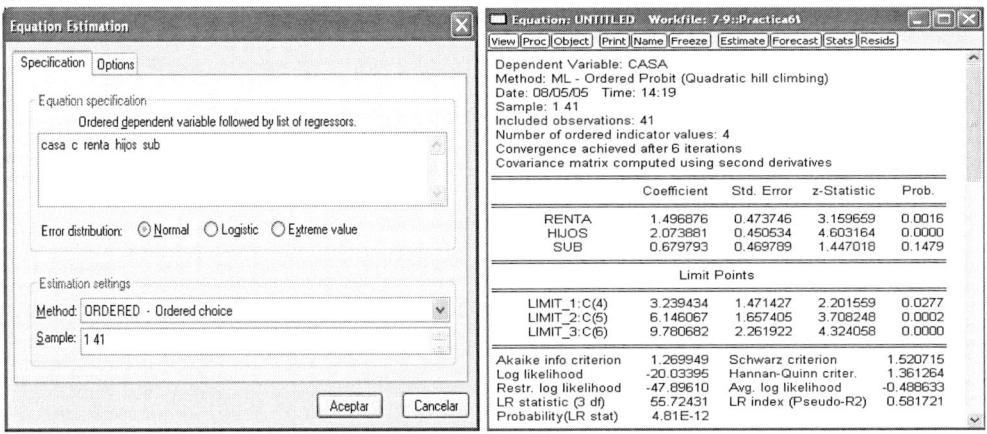

Figura 4-50   Figura 4-51

Para realizar la **estimación del modelo Logit Multinomial ordenado** se elige *Quick → Estimate Equation*, se escribe la ecuación del modelo a ajustar en el campo *Equation Specification* de la solapa *Specification*, se elige *ORDERED-Ordered choice* en el campo *Method,* se elige *Logistic* en el campo *Error distribution* para realizar el ajuste mediante el modelo Logit Multinomial (Figura 4-52) y se hace clic en *Aceptar*. Se obtienen los resultados de la Figura 4-53 con buenas significatividades individuales para los parámetros estimados (salvo quizá *SUB* con una significatividad del 85% aproximadamente). La significatividad conjunta es muy alta porque el p-valor del estadístico de la razón de verosimilitud es muy pequeño. El Pseudo R^2 se acerca bastante al 60%. Los valores de los criterios de información (Akaike, Schwarz y Hannan-Quinn) son adecuados. Se observa que lo resultados de los estadísticos de la bondad de ajuste son muy similares al caso del modelo Probit.

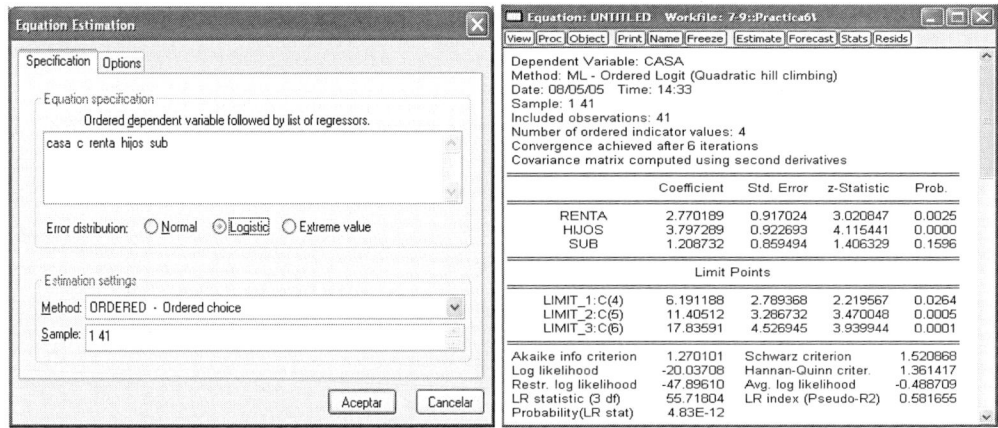

Figura 4-52   Figura 4-53

El método de estimación más eficiente será aquel que presente menores valores de los criterios de información Akaike, Schwarz y Hannan-Quinn y mayor valor de la función de verosimilitud. Recopilando tenemos:

	Probit	Logit
Log Likelihood	-20,03395	-20,03708
Akaike	1,269949	1,270101
Schwarz	1,520715	1,520868
Hannan-Quin	1,361264	1,361417

El método que presenta menores valores de los criterios de información y mayor valor de la función de verosimilitud es el modelo Probit. Por tanto, el mejor ajuste lo ofrece el modelo Probit Multinomial ordenado.

Ejercicio 4-2. *En un estudio sobre la dotación de televisores en los hogares españoles se ha encuestado a 940 familias preguntando sobre el número de televisores en el hogar (TV), los ingresos anuales en millones de unidades monetarias (IF) y el nivel de instrucción del cabeza de familia (NI). La variable TV puede tomar los valores 1, 2 o 3 según las familias tengan 1, 2 y 3 o más televisores disponibles. El nivel de instrucción del cabeza de familia se ha codificado a través de cuatro niveles (Básica, Bachillerato* *superior, Universitaria media y Universitaria superior) con los valores respectivos enteros de 1 a 4. Con los datos especificados contenidos en el archivo 7-8.wf1, se pide ajustar un modelo Logit que explique la probabilidad de que un hogar tenga un determinado número de televisores en función del resto de las variables anteriormente definidas.*

Para una familia cuyo cabeza de familia tenga un nivel de instrucción básico (NI=1) y unos imgresos anuales de tres millones de unidades monetarias (IF=3) hallar la probabilidad de que tenga un sólo televisor. Calcular también la probabilidad de que esta familia tenga 2 televisores. Asimismo, calcular la probabilidad de que esta familia tenga tres o más televisores.

Calcular el efecto marginal de tener dos televisores para una familia cuyos ingresos anuales sean de cuatro millones de unidades monetarias y donde el nivel de instrucción del cabeza e familia sea básico respecto al caso en que este nivel sea de Bachillerato superior. Los datos se encuentran en el archjivo 4-2.wf1

Como la variable respuesta tiene más de dos categorías que pueden ordenarse, estamos ante el modelo Logit multinomial ordenado:

$$TV_i = \Lambda(X\beta_i) = \Lambda(\beta_0 + \beta_1 IF_i + \beta_2 NI_i) + u_i = \frac{1}{1+e^{\beta_0 + \beta_1 IF_i + \beta_2 NI_i}} + u_i \Big|$$

Para realizar la **estimación del modelo Logit Multinomial ordenado** se elige *Quick → Estimate Equation*, se escribe la ecuación del modelo a ajustar en el campo *Equation Specification* de la solapa *Specification*, se elige *ORDERED-Ordered choice* en el campo *Method,* se elige *Logistic* en el campo *Error ditribution* para realizar el ajuste mediante el modelo Logit Multinomial (Figura 4-54) y se hace clic en *Aceptar.* Se obtienen los resultados de la Figura 4-55 con buenas significatividades individuales para los parámetros estimados. La significatividad conjunta es muy alta porque el p-valor del estadístico de la razón de verosimilitud es muy pequeño. El Pseudo R^2 se acerca bastante a la unidad (0,88). Los valores de los criterios de información (Akaike, Schwarz y Hannan-Quinn) son adecuados.

Para una familia cuyo cabeza de familia tenga un nivel de instrucción básico (NI=1) y unos ingresos anuales de tres millones de unidades monetarias (IF=3), la probabilidad de que tenga un sólo televisor vedrá dada por:

$$Prob(TV=1)=$$

$$\Lambda(\hat{\alpha}_1 - X_i\hat{\beta}) = \frac{1}{1+e^{-(\alpha_1-(\beta_1 IF+\beta_2 NI))}} = \frac{1}{1+e^{-(8,01055-(1,686776*3+0,820545*1))}} = 0,893754$$

Para la familia anterior la probabilidad de que tenga dos televisores será:

$$Prob(TV = 2) = \Lambda(\hat{\alpha}_2 - X_i\hat{\beta}) - \Lambda(\hat{\alpha}_1 - X_i\hat{\beta}) = \frac{1}{1 + e^{-(24,75738-(1,686776*3+0,820545*1))}} -$$

$$- \frac{1}{1 + e^{-(8,01055-(1,686776*3+0,820545*1))}} = 0,999999 - 0,893754 = 0,106245$$

Para la familia anterior la probabilidad de que tenga tres o más televisores será:

$$Prob(TV = 3) = 1 - \Lambda(\hat{\alpha}_2 - X_i\hat{\beta}) = 1 - \frac{1}{1 + e^{-(24,75738-(1,686776*3+0,820545*1))}} =$$

$$= 1 - 0,999999 = 0,000001$$

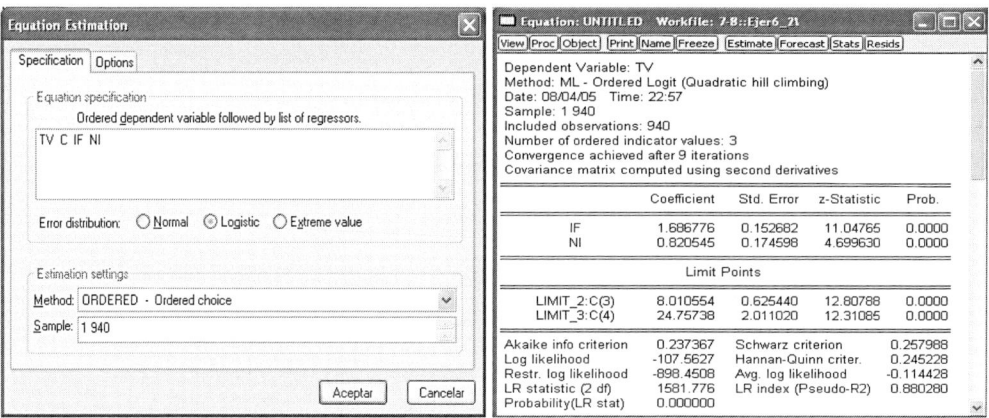

Figura 4-54   Figura 4-55

Para calcular el efecto marginal de tener dos televisores para una familia cuyos ingresos anuales sean de cuatro millones de unidades monetarias y donde el nivel de instrucción del cabeza de familia sea básico respecto al caso en que este nivel sea de Bachillerato superior, se deberá calcular la probabilidad para cada una de las situaciones y obtener la diferencia entre ellas. Tenemos:

$$Prob(TV = 2 \mid IF = 4, NI = 1) = \Lambda(\hat{\alpha}_2 - X_i\hat{\beta}) - \Lambda(\hat{\alpha}_1 - X_i\hat{\beta}) = \frac{1}{1 + e^{-(24,75738-(1,686776*4+0,820545*1))}} -$$

$$- \frac{1}{1 + e^{-(8,01055-(1,686776*4+0,820545*1))}} = 0,999999 - 0,608950 = 0,391049$$

$$Prob(TV = 2 \mid IF = 4, NI = 2) = \Lambda(\hat{\alpha}_2 - X_i\hat{\beta}) - \Lambda(\hat{\alpha}_1 - X_i\hat{\beta}) = \frac{1}{1 + e^{-(24,75738-(1,686776*4+0,820545*2))}} -$$

$$- \frac{1}{1 + e^{-(8,01055-(1,686776*4+0,820545*2))}} = 0,999999 - 0,406695 = 0,593304$$

El efecto marginal pedido se obtiene como la diferencia entre las dos probabilidades anteriores:

$$Prob(TV = 2 \mid IF = 4, NI = 2) - Prob(TV = 2 \mid IF = 4, NI = 1) =$$
$$= 0,593304 - 0,391049 = 0,202255$$

Ejercicio 4-3. *El archivo 4-3.wf1 contiene datos de 1445 presos sobre los meses que pasan hasta que un interno es detenido otra vez después de haber sido puesto en libertad (durat). Se considera que log(durat) depende de si el preso ha participado o no en programas de empleo en prisión (workprg), del número de condenas previas (priors), del número de meses pasados en prisión (tserved), de si consume o no alcohol (alcohol), de si consume o no drogas (drugs), de si el delito cometido es grave o no (felon), de si es negro o no (black), de si esta casado o no (married), de su nivel educativo (educ) y de su edad (age). Se sabe también que de los 1445 presos hay 893 que no fueron arrestados mientras se les siguió. Se dispone también de una variable ficticia que nos indica si cada observación está censurada o no (cens).*

Basándose en la información anterior, mediante un modelo Tobit estimar e interpretar la relación que liga a la variable log(durat) con el resto de las variables explicativas, interpretando el resultado.

Como existen presos que no fueron arrestados después de haber sido puestos en libertad la última vez, estamos ante un modelo Tobit censurado por la derecha, estando definida la censura por la variable *cens* que juega el papel de indicador de censura.

Realizaremos la **estimación del modelo Tobit censurado por la derecha por máxima verosimilitud.** Para ello se elige *Quick → Estimate Equation*, se escribe la ecuación del modelo a ajustar en el campo *Equation Specification* de la solapa *Specification*, se elige *CENSORED-Censored or truncated data (Tobit)* en el campo *Method,* se sitúa la variable *cens* en el campo *Right* y se señala *Zero/One indicator of censoring* porque el modelo Tobit está censurado a la derecha siendo el indicador de censura la variable *cens*, se elige *Normal* porque consideramos el modelo con distribución normal (Figura 4-56) y se hace clic en *Aceptar*. Se obtienen los resultados de la Figura 4-57 con buenas significatividades individuales para los parámetros estimados (salvo *workprg* y *educ*). Los valores de los criterios de información no son demasiado elevados y son bastante coincidentes entre ellos.

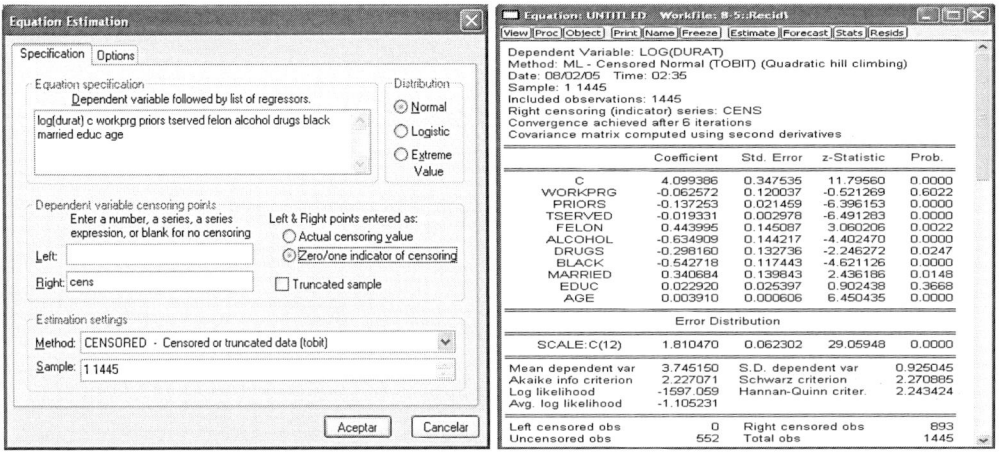

Figura 4-56   Figura 4-57

Se observa que las variables *priors* y *tserved* tienen un efecto negativo. Un preso con una condena más reducirá el tiempo que transcurre hasta que vuelve a ser detenido en un 14%. Un mes más en prisión reduce el tiempo que transcurre hasta ser detenido en un 1,9%. Un individuo que consume drogas (*drugs* = 1) tarda en volver a ser arrestado aproximadamente un 29,8% menos $(e^{-0,298} - 1) \times 100 = -25,78$.

Un individuo que es negro tarda en volver a ser arrestado aproximadamente un 54,3% menos que un blanco $(e^{-0,543} - 1) \times 100 = -41,8$.

Se observa que, si estimamos el modelo por MCO sin tener en cuenta que 893 de las 1445 observaciones están censuradas, obtenemos resultados diferentes. Para ello se elige *Quick → Estimate Equation*, se escribe la ecuación del modelo a ajustar en el campo *Equation Specification* de la solapa *Specification*, se elige *LS-Two stage Least Squares (NLS and ARMA)* en el campo *Method* para ajustar por mínimos cuadrados (Figura 4-58) y se hace clic en *Aceptar*.

Se obtienen los resultados de la Figura 4-59 con buenas significatividades individuales para los parámetros estimados (salvo *workprg* y *educ*) y conjunta. Los valores de los criterios de información no son demasiado elevados y son bastante coincidentes entre ellos. El estadístico de Durbin Watson está muy cercano a 2, lo que indica que no existirán problemas de autocorrelación serial. Se observa un ajuste que no coincide con el del modelo Tobit censurado. Aunque las estimaciones de los parámetros no difieren en demasía, uno de ellos cambia de signo (*workprg*), que precisamente es una de las variables individualmente no significativa.

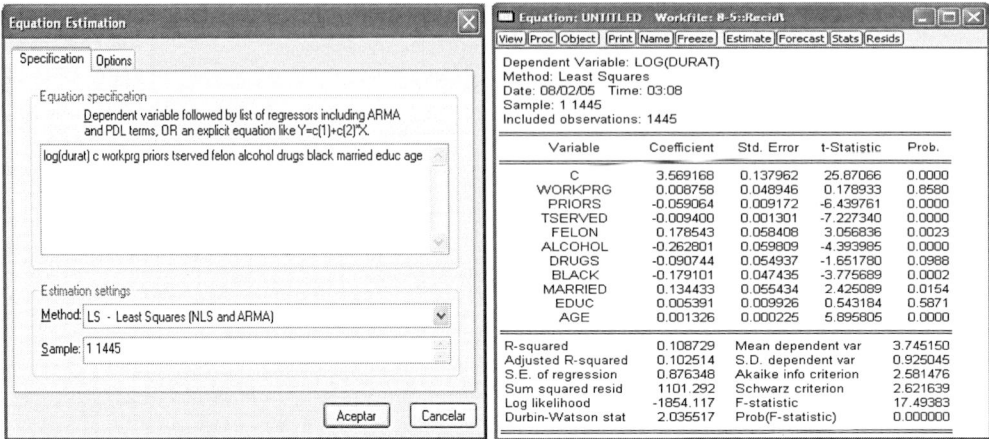

Figura 4-58   Figura 4-59

Ejercicio 4-4. *Se trata de estudiar los efectos de dos calmantes para el dolor de cabeza. Se dividen los pacientes en dos grupos de modo que cada grupo recibe un tipo diferente de calmante (TIPO) registrándose para cada paciente el tiempo que tarda en remitir el dolor de cabeza después de haberle sido suministrado el calmante (MINUT). Como puede haber pacientes que al final del período de observación sigan con dolor de cabeza, estamos ante un caso de datos censurados por la derecha. La variable censura (CENS) valdrá 1 para datos censurados y cero para datos no censurados. Los datos se recogen ene el archivo 4-4.wf1.*

Ajustar un modelo adecuado que explique el tiempo de remisión del dolor de cabeza en función del grupo de pacientes, lo que permitirá comparar ambos calmantes. Ajustar los modelos suponiendo distribición normal, logística y de valor extremo. Comparar los tres modelos.

Como puede haber pacientes que al final del período de observación sigan con dolor de cabeza, estamos ante un caso de un modelo Tobit censurado por la derecha, estando definida la censura por la variable CENS que juega el papel de indicador de censura.

Realizaremos la ***estimación del modelo Tobit censurado por la derecha por máxima verosimilitud***. Para ello se elige *Quick → Estimate Equation*, se escribe la ecuación del modelo a ajustar en el campo *Equation Specification* de la solapa *Specification*, se elige *CENSORED-Censored or truncated data (Tobit)* en el campo *Method,* se sitúa la variable *cens* en el campo *Right* y se señala *Zero/One indicator of censoring* porque el modelo Tobit está censurado a la derecha siendo el indicador de censura la variable *CENS*, se elige *Normal* porque consideramos el modelo con distribución normal (Figura 4-60) y se hace clic en *Aceptar*. Se obtienen los resultados de la Figura 4-61 con buenas significatividades individuales para los parámetros estimados. Los valores de los criterios de información son aceptables y coincidentes entre ellos.

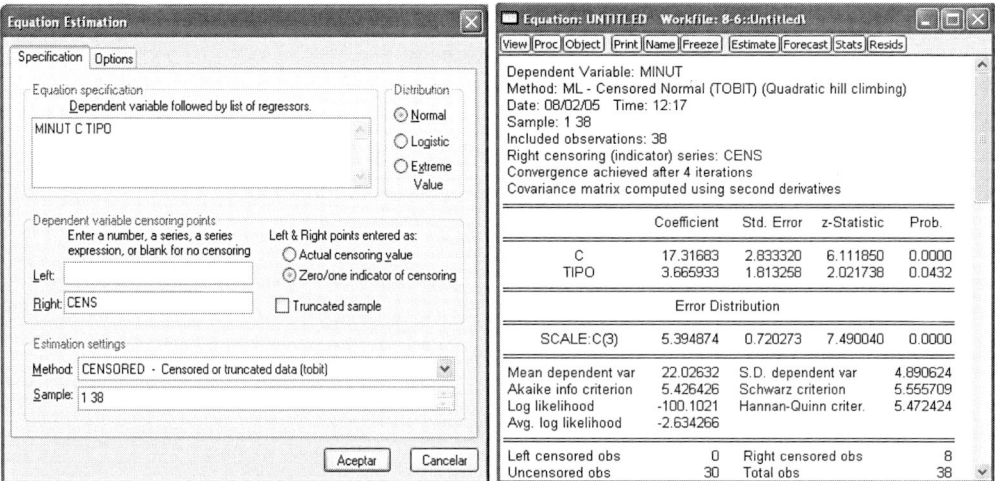

Figura 4-60   Figura 4-61

Se observa que para un paciente del grupo 1 (*TIPO* = 1), el tiempo de remisión del dolor de cabeza es de 17,317 + 3,666*1 = 20,983 minutos, mientras que para uno del grupo 2 (TIPO = 2) es de 17,317 + 3,666*2 = 24,649 minutos. Se observa que el calmante suministrado al grupo 1 es más efectivo porque el dolor remite en menos tiempo que con el calmante suministrado al grupo 2.

Para ajustar el modelo Tobit censurado por la derecha suponiendo distribución logística, señalamos *Logistic* en el campo *Distribution* de la pantalla *Equation Estimation* (Figura 4-62). Si se hace clic en *Aceptar* se obtienen los resultados de la Figura 4-63 con buenas significatividades individuales para los parámetros estimados. Los valores de los criterios de información son aceptables y coincidentes entre ellos. Se observa, además, que las diferencias con el modelo de distribución *Normal* son muy pequeñas.

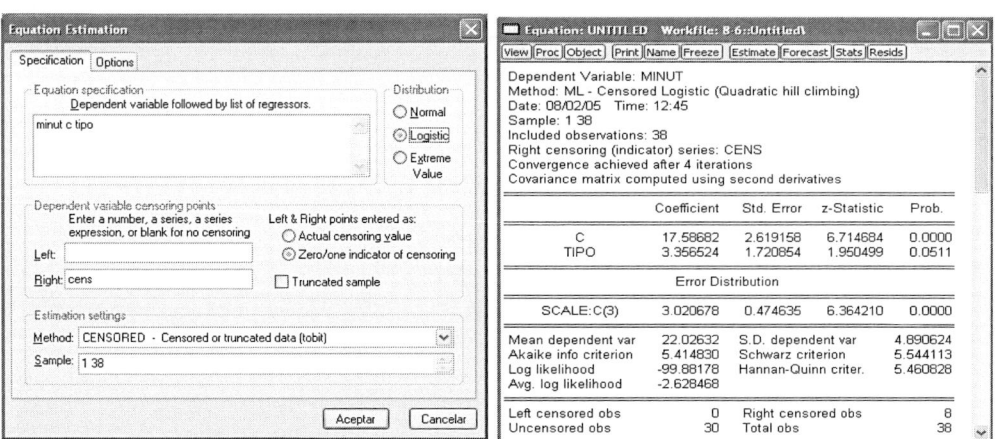

Figura 4-62   Figura 4-63

Para ajustar el modelo Tobit censurado por la derecha suponiendo distribución logística, señalamos *Extreme value* en el campo *Distribution* de la pantalla *Equation Estimation* (Figura 4-64). Si se hace clic en *Aceptar* se obtienen los resultados de la Figura 4-65 con buenas significatividades individuales para los parámetros estimados. Los valores de los criterios de información son aceptables y coincidentes entre ellos. Se observa, además, que las diferencias con los modelos de distribución *Normal* y *Logit* son pequeñas.

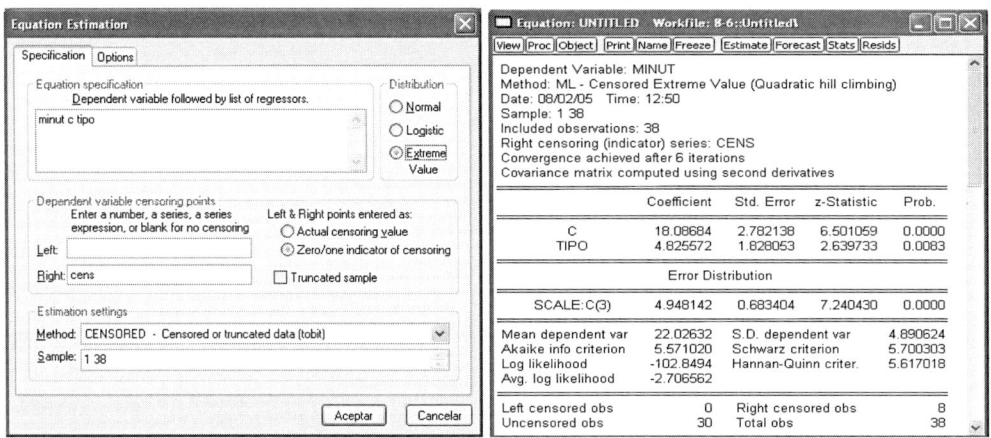

Figura 4-64   Figura 4-65

Realizada la estimación de los modelos Tobit para las tres distribuciones, realizaremos una comparación entre ellos, para quedarnos con el más adecuado. El modelo más eficiente será aquel que presente menores valores de los criterios de información de Schwarz y Hannan-Quinn y mayor valor de la función de verosimilitud. Recopilando tenemos:

	Normal	Logit	Valor extremo
Log Likelihood	-100,1021	-99,88178	-102,8494
Schwarz	5,555709	5,544113	5,700303
Hannan-Quin	5,472424	5,460828	5,617018

El método que presenta menores valores de los criterios de información y mayor valor de la función de verosimilitud es el modelo con distribución logística con muy poquita diferencia respecto del modelo con distribución normal. El modelo con distribución de Weibull (valor extremo) es el menos adecuado en este caso. Por lo tanto, el mejor ajuste lo ofrece el modelo Tobit censurado por la derecha con distribución logística.

Capítulo 5

MODELOS GENERALIZADOS CON DATOS DE PANEL. MODELOS DE PANEL NO LINEALES

5.1 INTRODUCCIÓN A LOS DATOS DE PANEL: ESTRUCTURAS DE DATOS

Los paneles de datos constituyen un tipo especial de muestras en las que se sigue el comportamiento de un cierto número de agentes económicos a través del tiempo. De esta forma, el investigador puede realizar análisis económico y especificar modelos con los datos de sección cruzada (o de corte transversal) que se obtienen cuando se consideran todos los agentes económicos en un instante del tiempo. Así podrán evaluarse diferentes pautas de comportamiento de todos los agentes en conjunto estudiados en los distintos instantes temporales. Alternativamente, se pueden realizar los mismos análisis considerando la serie temporal dada por la evolución de cada agente económico a lo largo de todos los períodos de tiempo de la muestra. En este último caso podrían examinarse diferentes pautas de comportamiento individuo a individuo en todo el intervalo temporal de la muestra.

Por lo tanto, una característica esencial de la estructura de datos de panel es su bidimensionalidad. Una dimensión la constituye la lista de individuos y otra dimensión la forman los instantes de tiempo. Consideremos como ejemplo el caso del panel del Impuesto sobre la Renta de las Personas Físicas (panel de IRPF) que elabora el Instituto de Estudios Fiscales español y que tiene como finalidad disponer de una base de datos con las declaraciones del impuesto sobre la renta de los mismos individuos año a año. Los distintos individuos son los contribuyentes por IRPF en el territorio fiscal común (excluidas las comunidades forales País Vasco y Navarra) y el intervalo temporal varía en el momento actual desde 1999 hasta 2008.

En los párrafos siguientes se profundiza un poco más en las estructuras de datos inmersas en las dos dimensiones de un conjunto de datos de panel. Por un lado, los datos de corte transversal o sección cruzada y por otro lado los datos de series temporales.

5.1.1 Datos de corte transversal o sección cruzada

Dentro de las estructuras de datos más importantes, típicas en el trabajo en economía aplicada, tenemos los datos de corte transversal o datos de sección cruzada. Un conjunto de datos de corte transversal es una muestra compuesta por individuos, familias, empresas, ciudades, estados, países u otro tipo de unidades muy variadas recogida en un momento determinado del tiempo. En general podemos suponer que los datos de corte transversal se han obtenido mediante un muestreo aleatorio de la población subyacente. Por ejemplo, si obtenemos información sobre los salarios, la educación, la experiencia y otras características escogiendo aleatoriamente a 500 personas de la población empleada, podemos decir que contamos con una muestra aleatoria de toda la población que tiene un empleo.

En el caso del panel de renta de IRPF consideramos todas las variables incluidas en el modelo de declaración del impuesto y se analizarán para un determinado año. Considerando los diferentes años tendremos todos los cortes transversales año a año.

Los datos de corte transversal se emplean muy frecuentemente en economía y en otras ciencias sociales. En economía, el análisis de datos de corte transversal está estrechamente relacionado con distintas ramas de la microeconomía aplicada, como el análisis de impuestos, la economía del trabajo, las finanzas públicas tanto estatales como locales, la organización industrial, la economía urbana, la demografía y la economía de la salud. Los datos sobre individuos, familias, empresas y ciudades en un momento determinado del tiempo son importantes para contrastar hipótesis microeconómicas y evaluar políticas económicas y políticas fiscales.

5.1.2 Datos de series temporales

Un conjunto de datos de series temporales consiste en observaciones sobre una variable o distintas variables a lo largo del tiempo. Ejemplos típicos de datos de series temporales son el producto interior bruto, la oferta monetaria, los índices de precios al consumo, las tasas anuales de homicidio o las cifras de venta de automóviles. Dado que los acontecimientos pasados pueden tener influencia sobre acontecimientos futuros, y los efectos retardados en el comportamiento de los individuos son frecuentes en ciencias sociales, el tiempo es un parámetro importante en los conjuntos de series temporales. En oposición al orden de los datos de corte transversal, la disposición cronológica de las observaciones de una serie temporal sí transmite información potencialmente importante.

Los datos de series temporales suelen utilizarse más en el análisis macroeconómico, en contraposición a los datos de corte transversal, que se utilizan sobre todo en análisis macroeconómico. Las series temporales suelen ser más difíciles de analizar que los datos de corte transversal debido a que casi nunca podemos suponer que las observaciones económicas son temporalmente independientes.

La mayoría de las series temporales, ya sean económicas o no, están relacionadas (a menudo fuertemente relacionadas) con su historia reciente. Por ejemplo, nuestro conocimiento sobre el producto nacional bruto del trimestre pasado nos dice bastante del nivel de PIB que podemos esperar para el trimestre en curso ya que el PIB tiende a permanecer estable de un trimestre a otro. Otra característica importante de los datos de series temporales es la periodicidad con la que se recogen (semanal, mensual, trimestral, etc.) con el hecho adicional de que muchas series temporales semanales, mensuales o trimestrales muestran una característica estacional marcada que puede ser un factor importante en la metodología del análisis de dichas series.

Para el caso de las muestras de IRPF podemos considerar las series temporales que miden la evolución de cada variable del impuesto a lo largo del periodo 1999-2008.

5.1.3 Estructuras de datos. Combinaciones de cortes transversales

Una combinación de cortes transversales o *pool* de datos es una estructura de datos que tiene características tanto de datos de corte transversal como de datos de series temporales. Un *pool* de datos es una fusión de varios cortes transversales de datos recogidos en diferentes momentos del tiempo en la misma población (pero no para los mismos individuos). Por ejemplo, supongamos que se hacen dos encuestas de corte transversal sobre familias en un país, una en 1985 y otra en 1990. En 1985, se hace una encuesta con una muestra aleatoria para obtener variables como el nivel de ingresos, de ahorro, el tamaño de las familias, etc. En 1990, se hace un nuevo muestreo aleatorio de las familias y se emplean las mismas preguntas que en 1985 para hacer la encuesta. Con el objeto de aumentar el tamaño de la muestra, podemos formar un conjunto de datos fusionados de sección cruzada combinando los datos de dos años. La fusión de datos de corte transversal de distintos años a menudo resulta útil para analizar los efectos de nuevas políticas gubernamentales. La idea consiste en recopilar datos de los años anteriores y posteriores a un cambio político clave.

Generalmente, los datos fusionados de sección cruzada se analizan de forma muy parecida a los datos de corte transversal convencionales, excepto que a menudo necesitamos tomar en cuenta diferencias de las variables a lo largo del tiempo. De hecho, además de aumentar el tamaño de la muestra, el objetivo de la fusión de datos de sección cruzada es a menudo observar también cómo una relación clave ha cambiado con el tiempo. No obstante, al combinar secciones cruzadas obtenidas por muestreo aleatorio de la misma población en distintos momentos del tiempo, tendremos una muestra de observaciones distribuidas independientemente pero no idénticamente.

En el caso del IRPF podría formarse un pool de datos uniendo todas las muestras seleccionadas anualmente. Evidentemente las muestras de IRPF seleccionadas aleatoriamente cada año no corresponderán a los mismos individuos.

5.1.4 Estructuras de datos. Datos de panel o longitudinales

Un conjunto de datos de panel, o datos longitudinales, consiste en una serie temporal para cada unidad de una sección cruzada (o conjunto de datos de corte transversal). Un *panel* de datos es una fusión de varios cortes transversales de datos recogidos en diferentes momentos del tiempo (o en distintas unidades geográficas o para distintas empresas, etc.) en la misma población para los mismos individuos.

Como ejemplo, supongamos que tenemos un registro de datos sobre el salario, la educación, y el historial de empleo de un conjunto de individuos seguidos durante un período de diez años. También podríamos recopilar información sobre los datos financieros o de inversión de un mismo conjunto de empresas durante un periodo de cinco años (por lo tanto, los individuos no tienen por qué ser personas). Los datos de panel también pueden recopilarse sobre unidades geográficas. Por ejemplo, podemos recopilar datos sobre flujos de inmigración, nivel de imposición, salarios, gastos del gobierno, etc., en el mismo conjunto de países de la Unión Europea para los años 1990, 1995 y 2000. La característica clave de los datos de panel, que los diferencia de los datos fusionados de sección cruzada, es el hecho de que se recoge información de las mismas unidades de sección cruzada (individuos, empresas, países, etc.) en los distintos momentos del tiempo.

Dado que la recogida de los datos de panel requiere que se repitan las mismas unidades a encuestar a lo largo del tiempo, éstos son más difíciles de obtener que los datos fusionados de sección cruzada, especialmente cuando se trata de datos sobre individuos, unidades familiares o empresas. No obstante, una ventaja de los datos de panel es que, a menudo, nos permiten estudiar la importancia de retardos en el comportamiento o de retardos en la toma de decisiones (paneles dinámicos). Esta información puede ser muy significativa dado que se puede esperar de muchas medidas económicas que no tengan ningún impacto hasta que no pase cierto tiempo desde su puesta en aplicación. En el caso del IRPF se forma un panel siguiendo las declaraciones de los mismos individuos a lo largo del tiempo. No obstante, este concepto, denominado *panel puro*, puede completarse a través de las técnicas de *paneles expandidos*, que precisamente se han utilizado para formar el panel de IRPF del IEF y a los que nos referiremos en profundidad posteriormente.

Pero no debemos olvidar que la característica esencial de un panel es su dimensión temporal, dado que se forma con observaciones sobre gran variedad de individuos tomadas en distintos momentos del tiempo, generalmente años. No obstante, el hecho diferenciador de un panel es que habitualmente *las observaciones provienen de los mismos individuos en los diferentes momentos del tiempo*. Además, cuando la fuente de información que alimenta el panel son registros administrativos no existe prácticamente falta de respuesta, lo que permite formar paneles compactos ideales para los análisis exentos de valores perdidos y datos atípicos sin ser necesaria la aplicación de métodos de imputación de la información faltante. La etapa del análisis exploratorio de datos, previa a cualquier aplicación con datos de panel y decisiva en los resultados, se ve así fuertemente favorecida.

El desarrollo de una base de datos como es la que contiene la información del panel de IRPF con datos cada vez más ricos en cuanto a números de unidades recogidas y características de estas, unido al aumento de la potencia de los recursos informáticos para su tratamiento, hace que últimamente haya proliferado el uso de los modelos de microsimulación con vistas a la estimación de los efectos de las políticas públicas.

5.2 PANELES PUROS Y PANELES EXPANDIDOS

Un panel puro sigue en todo el período temporal a los mismos individuos. Ello provoca problemas de pérdida de representatividad de la muestra a medida que avanza el tiempo, dado que hay individuos que pueden abandonar la muestra por distintos motivos. Se produce de esta forma un desgaste del panel según avanza el tiempo (*attrition*) que puede llegar a invalidarlo.

Este problema suele paliarse tomando la decisión de utilizar paneles "expandidos" en contraposición con la idea más habitual de paneles puros. La razón de esta decisión es que estos últimos no constituyen una fiel representación transversal de la población de la que se extraen porque sobre la misma inciden, a lo largo del tiempo, un flujo de entradas y salidas que, en el caso del panel de IRPF o de cualquier otro impuesto, se materializaría, respectivamente, en los nuevos contribuyentes y en los que dejan de serlo en cada ejercicio. Estadísticamente ello significa que dichos paneles puros no constituirían, cada año, una muestra aleatoria de los contribuyentes del año. Ello tendrá efectos perniciosos en dos vertientes, cuando menos. Por una parte, los estudios transversales realizados sobre el panel exigirían el desarrollo de estimadores estadísticos distintos cada año basado en técnicas de reescalamiento muestral, es decir, de asignación de pesos específicos anuales a cada individuo del panel (factores de elevación). Evidentemente, como es natural, dichos estimadores serán tanto más complejos cuanto menor sea el grado de similitud entre el panel puro y el total de declarantes del ejercicio bajo consideración. En consecuencia, las diferencias entre los estimadores de uno u otro año dependerán del grado o nivel de similitud (Panel/Población de contribuyentes) previamente aludido.

Por otra parte, los paneles puros sobre impuestos tampoco permitirían analizar las peculiaridades específicas de los nuevos contribuyentes ni de los que dejan de serlo en cada ejercicio, ya que, por su propia naturaleza, no podrían contener ninguno de ellos. En este sentido, esta limitación restaría operatividad al panel, máxime si tenemos en cuenta que en los últimos años los nuevos contribuyentes en cualquier impuesto suelen representar en cada ejercicio un porcentaje bastante significativo del total y que, además, por lógica, deberán existir discrepancias significativas entre los nuevos contribuyentes y los antiguos.

El panel "expandido" surge como una vía que trata de eliminar los perniciosos efectos antes aludidos. Permite, sin embargo, llevar a cabo todos los estudios asociados a los paneles puros, ya que contiene uno de ellos como subpanel. Consiste, en esencia, en muestras representativas de contribuyentes que están solapados y que pueden ser extraídos de forma recurrente, una vez seleccionada la primera, mediante la incorporación (o expansión) de una submuestra adicional de los nuevos contribuyentes de cada año, frente a los anteriores, con una afijación o tamaño al de la muestra ya existente frente al total de declarantes antiguos. Obviamente, los nuevos contribuyentes incorporados al panel continuarán siendo observados desde el momento de su incorporación en adelante. Las bajas surgirán, de hecho, como resultado de dicha observación, es decir, aparecerán sobre el panel de manera natural cuando no sean encontrados entre los declarantes del año. De esta forma, se dispondrá de muestras representativas de cada ejercicio en las que tendremos identificados los nuevos declarantes y los antiguos, así como los que han causado baja en un determinado año, constituyendo la parte común de las mismas el ya mencionado panel puro subcontenido en ellas. El panel expandido del IEF aporta los factores de elevación adecuados para realizar las estimaciones transversales cada año con un error acotado.

5.3 COMPARACIÓN ENTRE MUESTRAS ANUALES, COMBINACIONES DE CORTES TRANSVERSALES (POOL DE DATOS) Y PANELES

Siempre que no hay dificultades de selección, como es en el caso de los registros administrativos, suelen utilizarse muestras anuales. Una ***muestra anual*** (o ***corte transversal***) aislada ofrece información muy rica para un momento dado del tiempo. No obstante, carece de dimensión temporal, lo que limita bastante su utilidad. Sin embargo, cuando se dispone de varias muestras obtenidas en diferentes años de modo independiente (denominadas ***combinaciones de cortes transversales*** independientes o ***pool de datos***) la riqueza de los análisis aplicables aumenta exponencialmente.

Al igual que el panel, una combinación de cortes transversales independientes (*pool de datos*) tiene dimensión temporal, dado que se forma con observaciones sobre gran variedad de individuos tomadas en distintos momentos del tiempo, generalmente años. No obstante, el hecho diferenciador de un pool de datos es que *las observaciones no provienen de los mismos individuos en los diferentes momentos del tiempo, pero a cambio la muestra de cada año de pool representa fielmente la población de ese año.*

No obstante, muchos estudios sobre individuos, familias, empresas, etc. se repiten a intervalos regulares, a menudo anuales. Si se extrae una muestra aleatoria en cada período, el combinar los resultados de ellas nos da un pool de datos. Al combinar muestras aleatorias extraídas de la misma población, pero en distintos momentos del tiempo, obtenemos estimadores más precisos y estadísticos de prueba más potentes derivados sobre todo de los elevados tamaños muestrales que se manejan. No obstante, hay que tener presente que es necesario que se mantengan en el tiempo las relaciones entre la variable dependiente y alguna de las independientes en los modelos que se apliquen. Estadísticamente los problemas de un pool de datos pueden derivarse de que la población tal vez tenga distintas distribuciones en diferentes períodos, lo que suele solucionarse mediante la introducción de variables ficticias. A su vez también pueden aparecer problemas de variabilidad no constante en el tiempo o *heteroscedasticidad* (muchos individuos y varios períodos hacen casi imposible el mantenimiento de variabilidades constantes, habitualmente exigidas en la modelización económica), pero estos problemas también son resolubles estadísticamente (tratamiento econométrico del problema de la *heteroscedasticidad*).

Las combinaciones de cortes transversales también son de mucha utilidad para evaluar el impacto de ciertos sucesos o políticas. Generalmente se utilizan cuando se dispone de dos o varios conjuntos de datos de corte trasversal, recopilados antes y después de la ocurrencia de un evento, para determinar el efecto de los resultados económicos de dicho evento. Por ejemplo, para evaluar el impacto de un cambio en el impuesto sobre el tabaco sobre su consumo se pueden obtener dos muestras aleatorias en distintos momentos del tiempo, de modo que en uno de los momentos no se haya producido el cambio impositivo y en el otro sí. La mayoría de las estimaciones de cambio y las estimaciones en ocasiones sucesivas utilizadas en estos casos son factibles razonablemente a partir de un pool de datos.

Sin embargo, el formato panel es, en lo que respecta a la simulación de reformas fiscales, muy superior a un pool de muestras anuales. Dos son los argumentos más potentes que justifican esta afirmación:

i.   El panel permite la evaluación de reformas fiscales desde una perspectiva dinámica. En concreto, permite analizar el impacto de cualquier cambio impositivo en un mismo individuo (o unidad familiar o fiscal) a lo largo del tiempo. Es decir, permite un *análisis estructural de las reformas*. Esta es una cuestión fundamental en lo que a evaluación de reformas fiscales se refiere ya que *los individuos alteran su comportamiento en respuesta a los cambios impositivos*. Y muchos de esos cambios no se producen en el instante posterior a la reforma sino uno o varios períodos después, por lo que la dimensión temporal del panel para introducir la dinámica es esencial.

ii. Los efectos de una reforma se pueden medir de modo más fiable cuando comparamos unidades homogéneas (individuos o unidades familiares o fiscales). Por ejemplo, cuando analizamos el impacto de una reforma sobre la renta neta de los individuos más pobres, comparamos al mismo grupo de individuos. De aquí lo esencial de trabajar con observaciones de los mismos individuos en distintos momentos del tiempo.

Pero tampoco despreciemos las muestras anuales. Una sola muestra anual aislada puede no tener mucha fuerza, pero cuando se va construyendo un pool de muestras anuales sucesivas, la riqueza para el análisis aumenta exponencialmente e incluso permite contrastar los resultados obtenidos mediante análisis de panel.

No olvidemos que las técnicas econométricas sobre panel no son fáciles de implementar, mientras que sobre pool de datos no hay tantas dificultades. Lo evidente es que, en el caso del IRPF, como se dispone de registros administrativos, el muestreo estratificado con criterios geográficos y algún otro tipo adicional de criterio (tramos de renta o fuentes de renta) es sencillo de realizar. Ello lleva a que sea muy adecuado disponer, tanto de sucesivas muestras anuales, como de un panel.

5.4 MODELOS ECONOMÉTRICOS CON DATOS DE PANEL

La doble dimensionalidad de un panel nos lleva a considerar el modelo de regresión con datos de panel como un conjunto de modelos para cada valor de la variable temporal. Notar que lo que aquí llamamos variable temporal puede ser cualquier otra variable que clasifique los individuos en diferentes grupos significativos, por ejemplo, regiones geográficas, empresas, etc. No obstante, por simplicidad seguiremos refiriéndonos a esta segunda dimensión del panel como dimensión temporal.

Consideremos que partimos del modelo de regresión que tiene como variable dependiente la variable y como variables independientes $x_1, x_2, ..., x_k$ dado por la ecuación:

$$y = \beta_0 + \beta_1 x_1 + \beta_2 x_2 + ... + \beta_k x_k + u$$

Dado un conjunto de N observaciones para cada una de las variables endógena y exógenas, podemos escribir el modelo como sigue:

$$y_i = \beta_0 + \beta_1 x_{1i} + \beta_2 x_{2i} + ... + \beta_k x_{ki} + u_i \quad i = 1..., N$$

Considérese ahora el modelo anterior para cada unidad temporal t donde $t = 1, 2, 3,... T$. Este modelo, denominado modelo de datos de panel, puede escribirse de la forma siguiente:

$$y_{it} = \beta_0 + \beta_1 x_{1it} + \beta_2 x_{2it} + ... + \beta_k x_{kit} + u_{it}$$

o en notación cerrada:

$$y_{it} = \beta_0 + \sum_{j=1}^{k} \beta_j x_{jit} + u_{it}$$

donde $i = 1,...$ N observaciones muestrales y $t = 1,...,T$ instantes temporales.

Se tiene que u_{it} son los términos de error en cada instante temporal. Tenemos que $\beta_0, \beta_1, \beta_2, ...,\beta_k$ son los parámetros que se quieren estimar.

5.5 MODELOS DE PANEL CON COEFICIENTES CONSTANTES

Si queremos considerar un modelo de datos de panel como un modelo de regresión habitual con NxT observaciones, hemos de exigir las siguientes condiciones típicas para todo modelo de regresión:

$$E[u_{it}] = 0 \text{ para todo } t \text{ o instante temporal.}$$

$$Var[u_{it}] = \sigma^2 \text{ para todo instante temporal } t \text{ (homoscedasticidad)}$$

$$Cov[u_{it}, u_{is}] = 0 \text{ para toda observación } i \neq j \text{ y para todo instante temporal } t \neq s \text{ (no autocorrelación)}$$

$$Cov[u_{it}, X_{kit}] = 0 \text{ para todo } i \text{ y } t \text{ (exogeneidad)}$$

u_{it} sigue una distribución normal con media 0 y $Var[u_{it}] = \sigma^2$

La estimación de este modelo de datos de panel como un modelo de regresión habitual mediante mínimos cuadrados ordinarios nos lleva a obtener estimadores de los coeficientes que son los mismos para cada uno de los instantes temporales en la muestra. En este caso hemos de vigilar especialmente los problemas de heteroscedasticidad (típicos cuando se dispone de un conjunto de datos grande para la estimación del modelo) y de autocorrelación (típicos cuando se dispone de series temporales largas). Tampoco debemos de olvidarnos de la normalidad residual (más difícil de cumplir al tener más observacones) y de la no multicolinealidad. No es habitual que los modelos de datos de panel se traten como modelos de coeficientes constantes).

5.6 MODELOS DE PANEL DE EFECTOS FIJOS

Consideremos el modelo de datos panel general siguiente:

$$y_{it} = \beta_0 + \sum_{j=1}^{k} \beta_j x_{jit} + u_{it}$$

donde $i = 1,...,N$ observaciones muestrales y $t = 1,...,T$ instantes temporales.

Vamos a suponer que los residuos de este modelo pueden descomponerse en una componente α_i relativa a las observaciones muestrales o individuos independiente del tiempo, una componente ϕ_t relativa a los instantes temporales del panel independiente de los individuos y una componente ε_{it} relativa a la variación entre individuos y a través de los instantes temporales. Podemos escribir entonces el modelo de panel de la siguiente forma:

$$y_{it} = \beta_0 + \sum_{j=1}^{k} \beta_j x_{jit} + \alpha_i + \phi_t + \varepsilon_{it}$$

Cuando hay muchas observaciones muestrales (individuos) y pocos instantes temporales (regiones geográficas, empresas, etc.) se capta la variación en la muestra debida a los instantes temporales introduciendo T-1 variables dicotómicas d_t asociados a cada uno de los instantes temporales (menos uno que se toma como referencia para evitar la multicolinealidad). La variable d_1 toma el valor de 1 en el caso de que la observación se refiera al instante temporal 1 y toma el valor 0 para el resto de unidades temporales. Similarmente, cuando hay pocas observaciones muestrales y muchos instantes temporales, se captan las diferencias a través de los diferentes individuos de la muestra incluyendo N-1 variables dicotómicas e_i asociados a cada una de los individuos muestrales (menos uno que se toma como referencia para evitar la multicolinealidad). Estas variables toman el valor de 1 para un individuo dado y 0 para el resto.

El modelo de datos de panel será ahora el siguiente:

$$y_{it} = \beta_0 + \sum_{j=1}^{k} \beta_j x_{jit} + \alpha_i + \phi_t + \varepsilon_{it}$$

con:

$$\alpha_i = \sum_{k=1}^{N-1} p_k e_k \quad \text{y} \quad \phi_t = \sum_{k=1}^{T-1} q_k d_k$$

En el caso de los datos de panel con efectos fijos, el modelo final a estimar por Mínimos Cuadrados Ordinarios (MCO) es el siguiente:

$$y_{it} = \beta_0 + p_1 e_1 + p_2 e_2 + \ldots + p_{N-1} e_{N-1} + q_1 d_1 + q_2 d_2 + \ldots + q_{T-1} d_{T-1} + \sum_{j=1}^{k} \beta_j x_{jit} + \varepsilon_{it}$$

Los parámetros p_i estimarán los efectos fijos relativos a los individuos u observaciones muestrales y los parámetros q_t estimarán los efectos fijos relativos a cada instante temporal considerado en el panel. El modelo puede presentar uno sólo de los efectos individuo o tiempo (FIXONE) o ambos efectos (FIXTWO). Los parámetros β_j estiman los coeficientes de las variables del modelo que son comunes a los individuos y a los instantes temporales.

5.7 MODELOS DE PANEL DE EFECTOS ALEATORIOS

En el modelo de efectos aleatorios los α_i y/o los ϕ_t, varían de manera aleatoria a través de los individuos y en el tiempo. El modelo ya no tiene componentes deterministas. Su ecuación sigue siendo:

$$y_{it} = \beta_0 + \sum_{j=1}^{k} \beta_j x_{jit} + u_{it} = \beta_0 + \sum_{j=1}^{k} \beta_j x_{jit} + \alpha_i + \phi_t + \varepsilon_{it}$$

pero ahora, el error u_{it} tiene un componente individual aleatorio α_i que es invariable a través de los instantes temporales y que caracteriza a cada uno de los individuos. Esta componente se denomina *componente "entre grupos"*.

A su vez, el error u_{it} tiene un componente temporal aleatorio ϕ_t que es invariable a través de los individuos y que caracteriza a cada uno de los instantes temporales. Esta componente se denomina *componente "intragrupos"*.

Por último, el error u_{it} también tiene un componente ε_{it} que es aleatorio a través de los individuos y a través del tiempo.

En el modelo de efectos aleatorios todos los componentes del error α_i, ϕ_t, ε_{it} son aleatorios con *distribución normal de media nula. Además, no están correlacionados consigo mismo ($E(\alpha_i \alpha_j) = 0$, $E(\phi_t \phi_s) = 0$ para todo individuo $i \neq j$, y para todo instante temporal $t \neq s$), tienen varianza constante (homocedasticidad) y cumplen la hipótesis de exogeneidad $Corr(\varepsilon_{it}, \alpha_j) = 0$ para todo individuo $i \neq j$, y para todo instante temporal $t \neq s$.*

También se cumple

$$Cov[\alpha_i, \alpha_j] = 0; Cov[\phi_t, \phi_s] = 0; Cov[\varepsilon_{it}, \varepsilon_{js}] = 0,$$

$$Cov[u_{it}, u_{jt}] = \sigma_\phi^2 \text{ y } Cov[u_{it}, u_{is}] = \sigma_\alpha^2$$

La varianza total del error será:

$$Var[u_{it}] = Var[\alpha_i] + Var[\phi_t] + Var[\varepsilon_{it}] = \sigma_\alpha^2 + \sigma_\phi^2 + \sigma_\varepsilon^2$$

El modelo de datos de panel con efectos aleatorios se estima mediante el método de mínimos cuadrados generalizados MCG.

5.8 MODELOS DINÁMICOS CON DATOS DE PANEL

Los modelos con datos de panel también pueden tener variables retardadas y los retardos pueden aparecer tanto en la variable dependiente como en las independientes, aunque lo más habitual es que los retardos aparezcan en la variable dependiente. Un modelo dinámico de datos de panel con un retardo temporal en la variable dependiente tendría la siguiente expresión:

$$y_{it} = \beta_0 + \gamma y_{i,t-1} + \sum_{j=1}^{k} \beta_j x_{jit} + u_{it}$$

Para estimar este tipo de modelos suelen utilizarse variables instrumentales buscando sustituir la variable endógena retardada yi,t-1 por un instrumento suyo y*i,t-1 que esté muy correlacionado con yi,t-1 e incorrelado con el error. El nuevo modelo a estimar será:

$$y_{it} = \beta_0 + \gamma y^*_{i,t-1} + \sum_{j=1}^{k} \beta_j x_{jit} + u_{it}$$

En este caso pueden utilizarse Mínimos Cuadrados Ordinarios para la estimación, pero es difícil encontrar un instrumento adecuado. Existe mucha literatura sobre la disponibilidad de instrumentos para las variables económicas y de otra naturaleza más utilizadas en la práctica en los modelos de panel aplicados. Hay que vigilar especialmente los problemas de multicolinealidad y autocorrelación a la hora de estimar este tipo de paneles con variables instrumentales (una variable y un retado suyo es lógico que estén correlacionados y que puedan depender linealmente). Tampoco debemos de olvidarnos de los problemas de heteroscedasticidad, sobre toda cuando las muestras son muy grandes (este problema sucede habitualmente en datos micro). También existen métodos especiales alternativos para estimar determinados paneles con estructura dinámica. La metodología de Arellano y Bond aporta soluciones para la estimación de modelos de datos de panel dinámicos.

5.9 MODELOS LOGIT Y PROBIT CON DATOS DE PANEL

Dado el *modelo lineal general*:

$$P_i = F(x_i\beta) + u_i$$

que tiene como variable dependiente una probabilidad, si se elige la función F como la función de distribución de una Normal(0,1) con la finalidad de que los valores de P_i caigan siempre en el intervalo [0,1], obtenemos el denominado *modelo Probit*, cuyos parámetros β admiten estimación por máxima verosimilitud.

No olvidemos que:

$$F(x_i\beta) = (2\pi)^{-1/2} \int_{-\infty}^{x_i\beta} e^{-\frac{t^2}{2}} dt$$

En el caso de que $F(x_i\beta) = \dfrac{e^{x_i\beta}}{1 + e^{x_i\beta}}$ estaríamos ante el *modelo Logit*.

Los modelos Logit y Probit pueden dotarse de estructura de panel introduciendo un nuevo índice de variación temporal.

El modelo Logit de datos de panel puede escribirse como sigue:

$$y_{it} = \frac{e^{x_{it}\beta}}{1 + e^{x_{it}\beta}} + v_i = F(x_{it}\beta + v_i)$$

La estimación de los parámetros del modelo por máxima verosimilitud nos lleva a maximizar la función:

$$g(x_{it}, v_i) = \frac{e^{-v_i^2/2\sigma_v^2}}{\sqrt{2\pi}\sigma_v} \left\{ \prod F(x_{it}\beta + v_i) \right\}$$

De esta forma se obtiene la estimación por máxima verosimilitud de los parámetros de un modelo Logit.

De forma similar, el modelo Probit de datos de panel puede escribirse como sigue:

$$y_{it} = (2\pi)^{-1/2} \int_{-\infty}^{x_{it}\beta} e^{-\frac{p^2}{2}} dp + v_i = F(x_{it}\beta + v_i)$$

La estimación de los parámetros del modelo por máxima verosimilitud nos lleva a maximizar la función:

$$g(x_{it}, v_i) = \frac{e^{-v_i^2/2\sigma_v^2}}{\sqrt{2\pi}\sigma_v} \left\{ \prod F(x_{it}\beta + v_i) \right\}$$

De esta forma se obtiene la estimación por máxima verosimilitud de los parámetros de un modelo Probit.

Un camino similar puede seguirse para definir *modelos de datos de panel con distribución de Poisson* y *modelos de datos de panel con distribución binomial negativa*.

5.10 RAÍCES UNITARIAS Y COINTEGRACIÓN CON DATOS DE PANEL

Los contrastes de raíces unitarias con datos de panel son similares a los contrastes de raíces unitarias efectuados sobre una serie individual. Se parte de la siguiente ecuación:

$$y_{it} = \rho_i y_{it-1} + z_{it}^{'} + \varepsilon_{it}$$

Se pueden hacer dos supuestos sobre ρ_i. El primero $\rho_i = \rho$ $i = 1, 2, ..., N$, hipótesis utilizada en los tests de raíces unitarias de Levin, Lin y Chu (tests LLC), Breitung y Hadri. El segundo supuesto permite que ρ_i varíe libremente en los cortes transversales, hipótesis utilizada en los test de Im, Pesaran y Sim (IPS), en los test Fisher-ADF y Fisher-PP propuestos por Maddala y Wu y el test de Choi.

Los test Fisher-ADF y Fisher-PP propuestos por Maddala y Wu para contrastar la existencia de raíces unitarias en datos de panel, combinan los p-valores de los test de raíces unitarias individuales. Si definimos π_i como el p-valor del test de raíces unitarias de corte transversal i-ésimo, entonces, bajo la hipótesis nula de que hay una raíz unitaria en todos los N cortes transversales, se verifica:

$$-2\sum \log(\pi_i) \to \aleph_{2N}^2$$

Adicionalmente Choi demuestra que:

$$Z = \frac{1}{\sqrt{N}} \sum \Phi^{-1}(\pi_i) \to N(0,1)$$

El contraste más sencillo de cointegración en el panel es comprobar, mediante un contraste de raíces unitarias de panel, que los residuos del modelo de panel están exentos de raíces unitarias. Existen otros contrastes formales de cointegración en paneles como el contraste de Engel y Granger, el contraste de Kao y Pedroni y el contraste de McKoskey y Kao.

5.11 STATA Y LOS MODELOS CON DATOS DE PANEL

STATA dispone del comando *xtreg* que permite estimar modelos con datos de panel de efectos fijos y aleatorios. Su sintaxis es la siguiente:

Modelo de efectos aleatorios

xtreg variable_dependiente variables independientes, re-opciones

Las opciones más importantes son *i(variable)* para indicar la variable ID del panel, *sa* para utilizar el estimador de compoenntes de la varianza de Swamy-Arora, *vce(tipo)* para indicar el tipo de estimación robusta (*robust*), *bootstrap* o *jackknife*, *cluster* para ajustar errores estándar para correlaciones intragrupo y *level(n)* para el nivel de confianza *n*.

Modelo estimado mediante el estimador de regresión entre

xtreg variable_dependiente variables independientes, be opciones

Las opciones más importantes son *i(variable)* para indicar la variable ID del panel, *wls* para utilizar el estimador de mínimos cuadrados ponderados, *vce(tipo)* para indicar el tipo de estimación *bootstrap* o *jackknife* y *level(n)* para el nivel de confianza *n*.

Modelo de efectos fijos

xtreg variable_dependiente variables independientes, fe opciones

Las opciones más importantes son *i(variable)* para indicar la variable ID del panel, *vce(tipo)* para indicar el tipo de estimación robusta (*robust*), *bootstrap* o *jackknife*, *cluster* para ajustar errores estándar para correlaciones intragrupo y *level(n)* para el nivel de confianza *n*.

Modelo de efectos aleatorios por máxima verosimilitud

xtreg variable_dependiente variables independientes, mle opciones

Las opciones más importantes son *i(variable)* para indicar la variable ID del panel, *noconstant* para suprimir el término constante del modelo, *vce(tipo)* para indicar el tipo de estimación *bootstrap* o *jackknife* y *level(n)* para el nivel de confianza *n*.

Modelo en media de la población

xtreg variable_dependiente variables independientes, pa opciones

Las opciones más importantes son *i(variable)* para indicar la variable ID del panel, *noconstant* para suprimir el término constante del modelo, *offset(variable)* para incluir la variable en el modelo con coeficiente restringido a la unidad, *vce(tipo)* para indicar el tipo de estimación *bootstrap* o *jackknife* y *level(n)* para el nivel de confianza *n, corr(correlaciones)* para una estructura de correlaciones en grupos dada, forcé para obtener estimaciones cuando las observaciones están desigualmente espaciadas en el tiempo, *mnp* para utilizar como divisor de la media N-P, *rgf* multiplica la varianza robusta estimada por (N-1)/(N-P), *scale(x2)* usa como parámetro de escala el estadístico chi-cuadrado de Pearson, *scale(dev)* usa como parámetro de escala la desvianza entre los grados de libertad, *scale(phi)* no resécala la varianza, *scale(n)* usa *n* como parámetro de escala.

En primer lugar, se presenta un ejemplo utilizando el estimador de regresión entre.

```
. use http://www.stata-press.com/data/r9/nlswork
(National Longitudinal Survey.  Young Women 14-26 years of age in 1968)

. generate age2 = age^2
(24 missing values generated)

. generate ttl_exp2 = ttl_exp^2

. generate tenure2 = tenure^2
(433 missing values generated)

. generate byte black = race==2

. xtreg ln_w grade age* ttl_exp* tenure* black not_smsa south, i(idcode) be

Between regression (regression on group means)   Number of obs    =     28091
Group variable (i): idcode                        Number of groups =      4697

R-sq:  within  = 0.1591                            Obs per group: min =        1
       between = 0.4900                                           avg =      6.0
       overall = 0.3695                                           max =       15

                                                  F(10,4686)       =    450.23
sd(u_i + avg(e_i.))=  .3036114                     Prob > F         =    0.0000

------------------------------------------------------------------------------
    ln_wage |     Coef.   Std. Err.      t    P>|t|    [95% Conf. Interval]
------------+-----------------------------------------------------------------
      grade |   .0607602   .0020006    30.37   0.000    .0568382    .0646822
        age |   .0323158   .0087251     3.70   0.000    .0152105    .0494211
       age2 |  -.0005997   .0001429    -4.20   0.000   -.0008799   -.0003194
    ttl_exp |   .0138853   .0056749     2.45   0.014    .0027598    .0250108
   ttl_exp2 |   .0007342   .0003267     2.25   0.025    .0000936    .0013747
     tenure |   .0698419   .0060729    11.50   0.000    .0579361    .0817476
    tenure2 |  -.0028756   .0004098    -7.02   0.000   -.0036789   -.0020722
      black |  -.0564167   .0105131    -5.37   0.000   -.0770272   -.0358061
   not_smsa |  -.1860406   .0112495   -16.54   0.000   -.2080949   -.1639862
      south |  -.0993378    .010136    -9.80   0.000   -.1192091   -.0794665
      _cons |   .3339113   .1210434     2.76   0.006    .0966093    .5712133
------------------------------------------------------------------------------
```

A continuación, se estima el mismo modelo utilizando efectos fijos.

```
. xtreg ln_w grade age* ttl_exp* tenure* black not_smsa south, i(idcode) fe

Fixed-effects (within) regression              Number of obs      =      28091
Group variable (i): idcode                     Number of groups   =       4697

R-sq:  within  = 0.1727                         Obs per group: min =          1
       between = 0.3505                                        avg =        6.0
       overall = 0.2625                                        max =         15

                                                F(8,23386)         =     610.12
corr(u_i, Xb)  = 0.1936                         Prob > F           =     0.0000
```

ln_wage	Coef.	Std. Err.	t	P>|t|	[95% Conf. Interval]	
grade	(dropped)					
age	.0359987	.0033864	10.63	0.000	.0293611	.0426362
age2	-.000723	.0000533	-13.58	0.000	-.0008274	-.0006186
ttl_exp	.0334668	.0029653	11.29	0.000	.0276545	.039279
ttl_exp2	.0002163	.0001277	1.69	0.090	-.0000341	.0004666
tenure	.0357539	.0018487	19.34	0.000	.0321303	.0393775
tenure2	-.0019701	.000125	-15.76	0.000	-.0022151	-.0017251
black	(dropped)					
not_smsa	-.0890108	.0095316	-9.34	0.000	-.1076933	-.0703282
south	-.0606309	.0109319	-5.55	0.000	-.0820582	-.0392036
_cons	1.03732	.0485546	21.36	0.000	.9421496	1.13249

```
      sigma_u | .35562203
      sigma_e | .29068923
          rho | .59946283   (fraction of variance due to u_i)
-----------------------------------------------------------------------------
F test that all u_i=0:       F(4696, 23386) =       5.13       Prob > F = 0.0000
```

Supongamos ahora que en el modelo anterior hay heteroscedasticidad. La estimación se realizará con la opción *robust* como sigue:

```
. xtreg ln_w grade age* ttl_exp* tenure* black not_smsa south, i(idcode) fe
robust

Fixed-effects (within) regression              Number of obs      =      28091
Group variable (i): idcode                     Number of groups   =       4697

R-sq:  within  = 0.1727                         Obs per group: min =          1
       between = 0.3505                                        avg =        6.0
       overall = 0.2625                                        max =         15

                                                F(8,23386)         =     553.03
corr(u_i, Xb)  = 0.1936                         Prob > F           =     0.0000
```

ln_wage	Coef.	Robust Std. Err.	t	P>|t|	[95% Conf. Interval]	
grade	(dropped)					
age	.0359987	.0039755	9.06	0.000	.0282064	.0437909
age2	-.000723	.0000634	-11.40	0.000	-.0008473	-.0005987
ttl_exp	.0334668	.003215	10.41	0.000	.0271652	.0397684
ttl_exp2	.0002163	.000141	1.53	0.125	-.0000601	.0004926
tenure	.0357539	.0019756	18.10	0.000	.0318817	.0396261
tenure2	-.0019701	.0001362	-14.47	0.000	-.002237	-.0017032
black	(dropped)					
not_smsa	-.0890108	.0113004	-7.88	0.000	-.1111603	-.0668613
south	-.0606309	.013096	-4.63	0.000	-.0863	-.0349618
_cons	1.03732	.0564117	18.39	0.000	.9267494	1.14789

```
-------------+----------------------------------------------------------------
     sigma_u |  .35562203
     sigma_e |  .29069923
         rho |  .59946283   (fraction of variance due to u_i)
-------------------------------------------------------------------------------
```

A continuación, se estima el modelo utilizando efectos aleatorios.

```
. xtreg ln_w grade age* ttl_exp* tenure* black not_smsa south, i(idcode) re

Random-effects GLS regression              Number of obs      =      28091
Group variable (i): idcode                 Number of groups   =       4697

R-sq:  within  = 0.1715                     Obs per group: min =          1
       between = 0.4784                                    avg =        6.0
       overall = 0.3708                                    max =         15

Random effects u_i ~ Gaussian              Wald chi2(10)      =    9244.87
corr(u_i, X)       = 0 (assumed)           Prob > chi2        =     0.0000

-------------+----------------------------------------------------------------
     ln_wage |      Coef.   Std. Err.      z    P>|z|     [95% Conf. Interval]
-------------+----------------------------------------------------------------
       grade |   .0646499   .0017811    36.30   0.000     .0611589    .0681408
         age |   .036806    .0031195    11.80   0.000     .0306918    .0429201
        age2 |  -.0007133      .00005   -14.27   0.000    -.0008113   -.0006153
     ttl_exp |   .0290207   .0024219    11.98   0.000     .0242737    .0337676
    ttl_exp2 |   .0003049   .0001162     2.62   0.009      .000077    .0005327
      tenure |    .039252   .0017555    22.36   0.000     .0358114    .0426927
     tenure2 |  -.0020035   .0001193   -16.80   0.000    -.0022373   -.0017697
       black |  -.0530532   .0099924    -5.31   0.000    -.0726379   -.0334685
    not_smsa |  -.1308263   .0071751   -18.23   0.000    -.1448891   -.1167634
       south |  -.0868927   .0073031   -11.90   0.000    -.1012066   -.0725788
       _cons |   .2387209   .0494688     4.83   0.000     .1417639     .335678
-------------+----------------------------------------------------------------
     sigma_u |  .25790313
     sigma_e |  .29069544
         rho |  .44043812   (fraction of variance due to u_i)
-------------------------------------------------------------------------------
```

A continuación, se estima el modelo utilizando efectos aleatorios y el estimador de máxima verosimilitud.

```
. xtreg ln_w grade age* ttl_exp* tenure* black not_smsa south, mle i(idcode)

Fitting constant-only model:
Iteration 0:   log likelihood = -13690.161
Iteration 1:   log likelihood = -12819.317
Iteration 2:   log likelihood = -12662.039
Iteration 3:   log likelihood = -12649.744
Iteration 4:   log likelihood = -12649.614

Fitting full model:
Iteration 0:   log likelihood =  -8922.145
Iteration 1:   log likelihood =  -8853.6409
Iteration 2:   log likelihood =  -8853.4255
Iteration 3:   log likelihood =  -8853.4254

Random-effects ML regression               Number of obs      =      28091
Group variable (i): idcode                 Number of groups   =       4697
```

```
Random effects u_i ~ Gaussian                 Obs per group: min =          1
                                                             avg =        6.0
                                                             max =         15

                                              LR chi2(10)       =     7592.38
Log likelihood  = -8853.4254                  Prob > chi2       =      0.0000
-------------------------------------------------------------------------------
    ln_wage |     Coef.    Std. Err.       z     P>|z|    [95% Conf. Interval]
------------+------------------------------------------------------------------
      grade |   .0646093    .0017372     37.19   0.000     .0612044     .0680142
        age |   .0368531    .0031226     11.80   0.000      .030733     .0429732
       age2 |  -.0007132    .0000501    -14.24   0.000    -.0008113     -.000615
    ttl_exp |   .0288196    .0024143     11.94   0.000     .0240877     .0335515
   ttl_exp2 |    .000309    .0001163      2.66   0.008     .0000811     .0005369
     tenure |   .0394371    .0017604     22.40   0.000     .0359868     .0428875
    tenure2 |  -.0020052    .0001195    -16.77   0.000    -.0022395    -.0017709
      black |  -.0533394    .0097338     -5.48   0.000    -.0724172    -.0342615
   not_smsa |  -.1323433    .0071322    -18.56   0.000    -.1463221    -.1183644
      south |  -.0875599    .0072143    -12.14   0.000    -.1016998    -.0734201
      _cons |   .2390837    .0491902      4.86   0.000     .1426727     .3354947
------------+------------------------------------------------------------------
    /sigma_u |   .2485556    .0035017                       .2417863     .2555144
    /sigma_e |   .2918458     .001352                        .289208     .2945076
        rho |   .4204033    .0074828                       .4057959     .4351212
-------------------------------------------------------------------------------
Likelihood-ratio test of sigma_u=0: chibar2(01)= 7339.84 Prob>=chibar2 = 0.000
```

Por último, se estima el modelo utilizando el estimador en media poblacional.

```
. xtreg ln_w grade age* ttl_exp* tenure* black not_smsa south,  i(idcode) pa

Iteration 1: tolerance = .0310561
Iteration 2: tolerance = .00074898
Iteration 3: tolerance = .0000147
Iteration 4: tolerance = 2.880e-07

GEE population-averaged model              Number of obs      =       28091
Group variable:                    idcode  Number of groups   =        4697
Link:                            identity   Obs per group: min =           1
Family:                          Gaussian                 avg =         6.0
Correlation:                  exchangeable                 max =          15
                                           Wald chi2(10)      =     9598.89
Scale parameter:                 .1436709  Prob > chi2        =      0.0000

-------------------------------------------------------------------------------
    ln_wage |     Coef.    Std. Err.       z     P>|z|    [95% Conf. Interval]
------------+------------------------------------------------------------------
      grade |   .0645427    .0016829     38.35   0.000     .0612442     .0678412
        age |    .036932    .0031509     11.72   0.000     .0307564     .0431076
       age2 |  -.0007129    .0000506    -14.10   0.000    -.0008121    -.0006138
    ttl_exp |   .0284878    .0024169     11.79   0.000     .0237508     .0332248
   ttl_exp2 |   .0003158    .0001172      2.69   0.007      .000086     .0005456
     tenure |   .0397468    .0017779     22.36   0.000     .0362621     .0432315
    tenure2 |   -.002008    .0001209    -16.61   0.000    -.0022449    -.0017711
      black |  -.0538314    .0094086     -5.72   0.000     -.072272    -.0353909
   not_smsa |  -.1347788    .0070543    -19.11   0.000    -.1486049    -.1209526
      south |  -.0885969    .0071132    -12.46   0.000    -.1025386    -.0746552
      _cons |   .2396286    .0491465      4.88   0.000     .1433034     .3359539
-------------------------------------------------------------------------------
```

La sentencia *xtgls* ajusta **modelos de datos de panel utilizando mínimos cuadrados generalizados factibles (GLS)**. La sintaxis es similar al caso de *xtreg*, pero las opciones más importantes cambian.

La opción *i(variable)* identifica la variable ID del panel, *t(variable)* identifica la variable tiempo del panel, *noconstant* suprime el término constante, *panels(iid)* usa estructura de error i.i.d., *panels(heteroskedastic)* ajusta el panel con heteroscedasticidad y sin autocorrelación, *panels(correlated)* ajusta el panel en presencia de heteroscedasticidad y autocorrelación, *corr(independent)* utiliza estructura de autocorrelación independiente, *corr(ar1)* utiliza estructura de autocorrelación AR(1), *corr(psar1)* usa un panel específico con estructura de autocorrelación AR(1), *igls* utiliza el estimador GLS iterado en vez del estimador en dos pasos, *force* realiza la estimación cuando las observaciones están desigualmente espaciadas en el tiempo, *nmk* normaliza errores estándar por N-K en vez de N y *level(n)* sitúa un nivel de confianza *n*.

Como primer ejemplo estimamos un modelo de panel en presencia de heteroscedasticidad.

```
. use http://www.stata-press.com/data/r9/invest2

. xtgls invest market stock, i(company) panels(hetero)

Cross-sectional time-series FGLS regression

Coefficients:  generalized least squares
Panels:        heteroskedastic
Correlation:   no autocorrelation

Estimated covariances      =        5      Number of obs      =       100
Estimated autocorrelations =        0      Number of groups   =         5
Estimated coefficients     =        3      Time periods       =        20
                                           Wald chi2(2)       =    865.38
Log likelihood             = -570.1305     Prob > chi2        =    0.0000

------------------------------------------------------------------------------
      invest |      Coef.   Std. Err.      z    P>|z|     [95% Conf. Interval]
-------------+----------------------------------------------------------------
      market |   .0949905   .007409     12.82   0.000     .0804692    .1095118
       stock |   .3378129   .0302254    11.18   0.000     .2785722    .3970535
       _cons |   -36.2537   6.124363    -5.92   0.000    -48.25723   -24.25017
------------------------------------------------------------------------------
```

A continuación, se estima el panel en presencia de heteroscedasticidad y autocorrelación.

```
. xtgls invest market stock, i(company) t(time) panels(correlated)

Cross-sectional time-series FGLS regression

Coefficients:  generalized least squares
Panels:        heteroskedastic with cross-sectional correlation
Correlation:   no autocorrelation
```

```
Estimated covariances         =           15     Number of obs      =          100
Estimated autocorrelations =               0     Number of groups   =            5
Estimated coefficients        =            3     Time periods       =           20
                                                 Wald chi2(2)       =      1285.19
Log likelihood                  = -537.8045      Prob > chi2        =       0.0000

------------------------------------------------------------------------------
     invest |      Coef.   Std. Err.       z    P>|z|     [95% Conf. Interval]
------------+-----------------------------------------------------------------
     market |   .0961894   .0054752      17.57   0.000     .0854583    .1069206
      stock |   .3095321   .0179851      17.21   0.000     .2742819    .3447822
      _cons |  -38.36128   5.344871      -7.18   0.000    -48.83703   -27.88552
------------------------------------------------------------------------------
```

A continuación se estima el modelo en presencia de heteroscedasticidad y suponiendo que en cada grupo los errores siguen un proceso AR(1)

```
. xtgls invest market stock, i(company) t(time) panels(hetero) corr(ar1)

Cross-sectional time-series FGLS regression

Coefficients:   generalized least squares
Panels:         heteroskedastic
Correlation:    common AR(1) coefficient for all panels   (0.8651)

Estimated covariances         =            5     Number of obs      =          100
Estimated autocorrelations =               1     Number of groups   =            5
Estimated coefficients        =            3     Time periods       =           20
                                                 Wald chi2(2)       =       119.69
Log likelihood                  = -506.0909      Prob > chi2        =       0.0000

------------------------------------------------------------------------------
     invest |      Coef.   Std. Err.       z    P>|z|     [95% Conf. Interval]
------------+-----------------------------------------------------------------
     market |   .0744315   .0097937       7.60   0.000     .0552362    .0936268
      stock |   .2874294   .0475391       6.05   0.000     .1942545    .3806043
      _cons |  -18.96238   17.64943      -1.07   0.283    -53.55464    15.62987
------------------------------------------------------------------------------
```

En todos los ajustes de panel realizados hasta ahora se observa la buena significatividad individual de los parámetros en todos los ajustes (p-valores muy pequeños) y también una buena significatividad conjunta (el test de Wald tiene un p-valor muy pequeño).

La sentencia *xtivreg* ajusta **modelos de datos de panel con variables instrumentales usando mínimos cuadrados en dos etapas**. La sintaxis es similar al caso de *xtreg*. Para modelos de efectos aleatorios pueden utilizarse las opciones adicionales *ec2sls* para utilizar efectos aleatorios EC2SLS de Batagi's y *nosa* para usar el estimador de las componentes de la varianza de Batagi's.

A continuación, estimamos un modelo de panel de efectos fijos en el que se explica el logaritmo del salario *ln_w* en función de la edad *age* y del posicionamiento en el trabajo (*tenure*) usando como instrumentos el cuadrado de la edad *age2*, la variable *not_smas* y las variables *union* y *south* para *tenure*. La sintaxis sería la siguiente:

```
. use http://www.stata-press.com/data/r9/nlswork
(National Longitudinal Survey.  Young Women 14-26 years of age in 1968)

. generate age2 = age^2
(24 missing values generated)

. xtivreg ln_w age*| not_smsa (tenure = union south), fe i(idcode)

Fixed-effects (within) IV regression      Number of obs     =        19007
Group variable: idcode                    Number of groups  =         4134

R-sq:  within  =      .                   Obs per group: min =            1
       between = 0.1304                                  avg =          4.6
       overall = 0.0897                                  max =           12

                                          Wald chi2(4)      =    147926.58
corr(u_i, Xb)  = -0.6843                   Prob > chi2       =       0.0000

------------------------------------------------------------------------------
     ln_wage |      Coef.   Std. Err.      z    P>|z|     [95% Conf. Interval]
-------------+----------------------------------------------------------------
      tenure |   .2403531   .0373419     6.44   0.000     .1671648    .3135419
         age |   .0118437   .0090032     1.32   0.188    -.0058023    .0294897
        age2 |  -.0012145   .0001968    -6.17   0.000    -.0016003   -.0008286
    not_smsa |  -.0167178   .0339236    -0.49   0.622    -.0832069    .0497713
       _cons |   1.678287   .1626657    10.32   0.000     1.359468    1.997106
-------------+----------------------------------------------------------------
     sigma_u |  .70661941
     sigma_e |  .63029359
         rho |  .55690561   (fraction of variance due to u_i)
------------------------------------------------------------------------------
F test that all u_i=0:     F(4133,14869) =      1.44       Prob > F    = 0.0000
------------------------------------------------------------------------------
Instrumented:   tenure
Instruments:    age age2 not_smsa union south
```

La sentencia *xtregar* ajusta **modelos de datos de panel de efectos fijos y aleatorios con perturbación AR(1)**. La sintaxis es similar al caso de *xtreg*. A continuación, se presenta un ejemplo.

```
. use http://www.stata-press.com/data/r9/grunfeld, clear

. tsset
        panel variable:  company, 1 to 10
         time variable:  year, 1935 to 1954

. xtregar invest mvalue kstock, fe

FE (within) regression with AR(1) disturbances  Number of obs     =        190
Group variable (i): company                     Number of groups  =         10

R-sq:  within  = 0.5927                   Obs per group: min =           19
       between = 0.7989                                  avg =         19.0
       overall = 0.7904                                  max =           19

                                          F(2,178)          =      129.49
corr(u_i, Xb)  = -0.0454                   Prob > F          =       0.0000

------------------------------------------------------------------------------
      invest |      Coef.   Std. Err.      t    P>|t|     [95% Conf. Interval]
-------------+----------------------------------------------------------------
      mvalue |   .0949999   .0091377    10.40   0.000     .0769677     .113032
      kstock |    .350161   .0293747    11.92   0.000     .2921935    .4081286
       _cons |  -63.22022   5.648271   -11.19   0.000    -74.36641   -52.07402
```

```
-------------+----------------------------------------------------------------
     rho_ar |  .67210608
     sigma_u |  91.507609
     sigma_e |  40.992469
     rho_fov |  .8328647    (fraction of variance due to u_i)
-------------------------------------------------------------------------------
F test that all u_i=0:      F(9,178) =    11.53                Prob > F = 0.0000
```

5.11.1 Modelos Logit, Probit y de Poisson con datos de panel

Las sentencias *xtlogit, xtprobit* y *xtpoisson* permiten ajusta modelos Logit, Probit y de Poisson con datos de panel. Las opciones son muy similares a las del procedimiento *xtreg*.

Como primer ejemplo ajustamos un modelo Logit de panel con efectos fijos.

```
. use http://www.stata-press.com/data/r9/union
(NLS Women 14-24 in 1968)

. xtlogit union age grade not_smsa south southXt, i(id) fe
note: multiple positive outcomes within groups encountered.
note: 2744 groups (14165 obs) dropped due to all positive or
      all negative outcomes.

Iteration 0:   log likelihood = -4516.5769
Iteration 1:   log likelihood = -4511.1069
Iteration 2:   log likelihood = -4511.1042
Iteration 3:   log likelihood = -4511.1042

Conditional fixed-effects logistic regression    Number of obs     =      12035
Group variable (i): idcode                        Number of groups  =       1690

                                                  Obs per group: min =          2
                                                                 avg =        7.1
                                                                 max =         12

                                                  LR chi2(5)        =      78.16
Log likelihood  = -4511.1042                      Prob > chi2       =     0.0000

-------------------------------------------------------------------------------
       union |      Coef.   Std. Err.      z    P>|z|     [95% Conf. Interval]
-------------+-----------------------------------------------------------------
         age |   .0079706   .0050283     1.59   0.113    -.0018848    .0178259
       grade |   .0811808   .0419138     1.94   0.053    -.0009687    .1633303
    not_smsa |   .0210368   .1131542     0.19   0.853    -.2007414    .242815
       south |  -1.007318   .1500498    -6.71   0.000    -1.30141    -.7132256
     southXt |   .0263495   .0083244     3.17   0.002     .010034     .042665
-------------------------------------------------------------------------------
```

El ajuste también se puede realizar con efectos aleatorios.

```
Fitting comparison model:

Iteration 0:   log likelihood =  -13864.23
Iteration 1:   log likelihood = -13550.511
Iteration 2:   log likelihood =  -13545.74
Iteration 3:   log likelihood = -13545.736
```

```
Fitting full model:

tau =  0.0     log likelihood = -13545.736
tau =  0.1     log likelihood = -12926.225
tau =  0.2     log likelihood = -12419.526
tau =  0.3     log likelihood = -12003.162
tau =  0.4     log likelihood = -11656.844
tau =  0.5     log likelihood =  -11367.53
tau =  0.6     log likelihood = -11129.716
tau =  0.7     log likelihood = -10947.266
tau =  0.8     log likelihood = -10845.532


Iteration 0:   log likelihood = -10949.428
Iteration 1:   log likelihood = -10600.215
Iteration 2:   log likelihood = -10590.039
Iteration 3:   log likelihood = -10590.007
Iteration 4:   log likelihood = -10590.007
```

```
Random-effects logistic regression          Number of obs     =     26200
Group variable (i): idcode                   Number of groups  =      4434

Random effects u_i ~ Gaussian                Obs per group: min =         1
                                                            avg =       5.9
                                                            max =        12

                                             Wald chi2(5)      =    261.32
Log likelihood  = -10590.007                 Prob > chi2       =    0.0000

------------------------------------------------------------------------------
     union |     Coef.   Std. Err.      z    P>|z|     [95% Conf. Interval]
-----------+------------------------------------------------------------------
       age |   .0094584    .004259     2.22   0.026     .0011109     .017806
     grade |   .0804722   .0153909     5.23   0.000     .0503065    .1106378
  not_smsa |  -.2644412   .0752125    -3.52   0.000     -.411855   -.1170273
     south |  -1.104838   .1029103   -10.74   0.000    -1.306538   -.9031374
   southXt |   .0213871   .0075565     2.83   0.005     .0065767    .0361975
     _cons |  -3.118484   .2309515   -13.50   0.000    -3.571141   -2.665828
-----------+------------------------------------------------------------------
  /lnsig2u |   1.468964     .03507                      1.420228      1.5577
-----------+------------------------------------------------------------------
   sigma_u |   2.10535    .0369173                      2.034223    2.178965
       rho |   .5739819   .0085755                      .5570949    .5906931
------------------------------------------------------------------------------
Likelihood-ratio test of rho=0: chibar2(01) = 5911.46 Prob >= chibar2 = 0.000
```

Ahora realizamos el ajuste en media poblacional de un modelo Logit en presencia de heteroscedasticidad.

```
. xtlogit union age grade not_smsa south southXt, i(id) pa robust nolog

GEE population-averaged model               Number of obs     =     26200
Group variable:                     idcode  Number of groups  =      4434
Link:                                logit  Obs per group: min =         1
Family:                           binomial                avg =       5.9
Correlation:                   exchangeable                max =        12
                                             Wald chi2(5)      =    152.01
Scale parameter:                         1   Prob > chi2       =    0.0000

                            (Std. Err. adjusted for clustering on idcode)
------------------------------------------------------------------------------
           |           Semi-robust
     union |     Coef.   Std. Err.      z    P>|z|     [95% Conf. Interval]
-----------+------------------------------------------------------------------
```

```
        age |    .0053241    .0037494     1.42    0.156    -.0020246    .0126727
      grade |    .0595076    .0133482     4.46    0.000     .0333455    .0856697
   not_smsa |   -.1224955    .0613646    -2.00    0.046    -.2427678   -.0022232
      south |   -.7270863    .0870278    -8.35    0.000    -.8976577   -.5565149
    southXt |    .0151984    .006613      2.30    0.022     .0022371    .0281596
      _cons |   -2.01111     .2016405    -9.97    0.000    -2.406319   -1.615902
    ------------------------------------------------------------------------------
```

A continuación, ajustamos un modelo Probit de panel con efectos aleatorios.

```
. xtprobit union age grade not_smsa south southXt, i(id) re

Fitting comparison model:

Iteration 0:    log likelihood =  -13864.23
Iteration 1:    log likelihood = -13548.436
Iteration 2:    log likelihood = -13547.308
Iteration 3:    log likelihood = -13547.308

Fitting full model:

rho =  0.0     log likelihood = -13547.308
rho =  0.1     log likelihood = -12239.207
rho =  0.2     log likelihood = -11591.449
rho =  0.3     log likelihood = -11212.156
rho =  0.4     log likelihood = -10982.152
rho =  0.5     log likelihood = -10853.488
rho =  0.6     log likelihood = -10809.372
rho =  0.7     log likelihood =  -10866.13

Iteration 0:    log likelihood = -10808.569
Iteration 1:    log likelihood = -10598.479
Iteration 2:    log likelihood = -10553.532
Iteration 3:    log likelihood = -10553.458
Iteration 4:    log likelihood = -10553.458
```

```
Random-effects probit regression           Number of obs     =      26200
Group variable (i): idcode                  Number of groups  =       4434

Random effects u_i ~ Gaussian               Obs per group: min =          1
                                                           avg =        5.9
                                                           max =         12

                                            Wald chi2(5)      =     220.73
Log likelihood  = -10553.458                Prob > chi2       =     0.0000
```

```
------------------------------------------------------------------------------
      union |     Coef.    Std. Err.      z     P>|z|     [95% Conf. Interval]
------------+-----------------------------------------------------------------
        age |    .0046535    .0025097     1.85    0.064    -.0002655    .0095724
      grade |    .0479245    .0099058     4.84    0.000     .0285094    .0673395
   not_smsa |   -.1402927    .0459599    -3.05    0.002    -.2303725   -.050213
      south |   -.6413919    .0618541   -10.36    0.000    -.7626824   -.5201014
    southXt |    .0130018    .004386      2.96    0.003     .0044054    .0215981
      _cons |   -1.864926    .1450472   -12.86    0.000    -2.149213   -1.580639
------------+-----------------------------------------------------------------
   /lnsig2u |    .5962036    .0440176                       .5099304    .6824769
------------+-----------------------------------------------------------------
    sigma_u |    1.347299    .0296526                      1.290417    1.406689
        rho |    .6447873    .0100817                       .6247902    .6642913
------------------------------------------------------------------------------
Likelihood-ratio test of rho=0: chibar2(01) =  5987.70 Prob >= chibar2 = 0.000
```

A continuación, ajustamos un modelo de Poisson con datos de panel y efectos fijos.

```
. xtpoisson union grade south southXt, i(id) fe
note: 400 groups (400 obs) dropped because of only one obs per group
note: 2136 groups (12514 obs) dropped due to all zero outcomes

Iteration 0:    log likelihood = -6626.5387
Iteration 1:    log likelihood =  -6605.647
Iteration 2:    log likelihood =  -6605.619
Iteration 3:    log likelihood =  -6605.619

Conditional fixed-effects Poisson regression    Number of obs      =      13236
Group variable (i): idcode                      Number of groups   =       1898

                                                Obs per group: min =          2
                                                               avg =        7.0
                                                               max =         12

                                                Wald chi2(3)       =      40.60
Log likelihood  =  -6605.619                    Prob > chi2        =     0.0000
-------------------------------------------------------------------------------
       union |      Coef.   Std. Err.       z    P>|z|     [95% Conf. Interval]
-------------+-----------------------------------------------------------------
       grade |    .05088   .0279045     1.82    0.068    -.0038118    .1055718
       south | -.6069865   .1074633    -5.65    0.000    -.8176107   -.3963623
     southXt |   .0183431   .0049309     3.72    0.000     .0086789    .0280074
-------------------------------------------------------------------------------
```

5.11.2 Estimación de paneles dinámicos mediante la metodología Arellano-Bond

STATA dispone de la sentencia xtabond, que permite estimar modelos dinámicos con datos de panel del tipo:

$$y_{it} = \sum_{j=1}^{p} \alpha_j y_{i,t-j} + X_{it}\beta_1 + W_{it}\beta_2 + v_i + \varepsilon_{it} \quad i = 1, \cdots, N \quad t = 1, \cdots, T$$

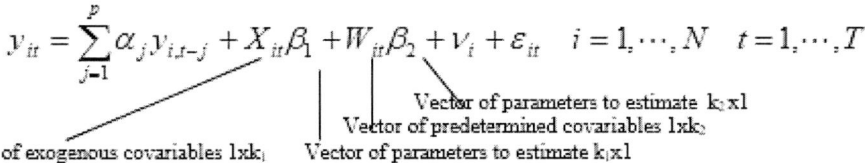

Vector of parameters to estimate $k_2 x 1$
Vector of predetermined covariables $1 x k_2$
Vector of exogenous covariables $1 x k_1$ Vector of parameters to estimate $k_1 x 1$

La sintaxis de *xtabond* es similar a *xtreg*, pero admite determinadas opciones específicas: *diffvars(variables)* define variables exógenas ya diferenciadas, *inst(variables)* introduce variables instrumentales adicionales, *lags(n)* utiliza n retardos de la variable dependiente, *maxldep(n)* define el máximo número de retardos a utilizar en la variable dependiente a usar como instrumento, *maxlags(n)* define el máximo número de retardos en las variables predeterminadas a utilizar como instrumentos, *robust* realiza estimación robusta en presencia de heteroscedasticidad, *artests(n)* utiliza n como orden máximo en los contrastes de autocorrelación, small produce un informe de estadísticos para muestras pequeñas, *level(n)* sitúa a n como nivel de confianza, *pre(variables [...])* define variables predeterminadas y *twostep* utiliza el estimador en dos pasos.

A continuación, se presenta un ejemplo.

```
. use http://www.stata-press.com/data/r9/abdata

. xtabond n l(0/1).w l(0/2).(k ys) yr1980-yr1984, lags(2)

Arellano-Bond dynamic panel-data estimation      Number of obs      =       611
Group variable (i): id                           Number of groups   =       140

                                                 Wald chi2(15)      =    575.84

Time variable (t): year                          Obs per group: min =         4
                                                                avg =   4.364286
                                                                max =         6
One-step results
------------------------------------------------------------------------------
        D.n  |     Coef.   Std. Err.      z    P>|z|     [95% Conf. Interval]
-------------+----------------------------------------------------------------
         n   |
        LD.  |   .6862262   .1486163     4.62   0.000     .3949435    .9775088
       L2D.  |  -.0853582   .0444365    -1.92   0.055    -.1724523    .0017358
         w   |
        D1.  |  -.6078208   .0657694    -9.24   0.000    -.7367265   -.4789151
        LD.  |   .3926237   .1092374     3.59   0.000     .1785222    .6067251
         k   |
        D1.  |   .3568456   .0370314     9.64   0.000     .2842653    .4294259
        LD.  |  -.0580012   .0583051    -0.99   0.320     -.172277    .0562747
       L2D.  |  -.0199475   .0416274    -0.48   0.632    -.1015357    .0616408
        ys   |
        D1.  |   .6085073   .1345412     4.52   0.000     .3448115    .8722031
        LD.  |  -.7111651   .1844599    -3.86   0.000      -1.0727   -.3496304
       L2D.  |   .1057969   .1428568     0.74   0.459    -.1741974    .3857912
     yr1980  |
        D1.  |   .0029062   .0212705     0.14   0.891    -.0387832    .0445957
     yr1981  |
        D1.  |  -.0404378   .0354707    -1.14   0.254    -.1099591    .0290836
     yr1982  |
        D1.  |  -.0652767    .048209    -1.35   0.176    -.1597646    .0292111
     yr1983  |
        D1.  |  -.0690928   .0627354    -1.10   0.271    -.1920521    .0538664
     yr1984  |
        D1.  |  -.0650302   .0781322    -0.83   0.405    -.2181665    .0881061
       _cons |   .0095545   .0142073     0.67   0.501    -.0182912    .0374002
------------------------------------------------------------------------------
Sargan test of over-identifying restrictions:
        chi2(25) =     65.82     Prob > chi2 = 0.0000




Arellano-Bond test that average autocovariance in residuals of order 1 is 0:
        H0: no autocorrelation   z =  -3.94   Pr > z = 0.0001
Arellano-Bond test that average autocovariance in residuals of order 2 is 0:
        H0: no autocorrelation   z =  -0.54   Pr > z = 0.5876
```

Ahora estimaremos el *panel dinámico con heteroscedasticidad*.

```
. xtabond n l(0/1).w l(0/2).(k ys) yr1980-yr1984, lags(2) robust

Arellano-Bond dynamic panel-data estimation      Number of obs      =       611
Group variable (i): id                           Number of groups   =       140

                                                 Wald chi2(15)      =    618.58

Time variable (t): year                          Obs per group: min =         4
                                                                avg =  4.364286
                                                                max =         6
One-step results
------------------------------------------------------------------------------
             |               Robust
        D.n  |     Coef.    Std. Err.      z     P>|z|     [95% Conf. Interval]
-------------+----------------------------------------------------------------
          n  |
        LD.  |   .6862262   .1445943     4.75   0.000     .4028266    .9696257
       L2D.  |  -.0853582   .0560155    -1.52   0.128    -.1951467    .0244302
          w  |
        D1.  |  -.6078208   .1782055    -3.41   0.001    -.9570972   -.2585445
        LD.  |   .3926237   .1679931     2.34   0.019     .0633632    .7218842
          k  |
        D1.  |   .3568456   .0590203     6.05   0.000     .241168     .4725233
        LD.  |  -.0580012   .0731797    -0.79   0.428    -.2014308    .0854284
       L2D.  |  -.0199475   .0327126    -0.61   0.542    -.0840631    .0441681
         ys  |
        D1.  |   .6085073   .1725313     3.53   0.000     .2703522    .9466624
        LD.  |  -.7111651   .2317163    -3.07   0.002    -1.165321   -.2570095
       L2D.  |   .1057969   .1412021     0.75   0.454    -.1709542    .382548
     yr1980  |
        D1.  |   .0029062   .0158028     0.18   0.854    -.0280667    .0338791
     yr1981  |
        D1.  |  -.0404378   .0280582    -1.44   0.150    -.0954307    .0145552
     yr1982  |
        D1.  |  -.0652767   .0365451    -1.79   0.074    -.1369038    .0063503
     yr1983  |
        D1.  |  -.0690928   .047413     -1.46   0.145    -.1620205    .0238348
     yr1984  |
        D1.  |  -.0650302   .0576305    -1.13   0.259    -.1779839    .0479235
       _cons |   .0095545   .0102896     0.93   0.353    -.0106127    .0297217
------------------------------------------------------------------------------
Arellano-Bond test that average autocovariance in residuals of order 1 is 0:
         H0: no autocorrelation   z =  -3.60   Pr > z = 0.0003
Arellano-Bond test that average autocovariance in residuals of order 2 is 0:
         H0: no autocorrelation   z =  -0.52   Pr > z = 0.6058
```

A continuación, utilizamos el *método de los dos pasos*.

```
. xtabond n 1(0/1).w 1(0/2).(k ys) yr1980-yr1984, lags(2) twostep

Arellano-Bond dynamic panel-data estimation     Number of obs      =       611
Group variable (i): id                          Number of groups   =       140

                                                Wald chi2(15)      =   1035.56

Time variable (t): year                         Obs per group: min =         4
                                                            avg = 4.364286
                                                            max =         6
Two-step results
------------------------------------------------------------------------------
       D.n |     Coef.   Std. Err.      z    P>|z|     [95% Conf. Interval]
-----------+------------------------------------------------------------------
         n |
       LD. |  .6287089   .0904543     6.95   0.000     .4514216    .8059961
      L2D. | -.0651882   .0265009    -2.46   0.014    -.117129   -.0132474
         w |
       D1. | -.5257597   .0537692    -9.78   0.000    -.6311453    -.420374
       LD. |  .3112899   .0940116     3.31   0.001     .1270305    .4955492
         k |
       D1. |  .2783619   .0449083     6.20   0.000     .1903432    .3663807
       LD. |  .0140994   .0528046     0.27   0.789    -.0893957    .1175946
      L2D. | -.0402484   .0258038    -1.56   0.119    -.0908229     .010326
        ys |
       D1. |  .5919243   .1162114     5.09   0.000     .3641542    .8196943
       LD. | -.5659863   .1396738    -4.05   0.000    -.8397419   -.2922306
      L2D. |  .1005433   .1126749     0.89   0.372    -.1202955     .321382
    yr1980 |
       D1. |  .0006378   .0127959     0.05   0.960    -.0244417    .0257172
    yr1981 |
       D1. | -.0550044   .0235162    -2.34   0.019    -.1010953   -.0089135
    yr1982 |
       D1. |  -.075978   .0302659    -2.51   0.012     -.135298   -.0166579
    yr1983 |
       D1. | -.0740708   .0370993    -2.00   0.046     -.146784   -.0013575
    yr1984 |
       D1. | -.0906606   .0453924    -2.00   0.046     -.179628   -.0016933
     _cons |  .0112155   .0077507     1.45   0.148    -.0039756    .0264066
------------------------------------------------------------------------------
Warning: Arellano and Bond recommend using one-step results for
         inference on coefficients

Sargan test of over-identifying restrictions:
        chi2(25) =    31.38     Prob > chi2 = 0.1767

Arellano-Bond test that average autocovariance in residuals of order 1 is 0:
        H0: no autocorrelation   z =  -3.00   Pr > z = 0.0027
Arellano-Bond test that average autocovariance in residuals of order 2 is 0:
        H0: no autocorrelation   z =  -0.42   Pr > z = 0.6776
```

Capítulo 6

MODELOS DE REDES NEURONALES

6.1 DESCRIPCIÓN DE UNA RED NEURONAL

6.1.1 Definición

Podemos definir una *red neuronal* como un conjunto de elementos de procesamiento de la información altamente interconectados, que son capaces de aprender con la información que se les alimenta. La principal característica de esta nueva tecnología de redes neuronales es que puede aplicarse a gran número de problemas que pueden ir desde problemas complejos reales a modelos teóricos sofisticados como por ejemplo reconocimiento de imágenes, reconocimiento de voz, análisis y filtrado de señales, clasificación, discriminación, análisis financiero, predicción dinámica, etc.

Las Redes Neuronales tratan de emular el sistema nervioso, de forma que son capaces de reproducir algunas de las principales tareas que desarrolla el cerebro humano, al reflejar las características fundamentales de comportamiento del mismo. Lo que realmente intentan modelizar las redes neuronales es una de las estructuras fisiológicas de soporte del cerebro, la neurona y los grupos estructurados e interconectados de varias de ellas, conocidos como redes de neuronas. De este modo, construyen sistemas que presentan un cierto grado de inteligencia. No obstante, debemos insistir en el hecho de que los Sistemas Neuronales Artificiales, como cualquier otra herramienta construida por el hombre, tienen limitaciones y sólo poseen un parecido superficial con sus contrapartidas biológicas. Las redes neuronales, en relación con el procesamiento de información, heredan tres características básicas de las redes de neuronas biológicas: paralelismo masivo, respuesta no lineal de las neuronas frente a las entradas recibidas y procesamiento de información a través de múltiples capas de neuronas.

Una de las principales propiedades de estos modelos es su capacidad de aprender y generalizar a partir de ejemplos reales. Es decir, la red aprende a reconocer la relación (que no deja de ser equivalente a estimar una dependencia funcional) que existe entre el conjunto de entradas proporcionadas como ejemplos y sus correspondientes salidas, de modo que, finalizado el aprendizaje, cuando a la red se le presenta una nueva entrada (aunque esté incompleta o posea algún error), en base a la relación funcional establecida en el mismo, es capaz de generalizarla ofreciendo una salida. En consecuencia, podemos definir una red neuronal artificial como un sistema inteligente capaz, no sólo de aprender, sino también de generalizar.

Una red neuronal está formada por unidades de procesamiento que reciben el nombre de neuronas o nodos. Estos nodos están organizados en grupos que se llaman "capas". Generalmente existen tres tipos de capas: una capa de entrada, una o varias capas ocultas y una capa de salida. Las conexiones se establecen entre los nodos de cada capa adyacentes. La capa de entrada, mediante la cual se presentan los datos a la red, está formada por nodos de entrada que reciben la información directamente del exterior. La capa de salida representa la respuesta de la red a una entrada dada siendo esta información transferida al exterior. Las capas ocultas o intermedias se encargan de procesar la información y se interponen entre las capas de entrada y salida y son las únicas que no tienen conexión con el exterior.

La estructura de red más habitual es la denominada red alimentada hacia delante o *feedforward*, ya que las conexiones entre neuronas se establecen en un único sentido, por el siguiente orden: capa de entrada, capa(s) oculta(s) y capa de salida. Por ejemplo, en la Figura 6-1 se muestra una red con dos capas ocultas. No obstante, existen también redes retroalimentadas o *feedback*, que pueden tener conexiones hacia atrás, es decir, de nodos de una capa a elementos de proceso de capas anteriores, así como redes recurrentes, que pueden poseer conexiones, tanto entre neuronas de una misma capa, como de un nodo a sí mismo. La Figura 6-2 ilustra un modelo de red en que coexisten los distintos tipos de conexiones que hemos comentado, es decir, hacia delante, hacia atrás y recurrentes, mostrando una interconexión total.

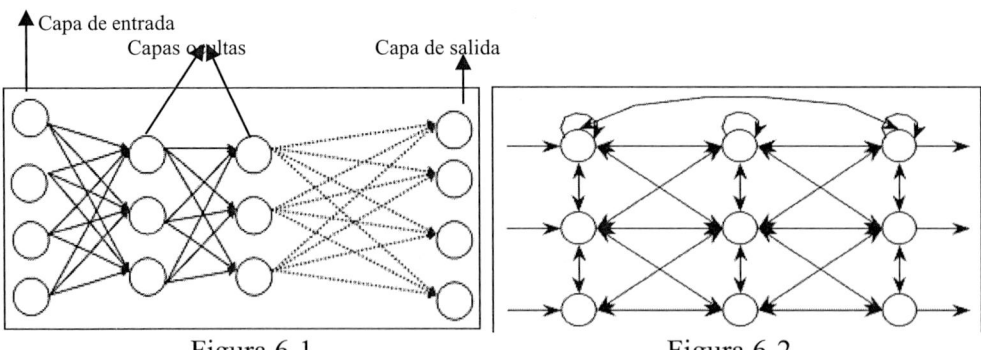

Figura 6-1   Figura 6-2

6.1.2 Función de salida y funciones de transferencia o activación

La red neuronal totalmente interconectada es aquella en la que los nodos de cada capa están conectados con todos los nodos de la capa siguiente. La capa de entrada tiene por única misión la de distribuir la información que se le presenta a la red neuronal para el procesamiento en la capa siguiente. Los nodos de las capas ocultas y de la capa de salida procesan las señales aplicando factores de procesamiento, llamados *pesos*. Cada capa tiene un nodo adicional llamado sesgo (*bias*), que añaden un término adicional a la salida de todos los nodos de la capa. Todas las entradas en un nodo son ponderadas, combinadas y procesadas a través de una función, llamada *función de transferencia o función de activación* que controla el flujo de salida de ese nodo para conectar con todos los nodos de la capa siguiente. Esta función de transferencia sirve para normalizar la salida.

Una red neuronal artificial no es más que la conexión de varias neuronas. Así, las neuronas artificiales, denominadas también unidades, nodos o elementos de proceso, constituyen la unidad básica de una red neuronal (análoga a la neurona biológica). Dichas neuronas artificiales operan a modo de microprocesadores simples, cuya función consiste en dar respuesta a un determinado patrón de entrada. Cada elemento de proceso, al igual que ocurre en una neurona biológica, recibe entradas procedentes de otros nodos vecinos, o del exterior, en el caso de la capa de entrada, y su función consiste en transformar, mediante sencillos cálculos internos, dichas entradas en un sólo valor de salida que envía al resto de nodos (constituyendo la entrada de éstos) o bien, al exterior, si la neurona en cuestión pertenece a la capa de salida. Las conexiones entre elementos de proceso llevan asociadas un peso o fuerza de conexión W que determina cuantitativamente el efecto que producen unos elementos sobre otros. Es decir, en los pesos se almacena la información de la red, al igual que sucede en las redes de neuronas biológicas.

El que una entrada tenga un efecto excitatorio o inhibitorio, depende de que el signo del peso correspondiente sea, respectivamente, positivo o negativo. La efectividad de las entradas está determinada por la fuerza de la conexión, representada por el valor absoluto de los pesos. Así, cada uno de los elementos W_{ij} de la matriz de pesos W, conocida como patrón de conexiones, representa la intensidad y sentido de la relación del elemento de proceso j, con respecto al elemento de proceso i.

El proceso de transformación de las entradas en salidas, en una red neuronal artificial alimentada hacia delante, con r entradas, una única capa oculta, compuesta de q elementos de proceso, y una unidad de salida puede resumirse en la siguiente formulación de la *función de salida de la red*:

$$\hat{f}(x,W) = F(\beta_0 + \sum_{j=1}^{q} \beta_j G(x'\gamma_j))$$

donde, $\hat{f}(x,W)$ es la salida de la red, el vector $x = (1, x_1, x_2, ..., x_r)'$ representa las entradas de la red (el 1 se corresponde con el sesgo de un modelo tradicional), $\gamma_j = (\gamma_{j0}, \gamma_{j1}, ..., \gamma_{ji}, ..., \gamma_{jr})' \in \mathfrak{R}^{r+1}$ son los pesos de las neuronas de la capa de entrada a las de la intermedia u oculta, β_j, $j = 0, ..., q$, representa la fuerza de conexión de las unidades ocultas a las de salida ($j=0$ indexa la unidad sesgo), q es el número de unidades intermedias, es decir, el número de nodos de la capa oculta, F: $\mathfrak{R} \to \mathfrak{R}$ es la función de activación de la unidad de salida y G: $\mathfrak{R} \to \mathfrak{R}$ se corresponde con la función de activación de las neuronas intermedias. W es un vector que incluye todos los pesos de la red, es decir, γ_j y β_j. La Figura 6-3 representa la función $\hat{f}(x,W)$.

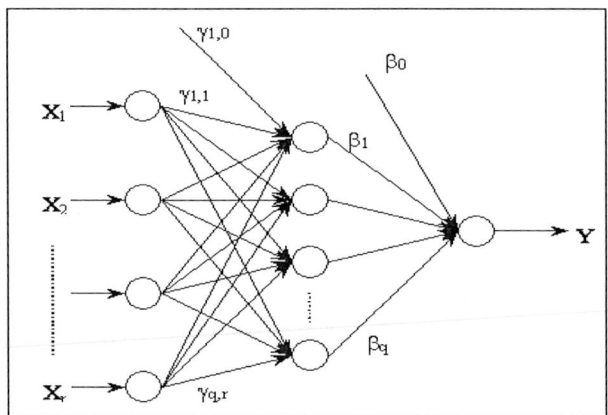

Figura 6-3

Históricamente, se emplearon como funciones de activación *funciones de umbral*, cuyo efecto es que las unidades se activan bruscamente, esto es, o no se activan, o se activan de golpe. La respuesta sólo puede ser blanco o negro, por ello, estas funciones son adecuadas para tareas de clasificación y reconocimiento. Con el tiempo, se introdujeron funciones de activación que permiten que las neuronas se activen gradualmente a medida que el nivel de actividad de sus entradas aumenta, en lugar de que su estado pueda ser, únicamente, activación-desactivación. En concreto, la función que se propone es la sigmoidal o logística $G(a) = 1/(1+exp(-a))$, que produce una respuesta sigmoidal alisada.

Si en la expresión de $\hat{f}(x,W)$ consideramos que $a = x'\gamma_j$, nos encontramos con que $G(x'\gamma_j)$ se corresponde con el *modelo Logit binario*.

En general, las funciones F y G pueden adoptar cualquier forma en la expresión de $\hat{f}(x,W)$. Ahora bien, es práctica habitual considerar, bien que la función de activación de las neuronas de salida y de las intermedias es idéntica, *F(a) = G(a)*, y que se corresponde con la función sigmoidal, o bien, que *F(a) = a*, es decir, que es la función identidad y que *G(a)* se corresponde con la función logística o sigmoidal, lo que es equivalente a considerar que sólo existe función de activación (la sigmoidal) en las unidades ocultas. Esta última hipótesis es la que suponemos, a partir de ahora, en nuestro planteamiento, porque además de simplificar enormemente la notación, es la que con mayor frecuencia se adopta en la construcción de redes neuronales artificiales. También debemos apuntar que empleamos la función sigmoidal, que es la más habitualmente utilizada, ya que sus propiedades permiten emplear algoritmos de aprendizaje como el de retropropagación de errores, que utilizamos en nuestro trabajo. Formalmente, también es posible demostrar que una RNA con una capa oculta y función de activación sigmoidal es capaz de aproximar cualquier función medible.

Suponiendo, como hemos indicado, que sólo existe función de activación en las neuronas intermedias y que ésta se corresponde con la sigmoidal, tenemos:

$$\hat{f}(x, W) = \beta_0 + \sum_{j=1}^{q} \beta_j G(x' \gamma_j)$$

Otra posibilidad, de gran utilidad en aplicaciones econométricas, es considerar que en la red que representamos, una red neuronal artificial alimentada hacia delante, con *r* entradas, una única capa oculta, compuesta de *q* elementos de proceso, y una unidad de salida, también existen conexiones directas entre la capa de entrada y la de salida. En este caso, la salida de la red se obtiene mediante la siguiente expresión:

$$\hat{f}(x, W) = x' \alpha + \beta_0 + \sum_{j=1}^{q} \beta_j G(x' \gamma_j)$$

donde α es un vector de dimensión $r \times 1$ que representa los pesos de las conexiones directas entre las capas de entrada y salida. Como es lógico, ahora *W*, que recoge la totalidad de pesos de la red, se compone de α, γ_j y β_j.

6.2 REDES NEURONALES Y AJUSTE DE MODELOS DE REGRESIÓN

La función de salida $\hat{f}(x, W)$ podemos descomponerla en dos partes. La primera de ellas, que se corresponde con los dos primeros términos, representa un modelo lineal, de manera que, si tomamos como variables de entrada *r* retardos de la variable *x*, se convierte en una regresión lineal sobre las variables de entrada retardadas, que actúan como variables explicativas, y una constante (β_0).

Esta primera parte, como es lógico, capta las dependencias lineales entre los patrones de entrada y las salidas de la red. La segunda parte, que es el tercer término de la formulación anterior, recoge, en caso de que existan, las dependencias no lineales entre las variables de entrada y la salida de la red, dado que la función empleada es no lineal. Concretando, este tercer término es una composición, ponderada con los pesos sinápticos de las neuronas intermedias a las de salida (β_j), de funciones sigmoidales de las entradas de la red, ponderadas, éstas últimas, por la fuerza de conexión de las unidades de entrada a las intermedias. Este modelo puede considerarse una extensión de los conocidos y, tan frecuentemente utilizados, modelos lineales, ya que se compone de un modelo lineal, aumentado con términos no lineales.

Como podemos apreciar, la red que describimos mediante la expresión de $\hat{f}(x,W)$, goza de tal grado de flexibilidad que permite ajustar todo tipo de funciones, por ello se caracteriza a las redes neuronales artificiales como "aproximadores universales". Es decir, una red neuronal es capaz de aprender cualquier función. El modelo de redes neuronales artificiales debe considerarse como uno más dentro del conjunto de los no paramétricos, al que se pueden aplicar los resultados de la inferencia estadística. Así, el abanico de oportunidades no se limita a las redes neuronales artificiales, sino que, por el contrario, cabe destacar múltiples alternativas como, los árboles de regresión y clasificación (CART) y los spines de regresión adaptativa multivariante (Friedman, 1991).

6.3 APRENDIZAJE EN LAS REDES NEURONALES

Después de diseñar una red neuronal artificial, lo que pretendemos conseguir con la misma es que, para ciertas entradas, o patrones ejemplo que suministramos a la red, ésta sea capaz de generar una salida deseada. Para ello, además de que la topología de la red (entendida como la estructura de la red) sea adecuada, se requiere que la misma aprenda a proporcionar soluciones correctas, es decir, es necesario someter a la red a un proceso de aprendizaje o entrenamiento. El aprendizaje puede entenderse como un procedimiento de prueba y error que permite la estimación estadística de los parámetros del modelo de red neuronal empleado.

Suelen considerarse tres tipos básicos de aprendizaje que dan lugar a diferentes tipos de redes neuronales. Cuando el entrenador proporciona a la red la salida deseada, se dice que el *aprendizaje* es *supervisado*. En caso contrario, nos encontramos ante un *aprendizaje no supervisado*. Por último, un tipo intermedio de *aprendizaje* es el *reforzado o híbrido*, en el cual el entrenador sólo proporciona a la red una indicación de si la respuesta a una entrada dada es buena o mala.

Las redes neuronales con *aprendizaje no supervisado* son aquéllas que entrenan sin necesidad de un *supervisor* o *entrenador* externo que proporcione a la red la salida deseada, pues son capaces de organizar sus parámetros internamente adaptándose al entorno del mejor modo posible. La red, una vez se le presentan las entradas, es capaz de determinar, por sí sola, las características, correlaciones, regularidades o categorías de las mismas, proporcionando una salida codificada. Por ello, podemos afirmar que estas redes poseen propiedades de autoorganización. Este tipo de aprendizaje únicamente debe utilizarse cuando existe algún grado de redundancia en los patrones de entrada que se le presentan a la red. En caso contrario, la red es incapaz de detectar las pautas de comportamiento y características de los datos que se le ofrecen. La estructura de la red debe ser la adecuada para el tipo de datos de entrada que se le presentan, pues en función de cuál sea la arquitectura de la red neuronal con aprendizaje no supervisado, ésta podrá detectar un tipo de patrón u otro. Los sistemas neuronales con aprendizaje no supervisado se caracterizan por poseer arquitecturas simples, puesto que las leyes de aprendizaje ya complican bastante su funcionamiento. En segundo término, la mayor parte de ellas son redes alimentadas hacia adelante, o *feed-forward* con una sola capa intermedia u oculta. Los modelos más característicos que entrenan mediante aprendizaje no supervisado son las *redes de Kohonen* (1977,1984) y *Grossberg* (1976). Las redes no supervisadas suelen utilizarse para la clasificación. Concretamente las redes de *Cohonen* suelen utilizarse cuando uno de los objetivos del análisis sea la visualización sencilla e intuitiva de los conglomerados, cuando se desconoce su forma u cuando existan casos atípicos o errores en los datos.

Las redes neuronales con *aprendizaje supervisado*, que suelen venir asociadas al *perceptrón multicapa* (*Multilayer Perceptron* MLP) y la *función de base radial* RBF, presentan un patrón de salida o variable dependiente que les permite contrastar y corregir los datos. Las redes neuronales con patrón de salida suelen ser una técnica utilizada para la clasificación como para la predicción con ello se pueden segmentar mercados, posicionar productos, realizar previsiones de demanda, evaluaciones de expedientes de crédito o de análisis del valor de acciones en bolsa y un sinfín de aplicaciones más. El modelo de red neuronal perceptrón multicapa se fundamenta en el *aprendizaje por retropropagación del error* (*Back-Propagation*) y utiliza habitualmente el *algoritmo por retropropagación,* el *algoritmo del gradiente descendente* (*conjugate gradient descent*) y el *algoritmo de Levenberg-Marquardt.*

Así como en el perceptrón multicapa todas las capas tienen la misma estructura (lineal), en la función de base radial (FBR), la capa intermedia tiene precisamente una estructura radial. La función de base radial es una función supervisada con patrón de salida que realiza clasificaciones (y o previsiones) a partir de elipses e hiperelipses que parten el espacio de entrada de datos. La función de base radial presenta ciertas ventajas con respecto a las redes neuronales multicapas entre las que destacan que se puede modelizar usando nada más que una capa intermedia en vez de varias y que su algoritmo es más rápido y no se queda nunca en una solución local.

Debemos destacar que, en ocasiones, aunque sea posible aplicar el aprendizaje supervisado, los métodos de aprendizaje no supervisado pueden resultar de gran utilidad, e incluso ofrecer mejores resultados. Por ejemplo, el *Algoritmo de Retropropagación de Errores (Back-Propagation)* en redes multicapa es muy lento, como consecuencia de que el valor que adopta cada peso depende de los valores que toma en las demás capas. Para evitar este problema podría emplearse, bien un método de aprendizaje no supervisado, o bien un sistema híbrido, que permita a algunas capas autoorganizarse antes de que sus salidas pasen a la red supervisada. Por otra parte, debemos destacar que puede ser aconsejable efectuar algún tipo de entrenamiento no supervisado a redes previamente entrenadas mediante mecanismos de aprendizaje supervisado. La finalidad de este modo de proceder es permitir que la red se adapte paulatinamente a los posibles cambios del entorno.

El *aprendizaje reforzado o híbrido* es intermedio entre el supervisado y el no supervisado. En este tipo de aprendizaje, al igual que en el supervisado, existe un *profesor* o *supervisor externo*. Sin embargo, se diferencian en que el "entrenador" no proporciona a la red las salidas deseadas, pues su comportamiento se evalúa de manera global, esto es, sólo es posible decidir e indicar a la red si su respuesta es buena o mala y en qué grado se comporta bien. El fundamento del aprendizaje reforzado reside en que se deben reforzar aquellas acciones que generan una mejora en el comportamiento y respuesta de la red neuronal.

Análogamente al aprendizaje supervisado, la red neuronal responde generando un conjunto de salidas, correspondientes a los patrones de entrada que se le presentan. Ahora bien, como no se proporcionan salidas deseadas al sistema, es imposible computar la fracción de error que comete cada una de las unidades de salida. Tan sólo se dispone de un indicador del éxito o fracaso de la red, similar a una función de utilidad, que la evalúa de forma global. Esto exige el empleo de algoritmos de aprendizaje mucho más complejos que en el supervisado, así como mayores exigencias en cuanto a tamaño de la muestra.

Formalmente, el proceso del aprendizaje consiste en resolver un problema de mínimos cuadrados no lineales. Para ello, hay que emplear métodos numéricos de optimización como el de *retropropagación de errores* (*Back-propagation*), que se fundamenta en el algoritmo de aproximación estocástica de Robbins y Monro (1951) aplicado a mínimos cuadrados no lineales. Actualmente es el algoritmo más utilizado.

Una vez finalizado el aprendizaje se debe proceder a testear la red. La fase de test consiste en introducir nuevos patrones de entrada y comprobar la eficacia del sistema generado. Si no resulta aceptable se repite la fase de entrenamiento utilizando nuevos patrones-ejemplo, e incluso puede ser necesario modificar la estructura de la red.

6.4 FUNCIONAMIENTO DE UNA RED NEURONAL

Para la creación y aplicación de una red neuronal a un problema concreto, hemos de distinguir los siguientes pasos:

Conceptualización del modelo para el estudio del problema concreto. En este Modelo debemos señalar las entradas, las salidas y la información de que se dispone.

Adecuación de la información de que se dispone a la estructura de la red a crear. Es decir, se constituirán los patrones de aprendizaje, parte de la información que va a ser utilizada para el entrenamiento o aprendizaje de la red y los patrones de validación, parte de la información que va a ser utilizada como validación de la red.

Fase de aprendizaje. Se le va presentando a la red los patrones adecuados y la red va proporcionando una salida, este proceso se repite un cierto número de etapas, estas salidas se comparan con las salidas esperadas y los diversos algoritmos de aprendizaje intentan minimizar el error que hay entre la salida proporcionada por la red y la salida esperada.

Fase de validación. Se presentan a la red entrenada el conjunto de patrones de validación, y se ve el error cometido por la red en este conjunto, este error es una medida de la bondad de la red.

Fase de generalización. Si hemos conseguido una red adecuada se procede a utilizar la red como modelo predictor, aportándole una nueva entrada, la red la procesará y dará una salida.

Como ejemplo ilustrativo consideramos una entidad bancaria quiere construir un modelo para la concesión de créditos personales para la compra de un automóvil. El conjunto de información está constituido por un fichero de 5.000 clientes anteriores en el que consta para cliente las siguientes variables: sexo, estado civil, salario, bienes, cuenta corriente etc., y si ha hecho frente a los pagos regularmente o no. El modelo tendría pues, una capa de entrada con tantos nodos como variables aparecen en el fichero, una o varias capas intermedias y una capa de salida con un nodo, en que aparece una salida esperada que un cero o un uno según haya hecho frente a los pagos regularmente o no.

Dividiremos el fichero en una parte que constituirá el conjunto de aprendizaje y la otra el conjunto de validación. A la red se le da como entrada un conjunto de aprendizaje, la red se entrenará, validaríamos el modelo con el conjunto de validación y cuando llegue el nuevo cliente se presenta su información a la red y si la red está bien entrenada clasificará al cliente en la clase de los que paga en tiempo y forma o en la clase complementaria.

6.5 EL ALGORITMO DE APRENDIZAJE RETROPROPAGACIÓN (BACK- PROPAGATION)

El proceso de aprendizaje o entrenamiento de la red consiste en ir presentando a la red el conjunto de patrones un determinado número de etapas prefijadas de antemano, de forma a minimizar el error de aprendizaje, entendiendo éste como la diferencia cuadrática entre la salida esperada y la salida que aporta la red. En la primera etapa, la red tiene unos pesos de interconexión elegidos de forma aleatoria, a la red se le presenta un vector de entrada en la primera etapa, constituido por el primer patrón, éste se va propagando a través de todas las capas hasta proporcionar una salida, la señal de salida se compara con la salida deseada en todos los nodos de la capa de salida. Este proceso se realiza para todos los patrones del conjunto de aprendizaje, y la suma de los errores cuadráticos de todos los patrones será el error cometido por la red en esa primera etapa.

El objetivo es ir cambiando o actualizando para la segunda etapa los pesos de interconexión de forma a disminuir el error total. La idea del *algoritmo back-propagation* consiste en actualizar los pesos de interconexión de forma que la señal de error se transmita hacia atrás partiendo de la capa de salida; sin embargo, estas unidades intermedias sólo reciben una fracción de error proporcional a la contribución relativa que haya aportado a la salida. Este proceso se repite capa por capa hasta que todos los nodos hayan recibido una señal de error que describa su contribución al mismo. Una vez hemos actualizado los pesos, se repite el proceso de presentar de nuevo los patrones de aprendizaje y el cálculo de error, este proceso acaba bien porque el error total es menor que uno prefijado, bien porque hemos concluido con el número de etapas prefijado.

La importancia de este proceso radica en que a medida que se entrena la red, los nodos de las capas ocultas aprenden a reconocer distintas características del problema.

Para realizar la descripción matemática del algoritmo en una red con tres capas utilizaremos la siguiente notación (Pascual y Parras):

o_i = salida del nodo i de la primera capa.

w_{ij} = peso de conexión entre el nodo i de la primera capa y el nodo j de la capa oculta.

net_j = entrada neta del nodo j de la capa oculta. $net_j = \sum_i w_{ij} o_i$

o_j = salida del nodo j de la capa oculta. $o_j = \dfrac{1}{1 + \exp(-net_j)}$

w_{jk} = peso de la conexión entre el nodo j de la capa oculta y el nodo k de la capa final.

net_k = entrada neta del nodo k de la capa oculta.

$$net_k = \sum_j w_{jk} o_j$$

o_k = salida del nodo k de la capa oculta. $\quad o_k = \dfrac{1}{1 + \exp(-net_k)}$

t_k = salida esperada en el nodo k de la capa final.

Para un patrón determinado p la salida vendrá dada por o_{pk} y la salida esperada por t_{pk}. El error de toda la red vendrá dado por:

$$E = \frac{1}{2} \sum_p \sum_k \left(t_{pk} - o_{pk}\right)^2$$

El objetivo de la *back-propagation* es el determinar el conjunto de pesos (w_{ij}, w_{jk}), que hagan mínimo el error cuadrático de la red. El algoritmo comienza por un conjunto de pesos arbitrarios y se va actualizando en cada etapa de acuerdo con la siguiente regla:

1. En primer lugar, los pesos de la capa final, w_{jk} mediante la técnica del gradiente descendente:

$$\frac{\partial E}{\partial w_{jk}} = \frac{\partial E}{\partial o_k} \cdot \frac{\partial o_k}{\partial net_k} \cdot \frac{\partial net_k}{\partial w_{jk}} = -\left(t_k - o_k\right)o_k\left(1 - o_k\right)o_j$$

de forma que w_{jk} se actualiza con una tasa de aprendizaje negativa (-η), con lo cual el w_{jk} actualizado es $w_{jk}^{*} = w_{jk} + \left(-\eta\right)\left[-\left(t_k - o_k\right)o_k\left(1 - o_k\right)o_j\right]$

2. La actualización de los pesos correspondientes a la capa oculta es:

$$\frac{\partial E}{\partial w_{ij}} = \sum_k \frac{\partial E}{\partial o_k} \cdot \frac{\partial o_k}{\partial net_k} \cdot \frac{\partial net_k}{\partial o_j} \frac{\partial o_j}{\partial net_j} \cdot \frac{\partial net_j}{\partial w_{ij}} = \sum_k -\left(t_k - o_k\right)o_k\left(1 - o_k\right)w_{jk}o_j\left(1 - o_j\right)o_i$$

A veces se añade a la actualización un término momento, con lo cual se acelera el proceso de actualización de pesos.

6.6 ANÁLISIS DISCRIMINANTE A TRAVÉS DEL PERCEPTRÓN

El propósito del perceptrón es clasificar un conjunto de señales de entrada (estímulos o patrones de entrada), en una de dos clases, C_1 o C_2. La regla de decisión para la clasificación consiste en asignar las entradas $x_1, x_2, \dots x_n$, correspondientes a un patrón dado, a la clase C_1 si la salida del perceptrón es +1, y a la clase C_2 si la salida del perceptrón es −1.

La función que expresa la salida, y, del perceptrón como una función de las entradas, $x_1, x_2, \dots x_n$, es $y = \varphi_2(u - \theta)$, donde $u = \sum_{j=1}^{n} w_j x_j$ es el potencial sináptico, y $\theta \in R$ es el umbral. Es decir,

$$y = \begin{cases} 1 & si \ u \geq \theta \\ -1 & si \ u < \theta \end{cases}$$

La primera cuestión que surge es cómo determinar los pesos sinápticos de manera que el perceptrón consiga una clasificación correcta de cada uno de los patrones de entrada. Supongamos que tenemos p de patrones de entrada, representados por $\left(x_1^r, x_2^r, \dots, x_n^r\right)$, $r = 1, 2, \dots, p$, de manera que conocemos la clase a la que pertenece cada uno de ellos (los llamaremos vectores o patrones de entrenamiento). Por ejemplo, $\left(x_1^r, x_2^r, \dots, x_n^r\right)$ puede representar un conjunto de n síntomas del paciente r que puede ($y=1$), o no ($y=-1$), presentar una cierta enfermedad.

Es posible modificar los pesos sinápticos a través de un procedimiento iterativo, que llamaremos proceso de aprendizaje de la red, de forma que después de un número finito de iteraciones se consiga clasificar correctamente los p patrones de entrada, siempre que sea posible, es decir, que las clases C_1 y C_2 sean separables linealmente. Dos clases se dice que son linealmente separables si existe un conjunto de pesos, $w_1, w_2, \dots, w_n$, tal que:

$$\sum_{j=1}^{n} w_j x_j > \theta, \quad \forall \left(x_1, x_2, \dots, x_n\right) \in C_1$$

$$\sum_{j=1}^{n} w_j x_j < \theta, \quad \forall \left(x_1, x_2, \dots, x_n\right) \in C_2$$

Este proceso de aprendizaje consiste en observar los valores de salida para cada uno de los patrones de entrenamiento y comprobar si es correcta la clasificación realizada por el perceptrón. En caso de clasificación incorrecta se modifican los pesos. Se repite el proceso, patrón a patrón, hasta conseguir clasificar correctamente a todos los patrones de entrenamiento, o que el número de clasificaciones incorrectas se considere adecuado. Concretamente:

- Si en la iteración k hemos introducido el patrón $\left(x_1^r, x_2^r, \ldots, x_n^r\right)$ que pertenece, por ejemplo, a la clase C_1, y que ahora representaremos por $\left(x_1(k), x_2(k), \ldots, x_n(k)\right)$, entonces:

  a) Si $y = +1$ la clasificación es correcta y no modificamos los pesos, es decir, $w_j(k+1) = w_j(k), \quad j = 1, 2, \cdots, n$

  b) Si $y = -1$ la clasificación es incorrecta y $w_j(k+1) = w_j(k) + \eta(k)x_j(k), \quad j = 1, 2, \cdots, n$ donde el parámetro $\eta(k)$ es la tasa de aprendizaje que controla el ajuste aplicado a los pesos sinápticos en la iteración k y $\eta(k) \in [0,1]$. Si $\eta(k) = \eta$, donde η es una constante, independiente del número de la iteración, se tiene la regla de adaptación de incremento fijo para el perceptrón.

- Si en la iteración k hemos introducido el patrón $\left(x_1^r, x_2^r, \ldots, x_n^r\right)$ que pertenece, por ejemplo, a la clase C_2, y que ahora es $\left(x_1(k), x_2(k), \ldots, x_n(k)\right)$, entonces:

  a) Si $y = -1$ la clasificación es correcta y no modificamos los pesos, es decir, $w_j(k+1) = w_j(k), \quad j = 1, 2, \cdots, n$

  b) Si $y = +1$ la clasificación es incorrecta y $w_j(k+1) = w_j(k) - \eta(k)x_j(k), \quad j = 1, 2, \cdots, n$.

Por lo tanto, en la salida de la red hay un controlador o profesor que compara la salida de la red con el valor deseado, y en caso de que coincidan (salida incorrecta) modifica los pesos de la red como hemos indicado anteriormente. Por lo tanto, es un procedimiento de aprendizaje supervisado con corrección de error. Obsérvese que la regla de aprendizaje anterior también se puede expresar de la siguiente forma:

$$w_j(k+1) = w_j(k) + \eta[d(k) - y(k)]x_j(k), \quad j = 1, 2, \cdots, n.$$

donde $d(k)$ es la salida deseada en la etapa k.

La tasa de aprendizaje habrá que elegirla de forma que se acelere la convergencia del procedimiento. Una elección adecuada de la tasa de aprendizaje es la siguiente:

$$\eta = \frac{2|w(k)'x(k)|}{\|x(k)\|^2}$$

donde $x(k) = (x_1, x_2, \cdots, x_n)'$ y $w(k) = (w_1, w_2, \cdots, w_n)'$. Se obtienen así la regla de aprendizaje normalizada del perceptrón, pues asegura en cada iteración que los vectores de pesos sinápticos estén normalizados.

El teorema de convergencia del perceptrón asegura que después de un número finito de iteraciones el perceptrón clasifica correctamente a todos los patrones de entrenamiento, siempre que estos sean linealmente separables (ver Haykin 1994). Si consideramos ahora m neuronas que reciben las mismas señales de entrada, tendremos m salidas y podemos aplicar el mismo proceso de aprendizaje a cada neurona, pero ahora disponemos de 2^m salidas posibles para cada entrada.

Por otra parte, una regla discriminante d es una aplicación que corresponde a una partición del espacio R^n en L regiones disjuntas $R_1, R_2, \ldots, R_L$, y vienen definida como:

Asigna x a la población C_i si $x \epsilon R_i$

El clasificador Gaussiano de máxima verosimilitud corresponde a un procedimiento de estimación paramétrico donde las muestras (conjunto de señales de entrada) de la clase C_i, $i=1,2$, siguen una distribución normal multivariante de media $\mu_i = (\mu_{i1}, \mu_{i2}, \cdots, \mu_{in})'$ y matriz de covarianza Σ, y las clases C_1 y C_2 son equiprobables. Viene definido de la siguiente forma:

Si $w'x \geq \theta$ asigna x a la clase C_1

Si $w'x < \theta$ asigna x a la clase C_2

donde $w = \Sigma^{-1}(\mu_1 - \mu_2)$ y $\theta = (\mu_1'\Sigma^{-1}\mu_1 - \mu'\Sigma^{-1}\mu_2)/2$.

$D(x) = w'x - \theta$ es la función discriminante lineal de Fisher.

El perceptrón y el clasificador Gaussiano de máxima verosimilitud son clasificadores lineales. El perceptrón opera sobre la premisa de que las dos clases son linealmente separables mientras que el clasificador Gaussiano no. El perceptrón es un procedimiento no paramétrico, en el sentido de que no hace hipótesis sobre la forma de las distribuciones de cada clase. En este sentido es un procedimiento más robusto. La hipótesis de normalidad del clasificador Gaussiano limita su área de aplicación. El algoritmo del perceptrón es adaptativo y sencillo de implementar; las necesidades de almacenamiento se reducen a los pesos sinápticos y al umbral. Por otro lado, el diseño del clasificador Gaussiano es fijo, aunque se puede hacer adaptativo, pero precisa de un notable incremento en el almacenamiento y las computaciones son más complejas. El clasificador Gaussiano minimiza la probabilidad media de clasificación incorrecta. ¿Con respecto a qué criterio o medida conveniente es óptimo el perceptrón? Shynk (1990) ha deducido el algoritmo del perceptrón a partir del siguiente criterio: minimizar el valor esperado del error ponderado por la diferencia entre el potencial sináptico y el umbral, es decir, $J = E\big[(y(k) - d(k))(u(k) - \theta)\big]$ siendo $d(k)$ es la salida deseada en la iteración k.

El estimador instantáneo de la función objetivo anterior es:

$$\hat{J}(k) = \big[y(k) - d(k)\big]\big(u(k) - \theta\big)$$

y su vector gradiente:

$$\nabla_w \hat{J}(k) = \big[y(k) - d(k)\big]\frac{\partial(u - \theta)}{\partial w(k)} = \big[y(k) - d(k)\big]x(k).$$

Si modificamos los pesos en la dirección opuesta al gradiente, obtenemos:

$$\Delta w(k) = -\eta \nabla_w \hat{J}(k) = \eta\big[d(k) - y(k)\big]x(k),$$

que es la regla del perceptrón.

En un problema de clasificación en el que intervienen m clases, C_1, C_2,..., C_m, utilizaremos una capa de m neuronas conectadas todas ellas a las mismas señales de entrada y que nos darán m señales de salida (perceptrón multicapa). Si la entrada $x = (x_1, x_2,..., x_n)$ es de la clase C_1 entonces la salida deseada es: $d_1 = 0$, $d_2 = 0$,..., $d_i = 1$,..., $d_m = 0$.

Si introducimos una capa oculta de neuronas, es decir, una capa de neuronas entre la entrada y las neuronas de salida, que utilizan la función de activación lineal o la logística, y las neuronas de salida utilizan la función de activación lineal o la logística, podemos clasificar correctamente conjuntos de patrones no separables linealmente utilizando la regla de aprendizaje de retropropagación del error (ver Haykin 1994). Es más, se puede demostrar que estas redes neuronales con una capa oculta son clasificadores universales (Cybenko, 1989).

6.7 ANÁLISIS DE SERIES TEMPORALES MEDIANTE REDES NEURONALES

Una serie temporal consiste en una secuencia de valores de varias variables que evolucionan (van cambiando) en el tiempo. Se trata de predecir el comportamiento futuro del fenómeno o sistema dinámico que genera esos valores basándose en una colección de datos históricos. Por ejemplo, la predicción del consumo de energía eléctrica o la predicción del número de vacunas contra la gripe que se van a demandar en una región determinada. La mejor manera de resolver estos problemas es encontrando la ley subyacente que genera dichos procesos. Esta ley se puede obtener mediante métodos analíticos, como puede ser un conjunto de ecuaciones diferenciales. Sin embargo, la información que vamos a tener del proceso va a ser generalmente parcial o incompleta y, por lo tanto, la predicción no se puede hacer mediante un modelo analítico conocido. Se intentará descubrir alguna regularidad empírica fuerte en las observaciones de las series temporales. En muchos problemas del mundo real algunas regularidades, como la periodicidad, aparecen enmascaradas por ruidos, e incluso algunos procesos dinámicos se describen por series de tiempo caóticas, donde los datos parecen aleatorios sin periodicidades aparente.

Aunque el caos impide cualquier predicción a largo plazo, sin embargo, se consiguen resultados prometedores para predicciones a corto plazo utilizando redes neuronales artificiales que vienen descritas por una función multivariante no lineal:

$$y(t) = F[y(t-1), y(t-2), ..., y(t-k)]$$

donde $y(t)$, t $= m$, $m-1$,..., k, son las muestras dadas de la serie de tiempo, F es una función no lineal desconocida y $k < m$.

La mayoría de las técnicas disponibles suponen relaciones lineales entre las variables o entre las variables desfasadas en el tiempo. Pero estas técnicas suelen ser inadecuadas para analizar los datos temporales del mundo real ante la imposibilidad de explicar cambios repentinos de amplitud grande y en intervalos irregulares de tiempo. La formulación de modelos no lineales razonables es una tarea muy difícil. Por ello, como el objetivo es hacer buenas previsiones, las redes neuronales son una buena alternativa para el cálculo de predicciones. Lapides y Fraber (1987) fueron los pioneros en aplicar las redes neuronales para modelado de sistemas simples (libres de ruido) y su predicción. El problema principal, al menos por el momento, es la dificultad de encontrar la red adecuada para cada caso, no existen reglas fijas que determinen la arquitectura de la red neuronal apropiada a cada caso de estudio. En el trabajo de La Fuente y Pino (1995) se presenta un análisis comparativo para el cálculo de previsiones entre las metodologías de Box-Jenkins y las redes neuronales y se propone la utilización de la metodología de Box-Jenkins como paso previo al diseño de la estructura de la red neuronal.

El perceptrón multicapa es el modelo más utilizado de redes de neuronas artificiales para predicción de valores futuros. La unidad de salida nos da una combinación lineal de las salidas de todas las unidades ocultas:

$$\hat{y}(t) = \omega_0 + \sum_{j=1}^{h} \omega_j \psi_j \left(\sum_{i=1}^{k} \omega_{ji} y(t-i) + \omega_{j0} \right)$$

donde ψ_j es la función de activación. Los pesos sinápticos ω_{ji} y ω_j se van ajustando durante el proceso de aprendizaje y pueden ser positivos, negativos o nulos.

Para diseñar la red neuronal tenemos que ver cuántas neuronas ocultas debemos utilizar. Generalmente el número de neuronas ocultas es proporcional al tamaño de la muestra que se utiliza para el entrenamiento de la red. El comportamiento de la red se valora según la función de error:

$$E(\omega) = \sum_{k=1}^{p} (y(k) - \hat{y}(k))^2$$

donde p es el número de muestras utilizadas en el entrenamiento.

Recientemente se ha demostrado que, para p muestras de entrenamiento, un perceptrón con una sola capa oculta de p-1 neuronas puede implementar dicho conjunto de entrenamiento. Es decir, que son suficientes p-1 neuronas, pero generalmente necesitaremos menos.

Otro modelo alternativo al perceptrón es la red neuronal que emplea funciones de base radial, es decir, su salida es de la forma:

$$\hat{y}(t) = \omega_0 + \sum_{i=1}^{h} \omega_i \phi_i \left(\| x(t) - c_i \| \right)$$

donde $x(t) = (y(t-1), ..., y(t-k))'$ y $c_i \in R^k$ $(i = 1, 2, ..., h)$ son los centros de las funciones de base radial. Una función de base radial muy utilizada es la función Gaussiana:

$$\phi(r) = \exp\left(\frac{-r^2}{\sigma^2} \right)$$

Se ha demostrado experimentalmente que las redes neuronales con funciones de base radial aproximan una amplia clase de funciones multidimensionales. Además, presentan la ventaja sobre el perceptrón de que sus tiempos de entrenamiento son mucho menores.

6.8 ANÁLISIS DE COMPONENTES PRINCIPALES CON REDES NEURONALES

Sabemos que la obtención de las componentes principales nos permitirá una disminución de la dimensionalidad perdiendo poca información y la detección de los rasgos característico del conjunto de datos, que puede ser útil en problemas de clasificación y reconocimiento.

Consideremos una red de neuronas artificiales cuya salida viene dada por $y = \varpi' x$, siendo $x = (x_1, x_2,...,x_n)'$ el vector de entrada a la unidad de proceso (neurona) y $\omega = (\omega_1, \omega_2,...,\omega_n)'$ el vector de pesos sinápticos.

La regla de aprendizaje que vamos a considerar fue propuesta por Hebb (*aprendizaje hebbiano*). El postulado de Hebb establece que las variaciones de los pesos sinápticos (cambios de la eficacia sináptica) son proporcionales al producto de las señales presinápticas (entrada), x, y la señal postsináptica, y. Es decir, $\Delta\omega_j(k+1) = \omega_j(k+1) - \omega_j(k) = \eta x_j(k) y(k), \quad j = 1, 2,...,n$ o, en forma vectorial, $\Delta\omega(k+1) = \eta y(k) x(k)$ siendo $\eta > 0$ la tasa de aprendizaje.

Supongamos ahora que el vector de entradas x es un vector aleatorio con función de densidad $f(x)$. En cada instante de tiempo k, $k=1, 2,...$ le presentamos a la red un vector de entrada x que es un valor del vector aleatorios que tienen como función de densidad $f(x)$, y vamos actualizando los pesos sinápticos según la regla de Hebb anteriormente citada. Por lo tanto, podemos considerar que $\Delta\omega(k+1)$ es un vector aleatorio cuyo valor esperado es:

$$E[\Delta\omega(k+1)] = E[\eta x(k) y(k)] = E[\eta x(k)(x(k)' \omega(k))] = \eta E[(x(k) x(k)')\omega(k)]$$

y si suponemos que x y ω son estadísticamente independientes, la expresión anterior es:

$$= \eta E[x(k) x(k)'] E[\omega(k)]$$

Además, podemos suponer, sin pérdida de generalidad, que el vector aleatorio x tienen de media cero en todas sus componentes y así la matriz $C = E[x(k) x'(k)]$ es la matriz de covarianza.

La red podría alcanzar el equilibrio (estabilizarse) si $E[\Delta\omega(k+1)] = 0$. Ello conduce a que $C\omega = 0$ y así $\omega^* = 0$ es el único estado de equilibrio. La matriz C (real y simétrica) es semidefinida positiva y así sus valores propios, λ_i, $i = 1, 2,...,n$, son positivos o nulos y tiene vectores propios ortogonales a^i, $i = 1, 2,...,n$, que satisfacen:

$$Ca^i = \lambda_i \, a^i \, , \; i = 1,2,...,n$$

Se puede probar que la solución $\omega^* = 0$ no es estable y por lo tanto la ecuación anterior del valor esperado es inestable y así esta regla conduce a un crecimiento ilimitado del vector de pesos sinápticos ω (magnitud infinita con una dirección paralela al vector propio que tienen asociado el valor propio mayor). Para solucionar este problema hay que incorporar algún tipo de normalización o saturación en la regla de aprendizaje que actualiza los pesos sinápticos. Así se llega a la siguiente regla de aprendizaje:

$$\omega(k+1) = \frac{\omega(k) + \eta y(k) x(k)}{\left\| \omega(k) + \eta y(k) x(k) \right\|}$$

Una alternativa (regla de Oja) propuesta consiste en añadir un término que sustrae una cantidad proporcionar a y^2:

$$\omega(k+1) = \omega(k) + \eta y(k) x(k) - \eta \left(y(k)^2 \right) \omega(k)$$

es decir:

$$\omega(k+1) = \omega(k) + \eta [x(k) - y(k)\omega(k)] y(k)$$

La regla de Oja converge en media a un estado ω^* que maximiza el valor medio de y^2, $E(y^2)$, sujeto a la condición $\left\| \omega \right\| = 1$. Por lo tanto, ω^* es el vector propio principal (aquel que corresponde al mayor valor propio) de la matriz de covarianza.

6.9 CLUSTERING MEDIANTE REDES NEURONALES

Las técnicas de *clustering* se ocupan de realizar una partición de un conjunto dado de datos en varios grupos o categorías. Tienen aplicaciones en muchos campos como la medicina, la biología, la zoología y, sobre todo, en las tecnologías de la información. La mayoría de las técnicas que se han desarrollado se puede dividir en tres grandes grupos: jerárquicas, de minimización de costes o distorsiones y de teoría de grafos. Sin embargo, cuando se trata de grandes conjuntos de datos, solamente las técnicas de minimización de costes son las adecuadas, por razones de complejidad computacional.

Dado un conjunto de datos $\left\{ x_i \in R^n , \, i = 1, 2,...,p \right\}$ que corresponden a n valores de un vector aleatorio X cuya función de distribución F_x se desconoce, pero se sabe que es una mixtura de m funciones de distribución, el problema consiste en formar m grupos o categorías con los datos según una cierta función de distancia o medida de distorsión, que en nuestro caso va a ser el error cuadrático (la distancia euclídea al cuadrado).

Cada grupo va a venir representado por su centroide, es decir, su vector media. Por lo tanto, se trata de determinar m centroides, $\omega_i \in R^n$, $i = 1, 2, \ldots, m$, de manera que la distorsión entre cada dato y su centroide sea mínima, es decir, minimizar:

$$J(\omega_1, \omega_2, \ldots, \omega_m) = \sum_{i=1}^{n} \sum_{x_j \in C_i} \left\| x_j - \omega_i \right\|^2$$

La solución de este problema conduce a una partición del conjunto de datos en m clases, categorías o regiones, C_i, $i = 1, 2, \ldots, m$, definidas de la siguiente forma:

$$x_j \in C_i \Leftrightarrow \left\| x_j - \omega_i \right\| < \left\| x_j - \omega_k \right\|, \forall k \neq i$$

Obsérvese que, para una partición dada, los vectores de representación ω_i, $i = 1, 2, \ldots, m$, también llamados prototipos o vectores de referencia, que hacen mínima la distorsión son los centroides del grupo, es decir:

$$\omega_i = \frac{\displaystyle\sum_{j \in C_i} x_j}{n_i}$$

donde n_i es el número de elementos del grupo C_i.

El número de particiones diferentes de un conjunto de N elementos en K grupos es:

$$S(N, K) = \frac{1}{K!} \sum_{i=1}^{k} (-1)^{k-1} \binom{k}{i} i^N$$

Para resolver este problema se han propuesto muchos algoritmos, como, por ejemplo, el algoritmo de las K-Medias de Moqueen (1967). Sin embargo, estos algoritmos nos conducen a soluciones parciales, es decir, a mínimos locales, que no tienen por qué ser mínimos globales (solución óptima). Así, la dificultad de este problema radica en que la función objetivo tienen muchos mínimos locales, que no son necesariamente globales (solución óptima).

Para llevar a cabo este tipo de agrupaciones vamos a utilizar las redes neuronales competitivas con aprendizaje no supervisado, que permiten formar grupos o categorías con los datos de entrada. Cada entrada se asignará a la clase que le especifica la unidad de salida activada. En este tipo de aprendizaje las neuronas compiten entre ellas para ver cuál es la que se activa; sólo una de ellas se activa, por ello, se le suele llamar el aprendizaje donde la ganadora se lleva todo. Aquí la red, por sí sola (sin supervisión), realiza la agrupación de los datos en categorías y nos da los prototipos de cada categoría.

Este nuevo paradigma de aprendizaje fue introducido por Rumelhart y Zipser (1985), bajo el nombre de *aprendizaje competitivo*. La red consta de una capa de *m* neuronas o unidades de proceso que están conectadas con las señales o patrones de entrada y dichas conexiones tienen asociados unos pesos sinápticos que van a representar a los patrones prototipo. Cada neurona sólo tiene dos posibles valores de salida: 0 (no activada) ó 1 (activada) y sólo se activa una neurona para cada patrón de entrada, aquella que recibe un mayor potencial sináptico (neurona ganadora).

Si la neurona *i* recibe la señal de entrada $x = (x_1, x_2,\ldots, x_n)'$ y tiene los pesos sinápticos $\omega_i = (\omega_{i1}, \omega_{i2},\ldots, \omega_{in})'$, su potencial sináptico viene dado por la expresión:

$$h_i = \sum_{j=1}^{n} \omega_{ij} x_j - \frac{1}{2} \sum_{j=1}^{n} \omega_{ij}^2$$

Cuando $h_r = máx\ \{h_1, h_2\ldots, hm\}$ la salida de la red es:

$$(y_1, y_2\ldots, y_{r-1}, y_{r+1}, \ldots, y_m) = (0,0,\ldots,0,1,0,\ldots,0)$$

Obsérvese que tal y como hemos definido el potencial sináptico se tiene que:

$$h_i < h_j \iff d(\omega_i, x) > d(\omega_j, x)$$

siendo *d* la distancia Euclídea. Por lo tanto, la neurona que se activa es aquella cuyo vector de pesos sinápticos está más próximo al patrón de entra *x*, es decir, es el más parecido o similar.

Se trata de conseguir que el vector de pesos sinápticos de cada neurona llegue a ser el centroide (prototipo) del conjunto de datos que representa, es decir, para los cuales dicha neurona resulta ganadora. Ello se consigue con la *regla de aprendizaje competitivo*.

Para deducir la regla de aprendizaje competitivo vamos a considerar un conjunto de *p* patrones de entrada, que representaremos por $x_i = (x_{i1}, x_{i2},\ldots, x_{in})'$, *i*=1, 2,…, *p*, y al que llamaremos conjunto de entrenamiento de la red, pues a partir de él vamos a obtener el valor de los pesos sinápticos de cada neurona de la red. Si para la entrada *x* resulta ganadora la neurona es porque su vector de pesos es el más parecido y así esta entrada se asigna a la clase *r*.

Esto quiere decir que el vector de pesos sinápticos ω_r es el que representa al patrón de entrada *x*, y como deseamos que esta representación sea lo mejor posible, ω_r debe estar lo más próximo posible a todos los patrones del grupo que representa. Para ello debemos actualizar (modificar) el vector de pesos sinápticos ω_r de la neurona ganadora r acercándolo al patrón de entrada s. Es decir, si en la etapa $k+1$ hemos introducido el patrón de entrada x y ha resultado ganadora la neurona r entonces modificamos sus pesos sinápticos según la expresión:

$$\omega_r(k+1) = (1 - \eta_r(k))\omega_r(k) + \eta_r(k)x(k) = \omega_r(k) + \eta_r(k)[x(k) - \omega_r(k)]$$

siendo η_r la tasa de aprendizaje de la neurona r.

Las demás neuronas no modifican sus pesos sinápticos. Esta es la regla estándar del aprendizaje competitivo. Obsérvese que es una combinación lineal entre el vector de entrada y el vector de pesos sinápticos y conforme menor sea el valor de la tasa de aprendizaje menor será la modificación de los pesos sinápticos. La tasa de aprendizaje de cada neurona debe de ser una función decreciente con respecto al número de la etapa, de forma que después de un número adecuado de etapas la red se estabiliza y deja de aprender. Durante el proceso de aprendizaje se introduce en cada iteración un patrón de entrada y se actualizan los pesos sinápticos, de manera que el proceso de aprendizaje finaliza después de introducir el conjunto de datos varias veces.

Con esta red, las neuronas aprenden individualmente a especializarse sobre conjuntos de patrones y son así detectoras de características. Cada vector de pesos sinápticos representa el prototipo de la clase o grupo que define la neurona correspondiente.

Este algoritmo es similar al algoritmo de las K-Medias de MacQueen, que consiste en ir asignando cada patrón al centroide más cercano y volver a determinar los centroides de los nuevos grupos formados. Ahalt y otros (1990) han puesto de manifiesto la conveniencia de utilizar el aprendizaje competitivo para resolver nuestro problema pues conduce a soluciones óptimas o cercanas a la óptima.

Ueda and Nakano (1994) han propuesto un nuevo aprendizaje competitivo con un mecanismo de selección basado en el principio de equidistorsión que permite a la red escapar de los mínimos locales y Uchiyama y Arbib (1994) han mostrado la relación existente entre nuestro problema de agrupación y la cuantificación vectorial, y presentan un algoritmo de aprendizaje competitivo que genera unidades donde la densidad de datos de entrada es alta, aplicándolo a la segmentación de imágenes en color.

6.10 SPSS Y LAS REDES NEURONALES

Las redes neuronales son la herramienta preferida para muchas aplicaciones de minería de datos predictiva por su potencia, flexibilidad y facilidad de uso. Las redes neuronales predictivas son especialmente útiles en las aplicaciones cuyo proceso subyacente sea complejo; por ejemplo:

- Prever la demanda de los consumidores para racionalizar los costes de producción y entrega.

- Predecir la probabilidad de respuesta al marketing mediante correo directo para determinar a qué unidades familiares de una lista de correo debe enviarse una oferta.

- Puntuar a un solicitante para determinar el riesgo que supone concederle un crédito.

- Detectar transacciones fraudulentas en una base de datos de reclamaciones de seguros.

Las redes neuronales utilizadas en las aplicaciones predictivas, como las redes de perceptrones multicapa (MLP) y las de función de base radial (RBF), se supervisan en el sentido de que los resultados pronosticados por el modelo se pueden comparar con los valores conocidos de las variables de destino. La opción de redes neuronales de le permite ajustar las redes MLP y RBF y guardar los modelos resultantes para la puntuación.

6.10.1 Perceptrón Multicapa (MLP)

El procedimiento *Perceptrón multicapa* (MLP) de IBM SPSS genera un modelo predictivo para una o más variables dependientes (de destino) basada en los valores de las variables predictoras. A continuación, se describen dos situaciones en las que se utiliza el procedimiento MLP:

El encargado de préstamos de un banco desea poder identificar características que sean indicativas de personas que puedan causar mora en los créditos y utilizar dichas características para identificar riesgos de crédito positivos y negativos. Utilizando una muestra de clientes anteriores, puede entrenar un perceptrón multicapa, validar el análisis utilizando una muestra reservada de clientes anteriores y posteriormente utilizar la red para clasificar a los posibles clientes según los riesgos de crédito que presenten.

Un sistema hospitalario está interesado en realizar un seguimiento de los costes y las duraciones de las estaciones de los pacientes ingresados para tratamientos de infartos de miocardio. La obtención de estimaciones precisas de estas medidas permite a la administración gestionar adecuadamente las camas disponibles a medida que se trata a los pacientes. Utilizando los registros de tratamiento de una muestra de pacientes que recibido tratamiento a consecuencia de un infarto de miocardio, el administrador puede entrenar una red que pronostique tanto el coste como la duración de la estancia.

En nuestro caso consideramos un ejemplo similar al primero que se ha expuesto aquí. Un decisor de un banco tiene que identificar a qué clientes puede conceder un crédito con garantía suficiente de devolución. Dispone de una base de datos con un histórico de clientes en la que conoce si los clientes han devuelto o no el crédito (CREDIT_V), la categoría profesional de los clientes (CAT_PROF), su sueldo mensual (PAGO_MES), su edad (EDAD) y si disponen o no de tarjetas de crédito (AMEX). Con esta información debe construir un modelo predictivo que pronostique la categoría de la variable dependiente (devuelve o no devuelve el crédito en la variable CREDIT_V) en la que debe de clasificar a cualquier nuevo cliente que solicite un crédito conociendo los valores de sus variables independientes (CAT_PROF, PAGO_MES y AMEX).

Utilizaremos una red neuronal Perceptrón Multicapa. Para ello, después de cargar en memoria el fichero *créditos.sav* que contiene la información de las variables citadas, elegimos en los menús de SPSS *Analizar → Redes neuronales → Pereceptrón Multicapa* (Figura 6-4).

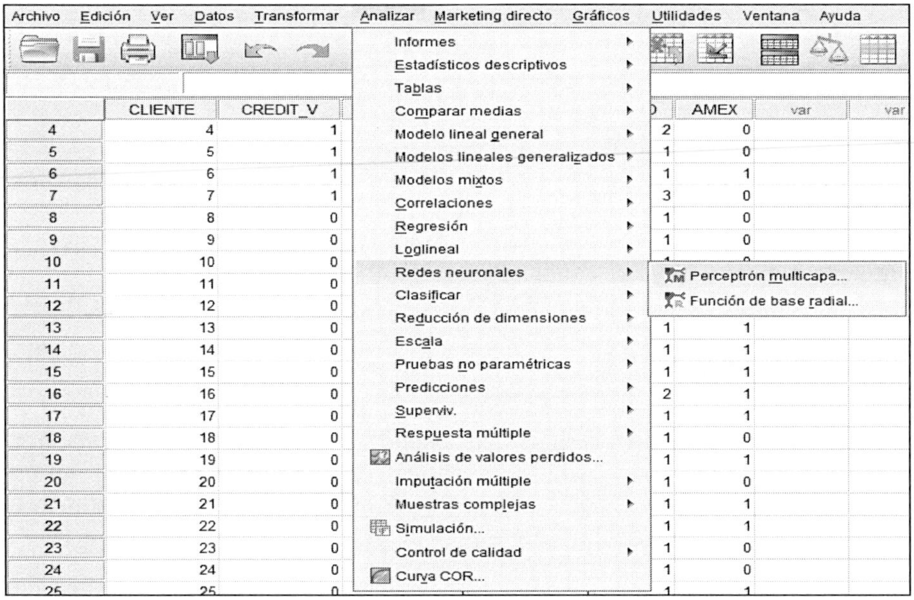

Figura 6-4

Se obtiene la pantalla del *Perceptrón Multicapa*, en cuya solapa *Variables* (Figura 6-5) definimos la o las variables dependientes del modelo, las variables independientes categóricas (*Factores*) y las variables independientes métricas (*Covariables*). En la solapa *Particiones* (Figura 6-6) definimos el porcentaje de casos del fichero que dedicaremos a entrenamiento de la red, a prueba y a reserva. En la solapa *Arquitectura* (Figura 6-7) definimos la arquitectura de la red neuronal permitiendo la selección automática de la arquitectura (opción recomendada) o fijando a medida el número de capas ocultas de la red, el número de unidades, la función de activación, la función de activación de la capa de salida y el cambio de escala de las variables dependientes de escala. En la solapa *Entrenamiento* (Figura 6-8) se define el tipo de entrenamiento, el algoritmo de optimización y las opciones de entrenamiento. En la solapa *Resultados* (Figura 6-9) se definen los resultados a obtener en el ajuste del modelo de red neuronal, tanto para la estructura de la red, como para su rendimiento y resumen de procesamiento de casos e importancia de las variables independientes. En la solapa *Guardar* (Figura 6-10) definimos las variables que vamos a guardar en el fichero de datos (categoría pronosticada de las variables dependientes y sus probabilidades). En la solapa *Exportar* (Figura 6-11) podemos decidir exportar a un archivo XML los pesos sinápticos. En la solapa *Opciones* (Figura 6-12) podemos definir el tratamiento de los valores perdidos, las reglas de parada, el tiempo de entrenamiento de la red, los datos usados para calcular el error de predicción, el número de casos a almacenar en memoria y otros valores para ajustar la red.

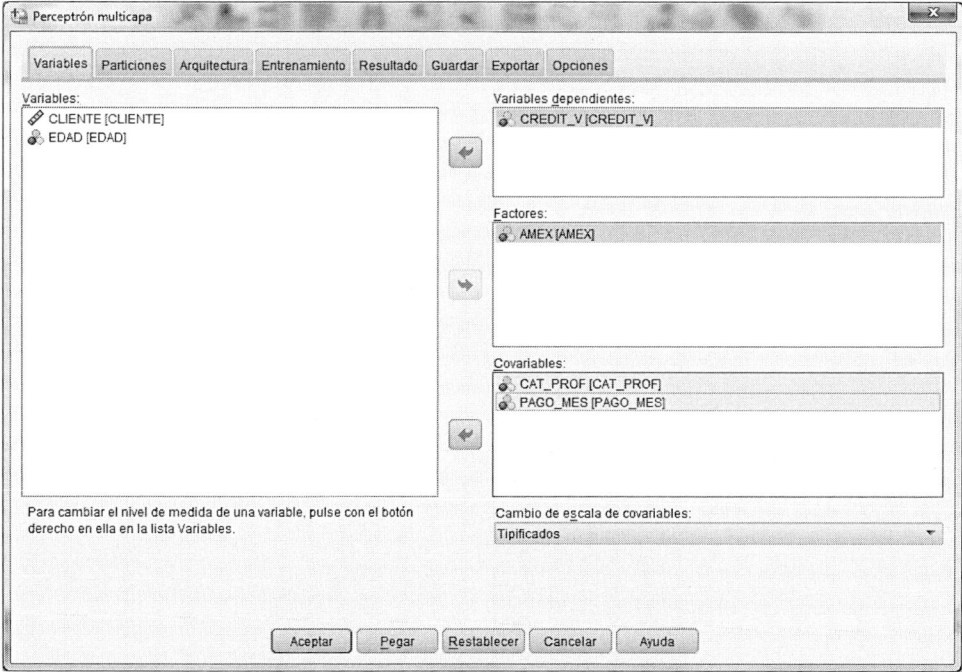

Figura 6-5

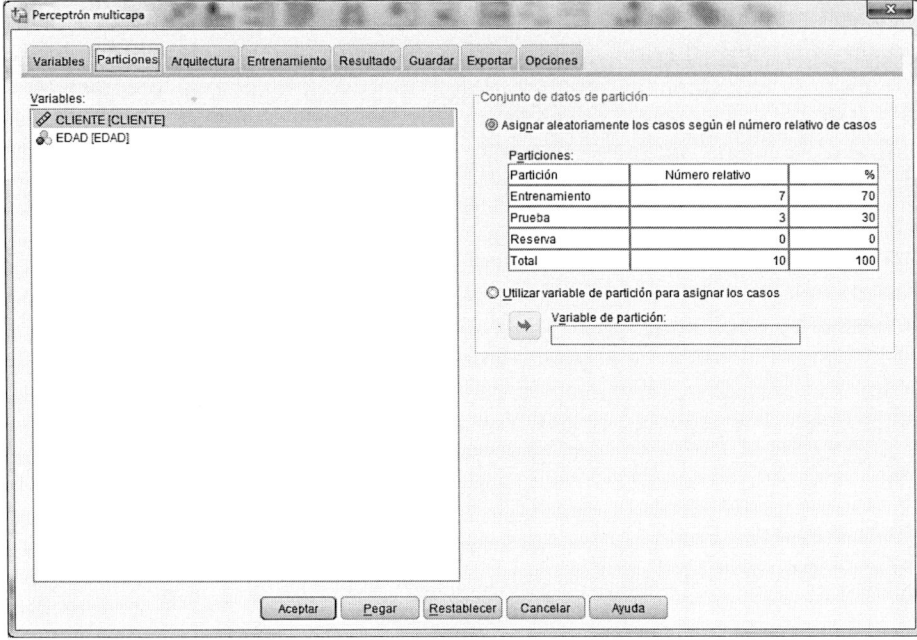

Figura 6-6

Figura 6-7

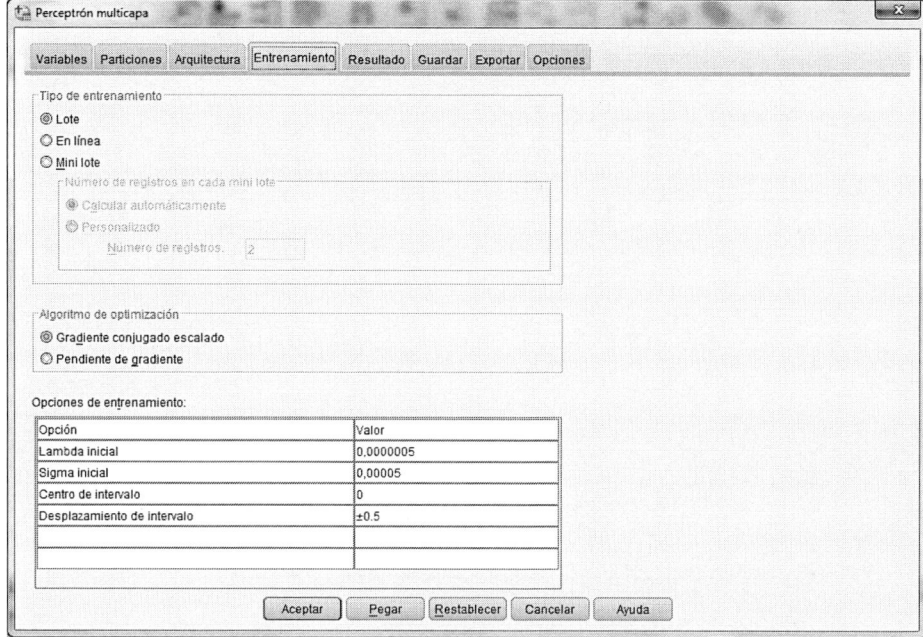

Figura 6-8

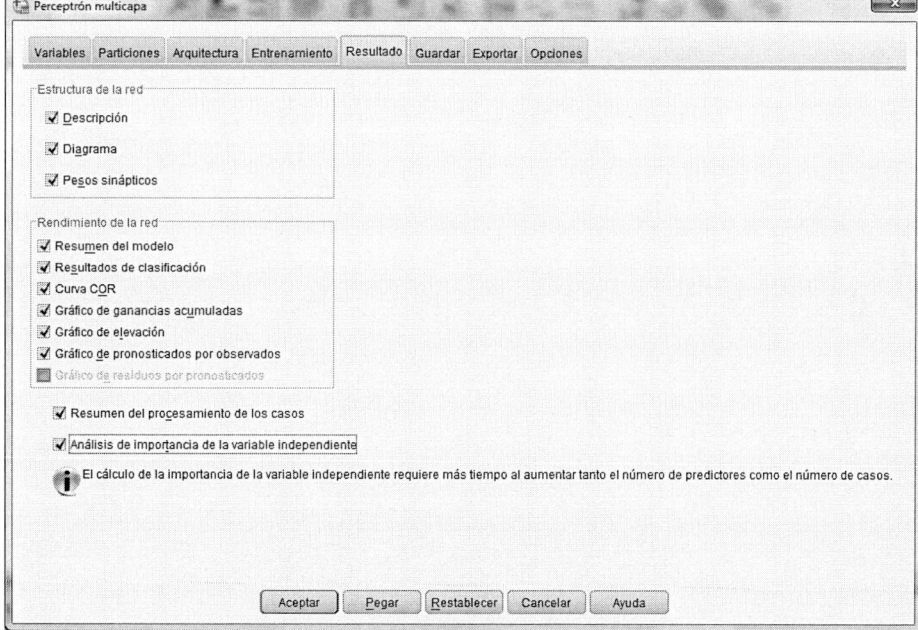

Figura 6-9

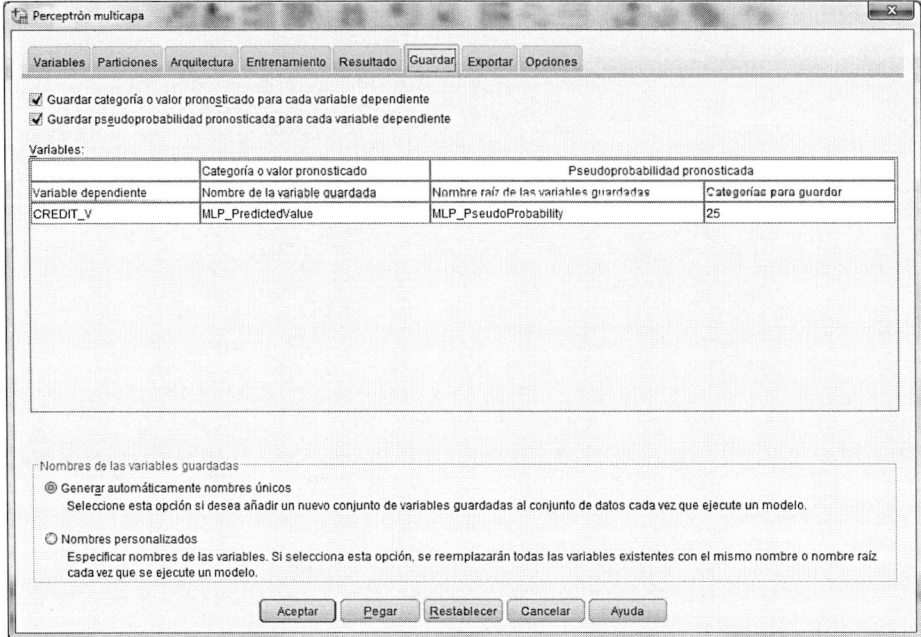

Figura 6-10

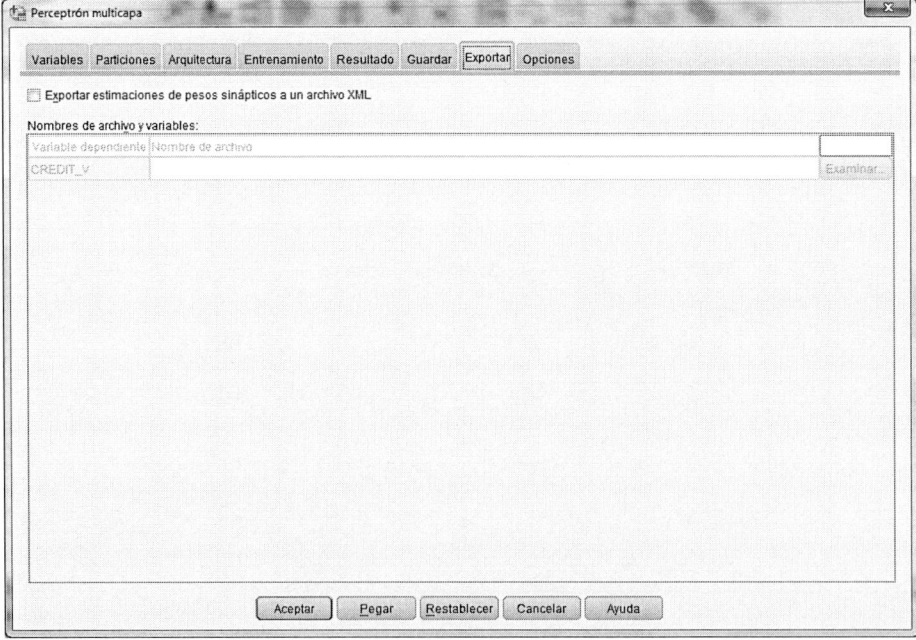

Figura 6-11

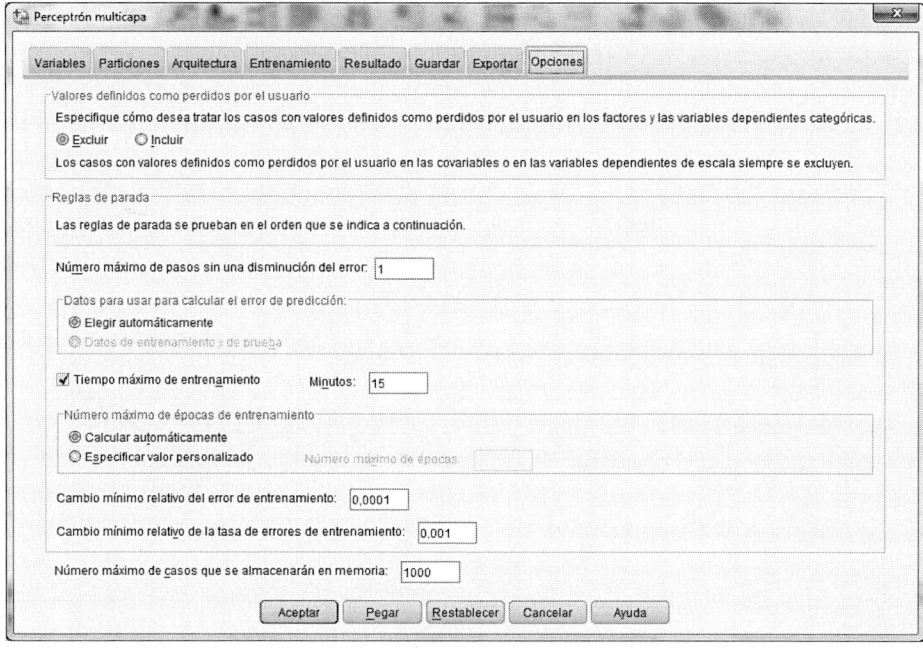

Figura 6-12

Al hacer clic en *Aceptar* se obtiene la salida. En la Figura 6-13 se observa un resumen de casos e información sobre la red.

Perceptrón multicapa

[Conjunto_de_datos2]

Resumen del procesamiento de los casos

		N	Porcentaje
Muestra	Entrenamiento	223	69,0%
	Prueba	100	31,0%
Válidos		323	100,0%
Excluidos		0	
Total		323	

Información sobre la red

Capa de entrada	Factores	1		AMEX	
	Covariables	1		CAT_PROF	
		2		PAGO_MES	
	Número de unidades[a]				4
	Método de cambio de escala para las covariables			Tipificados	
Capas ocultas	Número de capas ocultas				1
	Número de unidades de la capa oculta 1[a]				3
	Función de activación			Tangente hiperbólica	
Capa de salida	Variables dependientes	1		CREDIT_V	
	Número de unidades				2
	Función de activación			Softmax	
	Función de error			Entropía cruzada	

a. Sin incluir la unidad de sesgo

Figura 6-13

En la Figura 6-14 se observa la estructura de la red. En la Figura 6-15 se observa un resumen del modelo de red ajustado y la estimación de sus parámetros. En al Figura 6-16 se observa la matrizde confusión que indica más de un 80% de aciertos en la prediccion de los datos conocidos. En las Figura 6-17 se observa la curva ROC que se aproxima bastante al triángulo superior para indicarnos un buen ajuste corroborado con una área del 87,2% debajo de la curva. En las Figuras 6-18 y 6-19 se muestran las curvas de ganancia y elevación muy ajustadas a los valores teóricos. La Figura 6-20 muestra la importancia de los predictores en la clasifición observando que las variables más influyentes son la categoría profesional y el sueldo.

Si se muestra el conjunto de datos (Figura 6-21) se observa que sus res últimas columnas son las variables relativas a la categoría de la variable dependiente en la que se ha clasificado cada observación y a las probabiliddaes de pertenencia de cada observación a cada una de las categorías de la variable dependiente. Para predecir una observación futura con la red neuronal, basta incorporar los valores de sus variables independientes como una fila adicional en el conjunto de datos. A la variable dependiente se le puede asignar cualquier valor. Se ejecuta otra vez el proceso y se obtiene la predición de la categoría de pertenencia para la nueva observación.

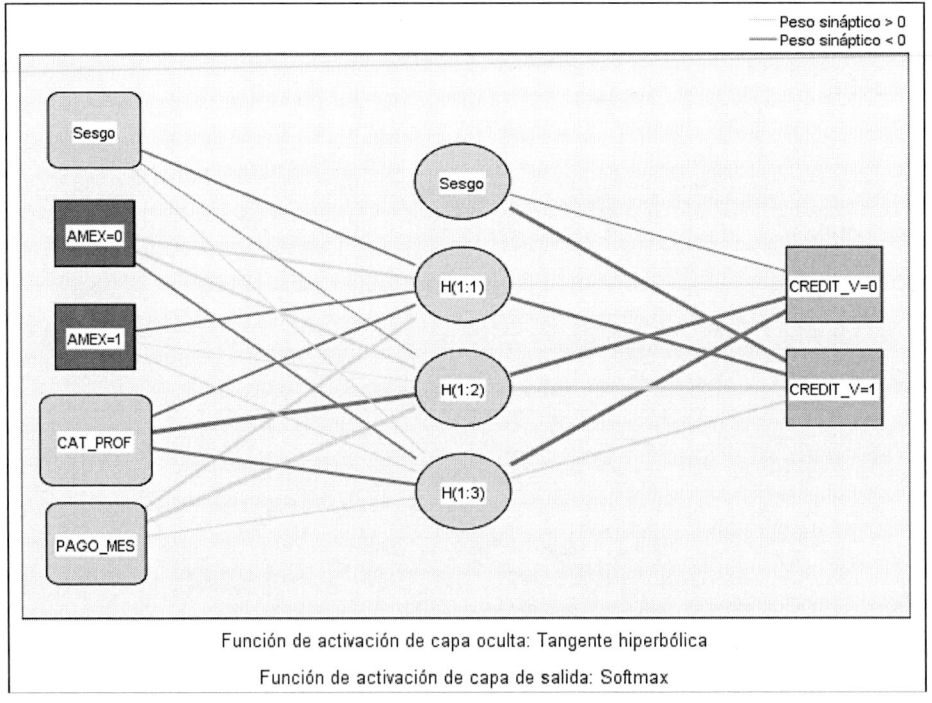

Figura 6-14

Resumen del modelo

Entrenamiento	Error de entropía cruzada	96,849
	Porcentaje de pronósticos incorrectos	15,2%
	Regla de parada utilizada	1 pasos consecutivos sin disminución del error[a]
	Tiempo de entrenamiento	0:00:00,19
Prueba	Error de entropía cruzada	34,856
	Porcentaje de pronósticos incorrectos	12,0%

Variable dependiente: CREDIT_V

a. Los cálculos del error se basan en la muestra de prueba.

Estimaciones de los parámetros

		Pronosticado				
		Capa oculta 1			Capa de salida	
Predictor		H(1:1)	H(1:2)	H(1:3)	[CREDIT_V=0]	[CREDIT_V=1]
Capa de entrada	(Sesgo)	-,207	-,051	,118		
	[AMEX=0]	,277	,272	-,215		
	[AMEX=1]	-,216	,013	,160		
	CAT_PROF	-,237	-1,119	-,248		
	PAGO_MES	,564	1,346	,160		
Capa oculta 1	(Sesgo)				-,081	-,635
	H(1:1)				,055	-,486
	H(1:2)				-,843	1,305
	H(1:3)				-1,130	,247

Figura 6-15

Clasificación

		Pronosticado		
Muestra	Observado	0	1	Porcentaje correcto
Entrenamiento	0	98	20	83,1%
	1	14	91	86,7%
	Porcentaje global	50,2%	49,8%	84,8%
Prueba	0	44	6	88,0%
	1	6	44	88,0%
	Porcentaje global	50,0%	50,0%	88,0%

Variable dependiente: CREDIT_V

Figura 6-16

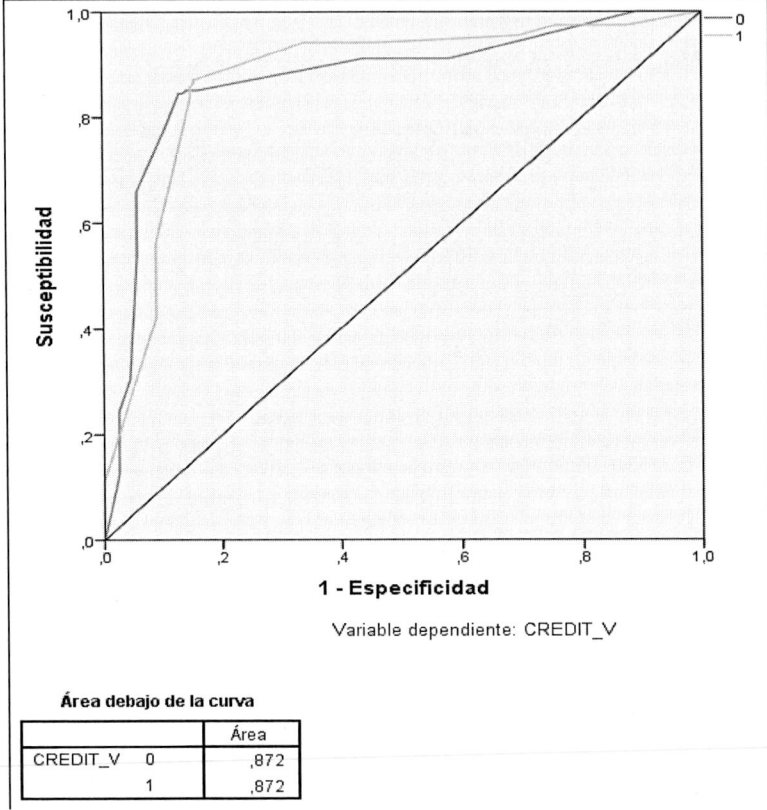

Variable dependiente: CREDIT_V

Área debajo de la curva

		Área
CREDIT_V	0	,872
	1	,872

Figura 6-17

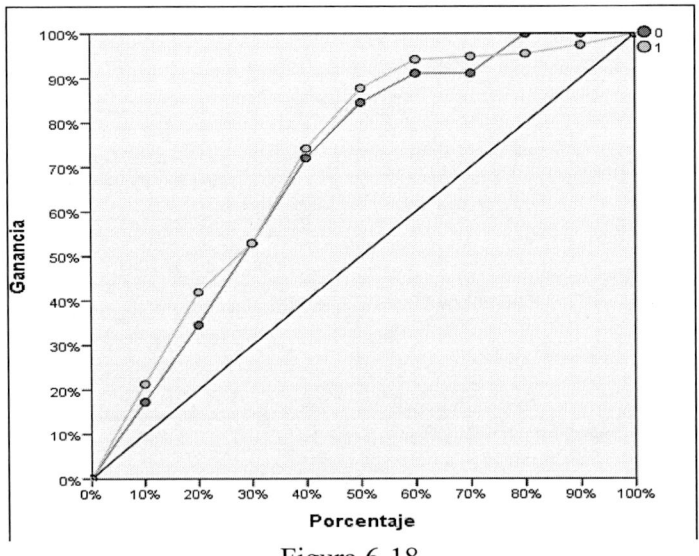

Figura 6-18

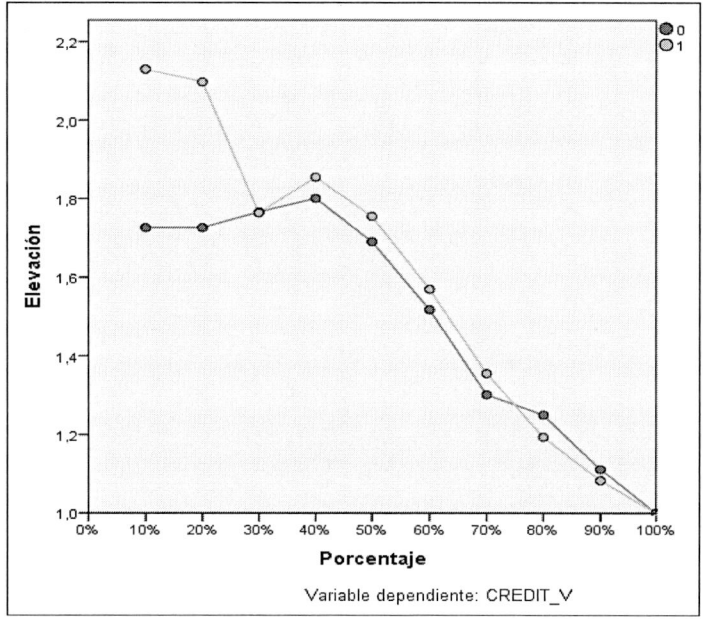

Figura 6-19

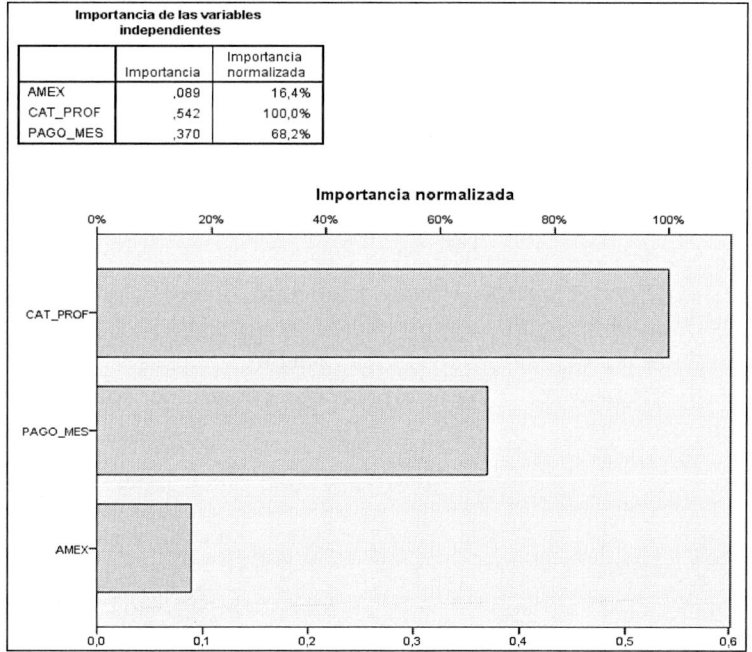

Figura 6-20

CLIENTE	CREDIT_V	CAT_PROF	PAGO_MES	EDAD	AMEX	MLP_Predict edValue	MLP_Pseudo Probability_1	MLP_Pseudo Probability_2
1	1	2	2	2	1	1	,112	,888
2	0	2	1	2	0	0	,819	,181
3	0	4	1	1	1	0	,920	,080
4	1	2	2	2	0	1	,188	,812
5	1	3	2	1	0	1	,272	,728
6	1	1	2	1	1	1	,096	,904
7	1	2	2	3	0	1	,188	,812
8	0	2	2	1	0	1	,188	,812
9	0	2	1	1	0	0	,819	,181
10	0	3	1	1	0	0	,933	,067
11	0	5	1	1	0	0	,960	,040
12	0	4	1	1	1	0	,920	,080
13	0	2	2	1	1	1	,112	,888

Figura 6-21

A continuación se amplía la especificcaión de los distintos apartados de la salida del ajueste de la red.

Estructura de red. Muestra información resumida sobre la red neuronal.

- **Descripción.** Muestra información sobre la red neuronal, incluyendo las variables dependientes, el número de unidades de entrada y de salida, el número de unidades y capas ocultas, y las funciones de activación.

- **Diagrama.** Muestra el diagrama de red como un gráfico que se puede editar. Tenga en cuenta que a medida que aumenta el número de covariables y niveles del factor, el diagrama se hace más difícil de interpretar.

- **Ponderaciones sinápticas.** Muestras las estimaciones de coeficiente que muestran la relación entre las unidades de una capa determinada con las unidades de la capa siguiente. Las ponderaciones sinápticas se basan en la muestra de entrenamiento incluso si el conjunto de datos activo se divide en datos de entrenamiento, comprobación y reservados. Tenga en cuenta que el número de ponderaciones sinápticas puede llegar a ser bastante elevado, y estas ponderaciones generalmente no se utilizan para interpretar los resultados de red.

Rendimiento de red. Muestra los resultados utilizados para determinar si el modelo es "bueno". *Nota*: los gráficos de este grupo se basan en las muestras de entrenamiento y comprobación combinadas, o sólo la muestra de entrenamiento si no existe muestra de comprobación.

- **Resumen de modelo.** Muestra un resumen de los resultados de la red neuronal por partición y global, incluyendo el error, el error relativo o el porcentaje de pronósticos incorrectos, la regla de parada utilizada para detener el entrenamiento y el tiempo de entrenamiento.

    El error es el error de sumas cuadráticas cuando se aplica la función de activación de tangente hiperbólica, identidad o sigmoide a la capa de salida. Éste es el error de entropía cruzada cuando se aplica la función de activación softmax a la capa de salida.

    Los porcentajes o errores relativos de pronósticos incorrectos se muestran dependiendo de los niveles de medida de la variable dependiente. Si alguna variable dependiente tiene un nivel de medida de escala, se muestra el error relativo global promedio (relativo al modelo de la media). Si todas las variables dependientes son categóricas, se muestra el porcentaje promedio de pronósticos incorrectos. También se muestran los errores relativos o porcentajes de pronósticos incorrectos para las variables dependientes individuales.

- **Resultados de clasificación.** Muestra una tabla de clasificación para cada variable dependiente categórica por partición y global. Cada tabla proporciona el número de casos clasificados correcta e incorrectamente para cada categoría de variable dependiente. También se informa del porcentaje de casos totales que se clasificaron correctamente.

- **Curva COR.** Muestra una curva COR (del inglés Receiver Operating Characteristic, características operativas del receptor) para cada variable dependiente categórica. También muestra una tabla que proporciona el área bajo cada curva. Para una variable dependiente dada, el gráfico COR muestra una curva para cada categoría. Si la variable dependiente tiene dos categorías, cada curva trata la categoría en cuestión como el estado positivo frente a la otra categoría. Si la variable dependiente tiene más de dos categorías, cada curva trata la categoría en cuestión como el estado positivo frente a la agregación de las demás categorías.

- **Gráfico de ganancias acumuladas.** Muestra un gráfico de ganancias acumuladas para cada variable dependiente categórica. La presentación de una curva para cada categoría de variable dependiente es la misma que para las curvas COR.

- **Gráfico de elevación.** Muestra un gráfico de elevación para cada variable dependiente categórica. La presentación de una curva para cada categoría de variable dependiente es la misma que para las curvas COR.

- **Gráfico de pronosticados por observados.** Muestra un gráfico de valores pronosticados por observados para cada variable dependiente. Para las variables dependientes categóricas, se muestran diagramas de caja agrupados de pseudoprobabilidades pronosticadas para cada categoría de respuesta, con la categoría de respuesta observada como la variable de conglomerado. Para las variables dependientes de escala se muestra un diagrama de dispersión.

- **Gráfico de residuos por pronosticados.** Muestra un gráfico de residuos por valores pronosticados para cada variable dependiente de escala. No debería haber patrones visibles entre los residuos y los valores pronosticados. Este gráfico sólo se genera para las variables dependientes de escala.

Resumen de procesamiento de casos. Muestra la tabla de resumen de procesamiento de casos, que resume el número de casos incluidos y excluidos en el análisis, en total y por muestras de entrenamiento, comprobación y reservadas.

Análisis de importancia de la variable independiente. Realiza un análisis de susceptibilidad, que calcula la importancia de cada predictor en la determinación de la red neuronal. El análisis se basa en las muestras de entrenamiento y comprobación combinadas, o sólo la muestra de entrenamiento si no existe muestra de comprobación. Así se crea una tabla y un gráfico que muestra la importancia y la importancia normalizada de cada predictor. Tenga en cuenta que el análisis de susceptibilidad supone un proceso de cálculo muy extenso que puede tardar bastante si el número de predictores o de casos es elevado.

6.10.2 Función de base radial (FBR)

El procedimiento *Función de base radial* (FBR) de IBM SPSS genera un modelo predictivo para una o más variables dependientes (de destino) basada en los valores de las variables predictoras. A continuación, se describen dos situaciones en las que se utiliza el procedimiento MLP:

Consideramos un ejemplo relativo a un decisor de un banco que tiene que identificar a qué clientes puede conceder un crédito con garantía suficiente de devolución. Dispone de una base de datos con un histórico de clientes en la que conoce si los clientes han devuelto o no el crédito (CREDIT_V), la categoría profesional de los clientes (CAT_PROF), su sueldo mensual (PAGO_MES), su edad (EDAD) y si disponen o no de tarjetas de crédito (AMEX). Con esta información debe construir un modelo predictivo que pronostique la categoría de la variable dependiente (devuelve o no devuelve el crédito en la variable CREDIT_V) en la que debe de clasificar a cualquier nuevo cliente que solicite un crédito conociendo los valores de sus variables independientes (CAT_PROF, PAGO_MES, EDAD y AMEX).

Utilizaremos una red neuronal tipo Función de base radial. Para ello, después de cargar en memoria el fichero *créditos.sav* que contiene la información de las variables citadas, elegimos en los menús de SPSS *Analizar → Redes neuronales → Función de base radial* (Figura 6-22).

Se obtiene la pantalla del *Función de base radial*, en cuya solapa *Variables* (Figura 6-23) definimos la o las variables dependientes del modelo, las variables independientes categóricas (*Factores*) y las variables independientes métricas (*Covariables*). En la solapa *Particiones* (Figura 6-24) definimos el porcentaje de casos del fichero que dedicaremos a entrenamiento de la red, a prueba y a reserva. En la solapa *Arquitectura* (Figura 6-25) definimos la arquitectura de la red neuronal permitiendo la selección automática de la arquitectura (opción recomendada) o fijando a medida el número de capas ocultas de la red, el número de unidades, la función de activación, la función de activación de la capa de salida y el cambio de escala de las variables dependientes de escala. En la solapa *Resultados* (Figura 6-26) se definen los resultados a obtener en el ajuste del modelo de red neuronal, tanto para la estructura de la red, como para su rendimiento y resumen de procesamiento de casos e importancia de las variables independientes. En la solapa *Guardar* (Figura 6-27) definimos las variables que vamos a guardar en el fichero de datos (categoría pronosticada de las variables dependientes y sus probabilidades). En la solapa *Exportar* (Figura 6-28) podemos decidir exportar a un archivo XML los pesos sinápticos. En la solapa *Opciones* (Figura 6-29) podemos definir el tratamiento de los valores perdidos, las reglas de parada, el tiempo de entrenamiento de la red, los datos usados para calcular el error de predicción, el número de casos a almacenar en memoria y otros valores para ajustar la red.

Al hacer clic en *Aceptar* se obtiene la salida. En la Figura 6-30 se observa un resumen de casos e información sobre la red. En la Figura 6-31 se observa la estructura de la red. En la Figura 6-32 se observa un resumen del modelo de red ajustado la matrizde confusión que indica más de un 90% de aciertos en la prediccion de los datos conocidos. En las Figura 6-33 se observa la curva ROC que se aproxima bastante al triángulo superior para indicarnos un buen ajuste corroborado con una área del 94,5% bajo de la curva. En las Figuras 6-34 y 6-35 se muestran las curvas de ganancia y elevación muy ajustadas a los valores teóricos. La Figura 6-36 muestra la importancia de los predictores en la clasificación observando que las variables más influyentes son la edad, el sueldo y la categoría profesional.

Archivo	Edición	Ver	Datos	Transformar	Analizar	Marketing directo	Gráficos	Utilidades	Ventana	Ayuda

	CLIENTE	CREDIT_V			AMEX	MLP_Predict edValue	MLP_ Proba
1	1	1		2	1	1	
2	2	0		2	0	0	
3	3	0		1	1	0	
4	4	1		2	0	1	
5	5	1		1	0	1	
6	6	1		1	1	1	
7	7	1					
8	8	0					
9	9	0		1	0	0	
10	10	0		1	0	0	
11	11	0		1	0	0	
12	12	0		1	1	0	
13	13	0		1	1	1	
14	14	0		1	1	0	
15	15	0		1	1	0	
16	16	0		2	1	0	
17	17	0		1	1	0	
18	18	0		1	0	1	
19	19	0		1	1	0	
20	20	0		1	0	0	
21	21	0		1	1	0	

Menú Analizar:
- Informes
- Estadísticos descriptivos
- Tablas
- Comparar medias
- Modelo lineal general
- Modelos lineales generalizados
- Modelos mixtos
- Correlaciones
- Regresión
- Loglineal
- Redes neuronales → Perceptrón multicapa... / Función de base radial...
- Clasificar
- Reducción de dimensiones
- Escala
- Pruebas no paramétricas
- Predicciones
- Superviv.
- Respuesta múltiple
- Análisis de valores perdidos...
- Imputación múltiple
- Muestras complejas
- Simulación...
- Control de calidad
- Curva COR...

Figura 6-22

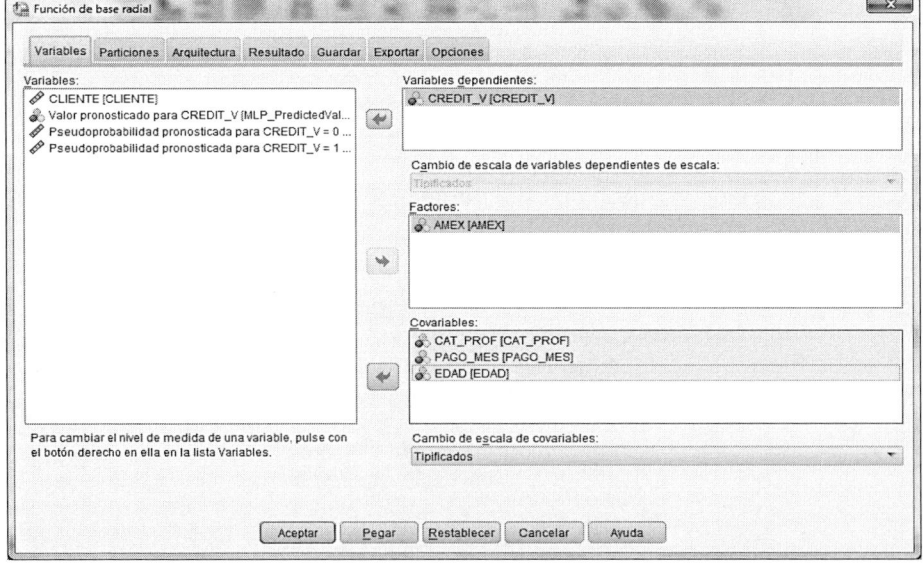

Figura 6-23

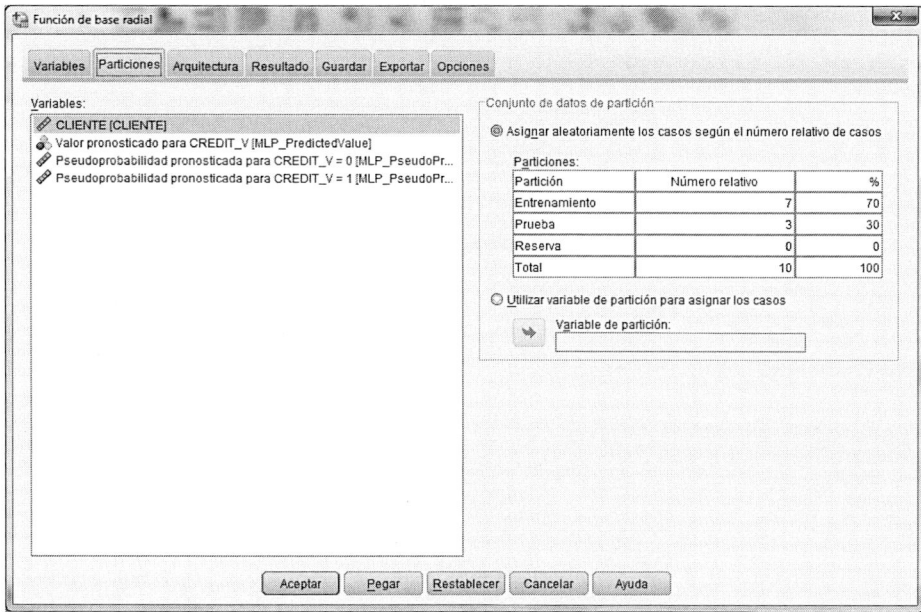

Figura 6-24

Figura 6-25

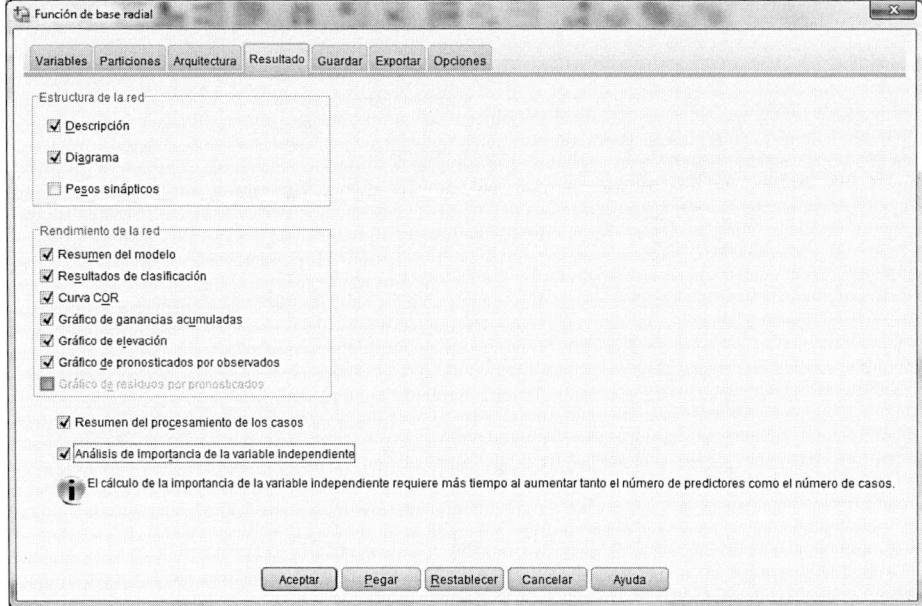

Figura 6-26

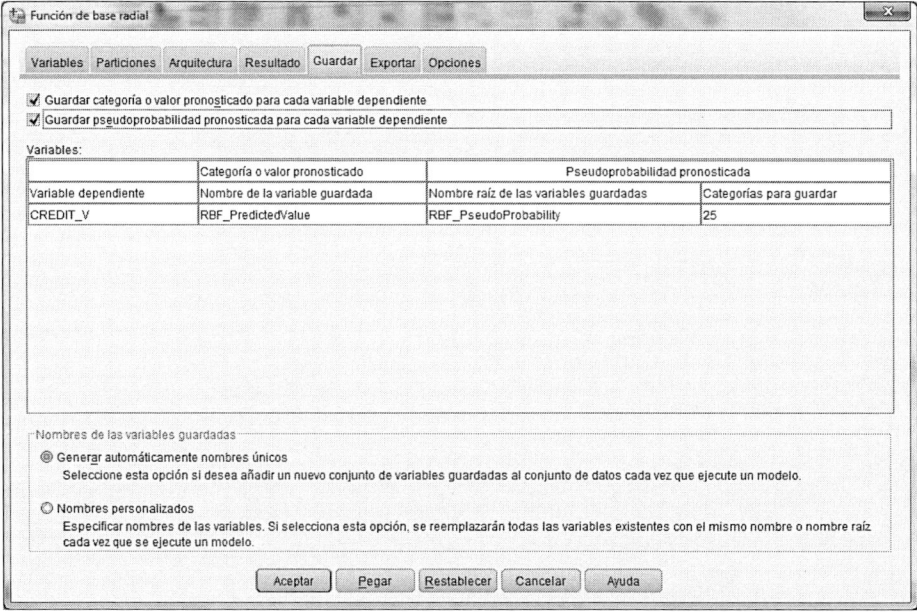

Figura 6-27

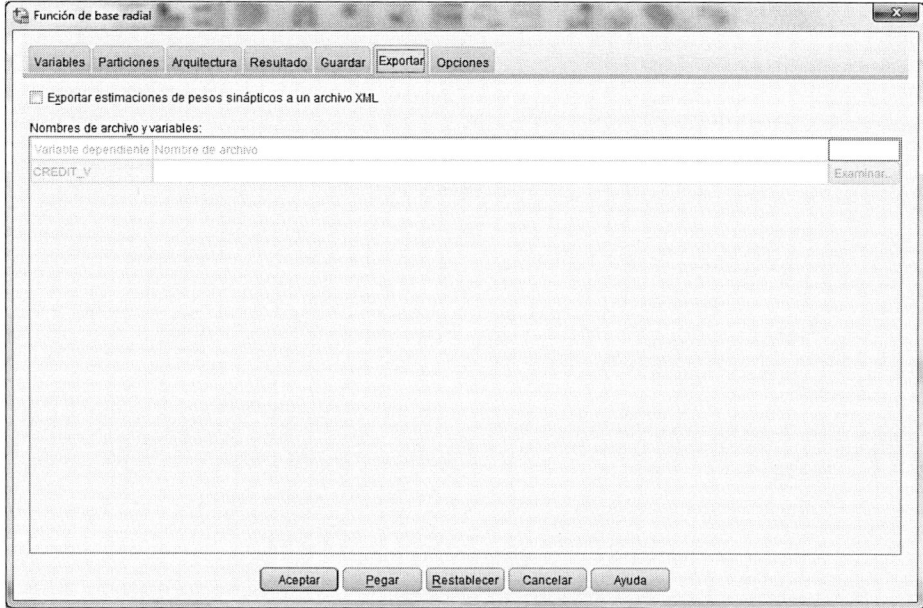

Figura 6-28

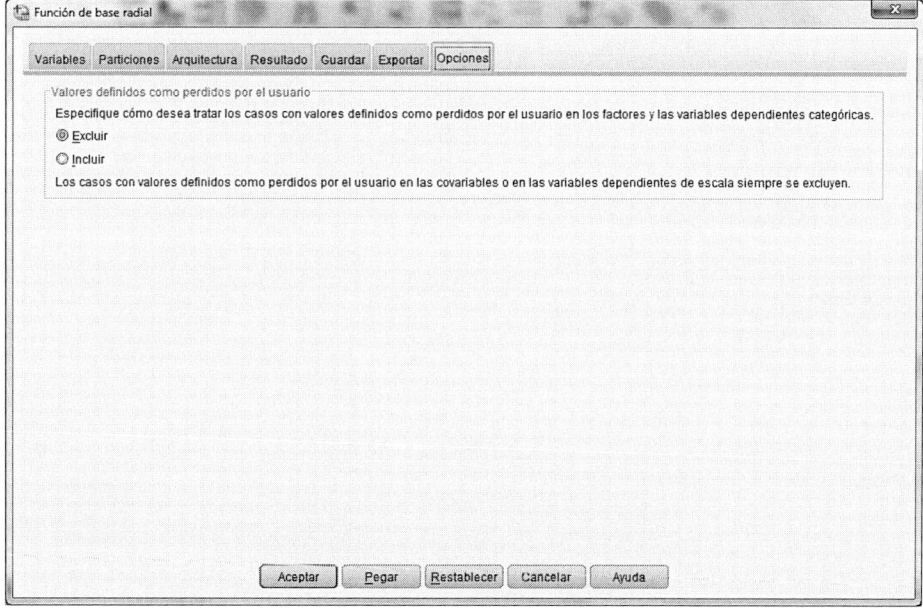

Figura 6-29

Función de base radial

[Conjunto_de_datos2]

Resumen del procesamiento de los casos

		N	Porcentaje
Muestra	Entrenamiento	233	72,1%
	Prueba	90	27,0%
Válidos		323	100,0%
Excluidos		0	
Total		323	

Información sobre la red

Capa de entrada	Factores	1	AMEX	
	Covariables	1	CAT_PROF	
		2	PAGO_MES	
		3	EDAD	
	Número de unidades			5
	Método de cambio de escala para las covariables		Tipificados	
Capa oculta	Número de unidades			7[a]
	Función de activación		Softmax	
Capa de salida	Variables dependientes	1	CREDIT_V	
	Número de unidades			2
	Función de activación		Identidad	
	Función de error		Suma de cuadrados	

a. Determinado por el criterio de datos de prueba: El número "óptimo" de unidades ocultas es el que produce el menor error en los datos de prueba.

Figura 6-30

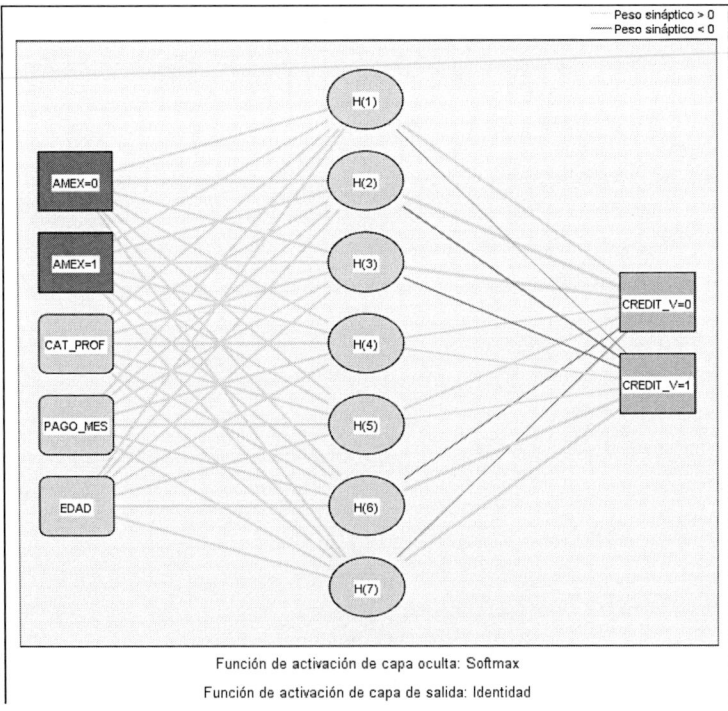

Función de activación de capa oculta: Softmax

Función de activación de capa de salida: Identidad

Figura 6-31

Resumen del modelo

Entrenamiento	Suma de errores cuadráticos	22,952
	Porcentaje de pronósticos incorrectos	12,8%
	Tiempo de entrenamiento	0:00:00,05
Prueba	Suma de errores cuadráticos	11,264[a]
	Porcentaje de pronósticos incorrectos	16,3%

Variable dependiente: CREDIT_V

a. El número de unidades ocultas está determinado por el criterio de datos de prueba: El número "óptimo" de unidades ocultas es el que produce el menor error en los datos de prueba.

Clasificación

Muestra	Observado	Pronosticado		
		0	1	Porcentaje correcto
Entrenamiento	0	93	21	81,6%
	1	7	98	93,3%
	Porcentaje global	45,7%	54,3%	87,2%
Prueba	0	43	11	79,6%
	1	6	44	88,0%
	Porcentaje global	47,1%	52,9%	83,7%

Variable dependiente: CREDIT_V

Figura 6-32

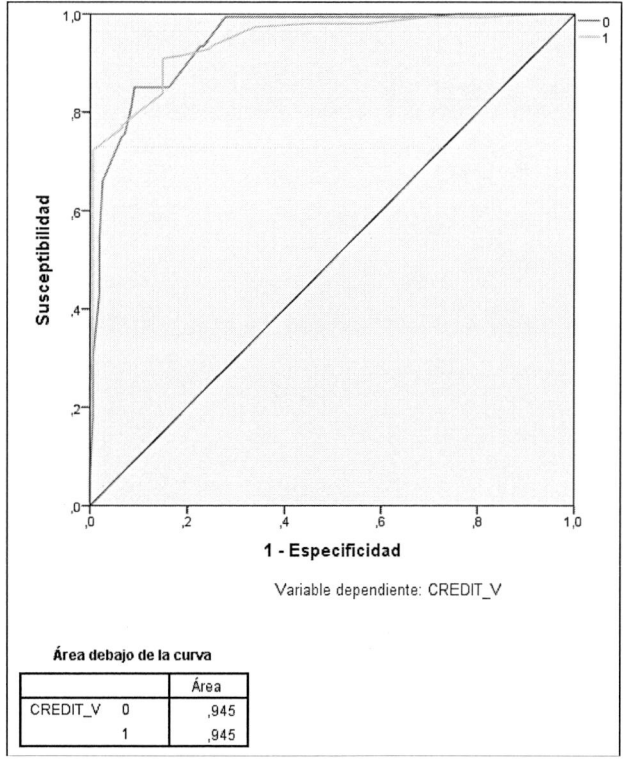

Variable dependiente: CREDIT_V

Área debajo de la curva

		Área
CREDIT_V	0	,945
	1	,945

Figura 6-33

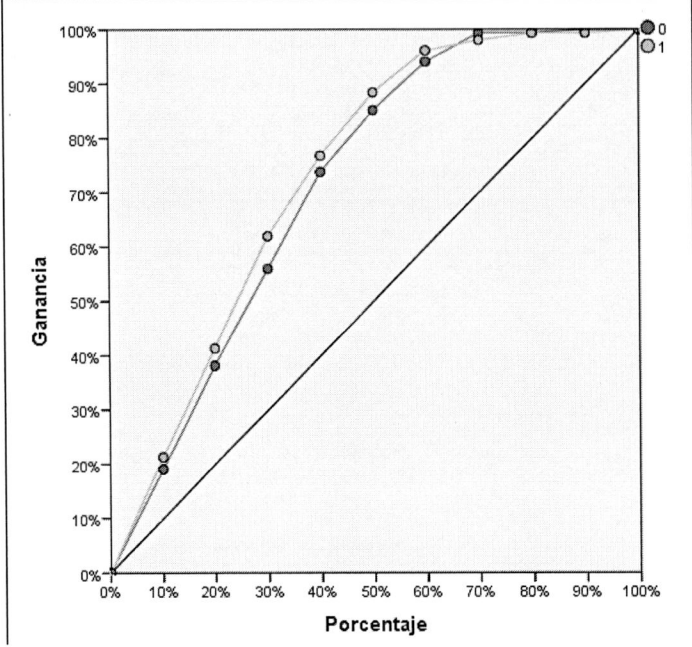

Figura 6-34

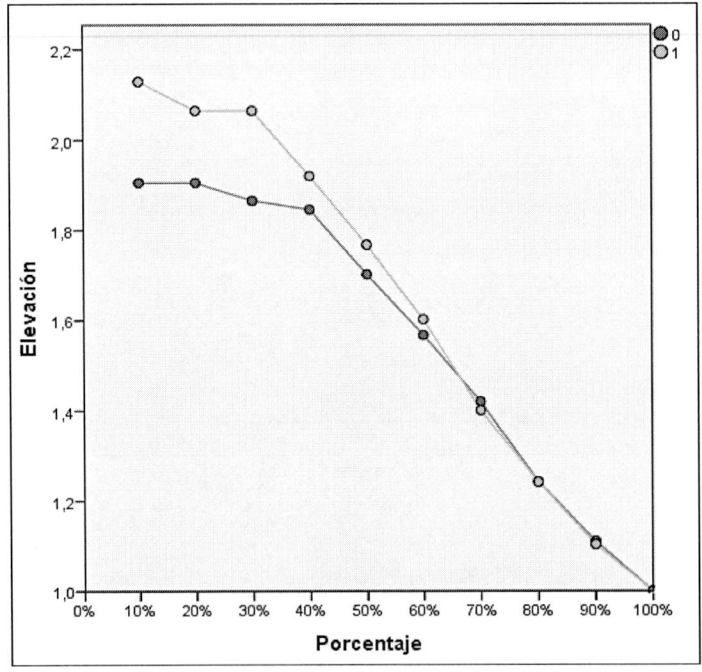

Figura 6-35

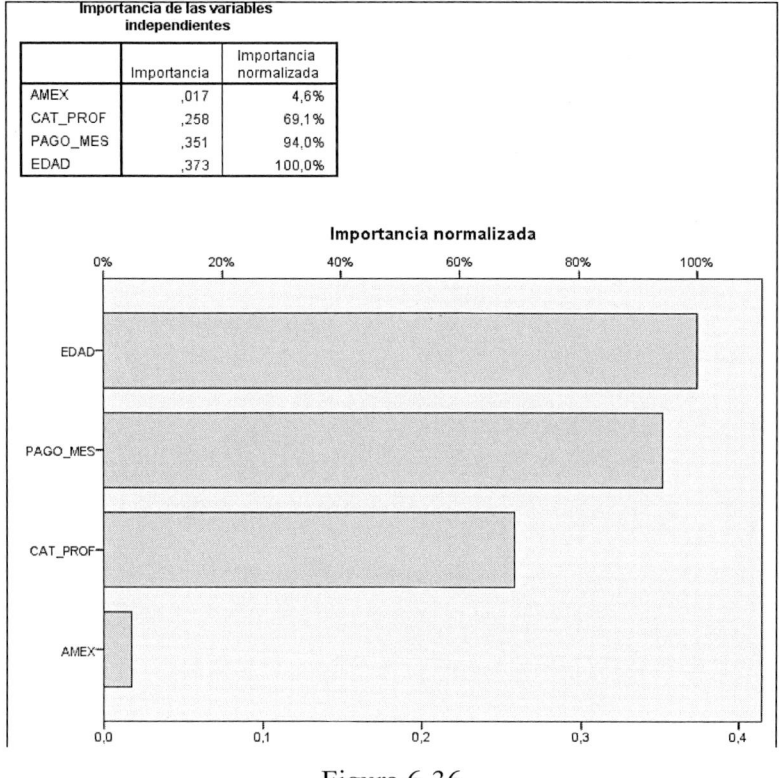

Importancia de las variables independientes		
	Importancia	Importancia normalizada
AMEX	,017	4,6%
CAT_PROF	,258	69,1%
PAGO_MES	,351	94,0%
EDAD	,373	100,0%

Figura 6-36

Si se muestra el conjunto de datos (Figura 6-37) se observa que sus res últimas columnas son las variables relativas a la categoría de la variable dependiente en la que se ha clasificado cada observación y a las probabiliddaes de pertenencia de cada observación a cada una de las categorías de la variable dependiente. Para predecir una observación futura con la red neuronal, basta incorporar los valores de sus variables independientes como una fila adicional en el conjunto de datos. A la variable dependiente se le puede asignar cualquier valor. Se ejecuta otra vez el proceso y se obtiene la predición de la categoría de pertenencia para la nueva observación.

Al comparar el ajuste del problema con una red reuronal de Perceptron Multicapa y de Función de base radial, vemos que esat última es más precisa porque tiene una curva COR mejor, una matriz de confusión con más porcentaje de aciertos y unas probabilidades de pertemecia de los individuos a las clases de la variable dependiente más altas. Por tanto, con la red neuronal de Función de base radial se predice con más precisión que con la ed neuronal de Perceptron Multicapa. No obstante la categoría de la variable dependiente predicha para cada indviduo es la misma para prácticamente todos los individuos.

	CLIENTE	CREDIT_V	CAT_PROF	PAGO_MES	EDAD	AMEX	MLP_Predict edValue	MLP_Pseudo Probability_1	MLP_Pseudo Probability_2	RBF_Predict edValue	RBF_Pseudo Probability_1	RBF_Pseudo Probability_2	RBF_Predict edValue_A	var
1	1	1	2	2	2	1	1	.112	.888	1	.001	.999	1	
2	2	0	2	1	2	0	0	.819	.181	0	.666	.334	0	
3	3	0	4	1	1	1	0	.920	.080	0	.989	.011	0	
4	4	1	2	2	2	0	1	.188	.812	1	-.006	1.006	1	
5	5	1	3	2	1	0	1	.272	.728	0	.566	.434	1	
6	6	1	1	2	1	1	1	.096	.904	1	.494	.506	1	
7	7	1	2	2	3	0	1	.188	.812	1	.048	.952	1	
8	8	0	2	2	1	0	1	.188	.812	1	.399	.601	1	
9	9	0	2	1	1	0	0	.819	.181	0	.878	.122	0	
10	10	0	3	1	1	0	0	.933	.067	0	.819	.181	0	
11	11	0	5	1	1	0	0	.960	.040	0	1.004	-.004	0	
12	12	0	4	1	1	1	0	.920	.080	0	.989	.011	0	
13	13	0	2	2	1	1	1	.112	.888	0	.531	.469	1	
14	14	0	2	1	1	1	0	.768	.232	0	.743	.257	0	
15	15	0	3	1	1	0	0	.888	.112	0	1.000	.000	0	
16	16	0	2	1	2	1	0	.768	.232	0	.592	.408	1	
17	17	0	4	1	1	1	0	.920	.080	0	.989	.011	0	
18	18	0	2	2	1	0	1	.188	.812	1	.399	.601	1	
19	19	0	3	1	1	1	0	.888	.112	0	1.000	.000	0	
20	20	0	5	1	1	0	0	.960	.040	0	1.004	-.004	0	
21	21	0	4	1	1	0	0	.920	.080	0	.989	.011	0	
22	22	0	3	1	1	1	0	.888	.112	0	1.000	.000	0	

Figura 6-37

6.11 REDES NEURONALES A TRAVÉS DE R

Las librerías de R *neuralnet* y *nnet* disponen de funciones adecuadas para el trabajo con redes neuronales en R-

6.11.1 Librería neuralnet

El comando *neuralnet* de la librería *neuralnet* tiene la siguiente sintaxis simplificada:

neuralnet(formula, data=conjunto de datos, hidden = c(m,n),…)

El vector *c(m,n)* especifica el número de neuronas ocultas en cada capa.

Como ejemplo vamos a calcular las probabilidades que tienen los solicitantes de créditos bancarios de devolver correctamente dicho crédito. Para ello se usa un fichero de nombre *créditos.sav* que contiene una variable dicotómica *credit_v* que recoge el éxito o fracaso en la devolución de un crédito en el histórico de clientes (1=devolución correcta, 0=devolución incorrecta o no devolución). Esta variable será la variable dependiente del modelo de red. Como variables independientes se utilizarán la categoría profesional del cliente, su sueldo mensual, su edad y si dispone o no de una tarjeta American Express.

Comenzamos cargando el archivo, separando sus variables y obteniendo estadísticos básicos de las mismas.

```
> library(haven)
> Creditos <- read_sav("E:/CURSOR2023/DATOS/Creditos.sav")
> View(Creditos)
> attach(Creditos)
> summary(Creditos)
```

```
   credit_v          cat_prof         pago_mes          edad             amex
Min.   :0.0000   Min.   :1.000   Min.   :1.000   Min.   :1.000   Min.   :0.000
1st Qu.:0.0000   1st Qu.:2.000   1st Qu.:1.000   1st Qu.:1.000   1st Qu.:0.000
Median :0.0000   Median :2.000   Median :1.000   Median :1.000   Median :0.000
Mean   :0.4799   Mean   :2.632   Mean   :1.489   Mean   :1.598   Mean   :0.483
3rd Qu.:1.0000   3rd Qu.:3.000   3rd Qu.:2.000   3rd Qu.:2.000   3rd Qu.:1.000
Max.   :1.0000   Max.   :5.000   Max.   :2.000   Max.   :3.000   Max.   :1.000
```

A continuación, instalamos y cargamos la librería *neuralnet*.

```
> install.packages("neuralnet")
> library(neuralnet)
```

Ahora con la función *neuralnet* creamos el modelo de red con dos capas ocultas de 2 y 3 nodos respectivamente y lo representamos (en la gráfica 6-38 se observan los pesos sinápticos estimados)..

```
> red=neuralnet(credit_v~cat_prof+pago_mes+edad+amex,
data=Creditos, hidden=c(2,3) )
> windows()
> plot(red)
```

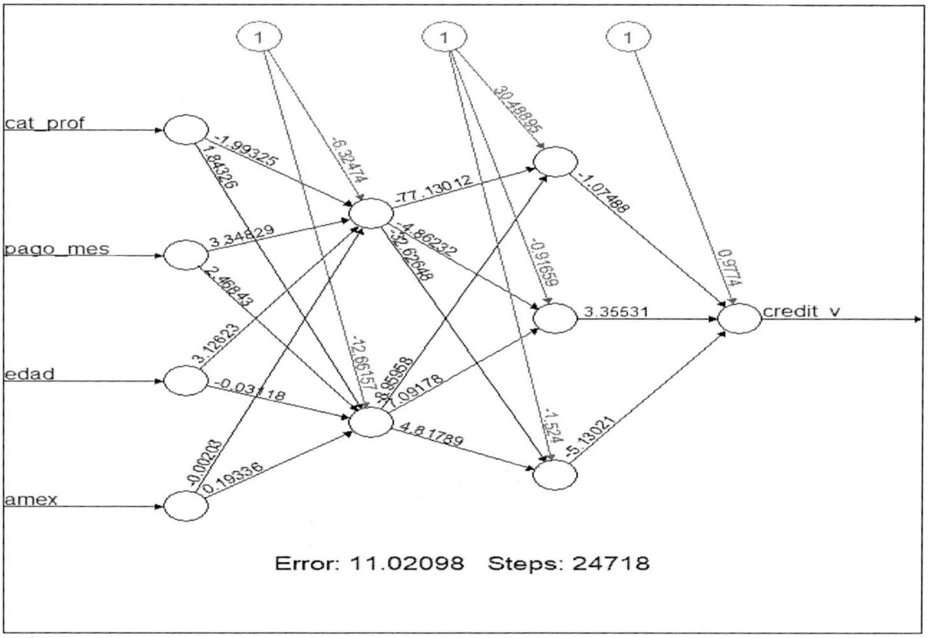

Figura 6-38

A continuación, calculamos las probabilidades predichas y graficamos la función de densidad (Figura 6-39).

```
> A=predict(red,Creditos)
> probabilidadpredicha= A[,1]
> windows()
> plot(density(probabilidadpredicha))
```

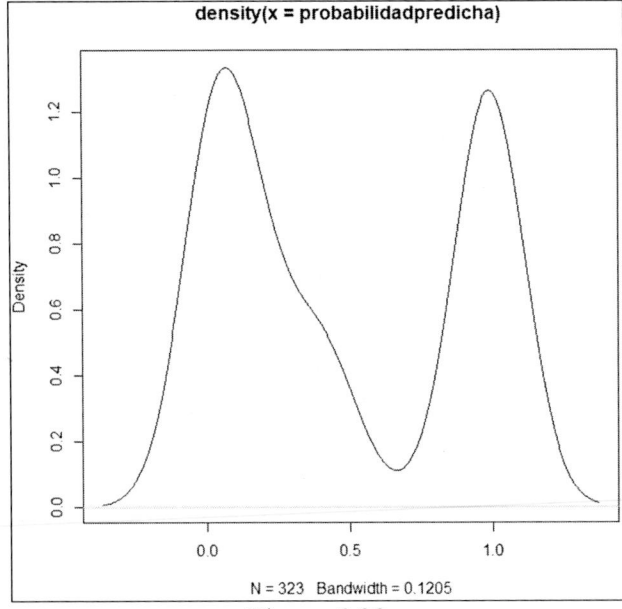

Figura 6-39

Obtenemos una densidad bimodal que indica que tanto para probabilidades bajas como altas de evolución del crédito hay una densidad elevada de clientes. Para probabilidades medias la densidad e clientes es baja.

A continuación, calculamos las clases predichas.

```
> clasepredicha=round(probabilidadpredicha)
```

Para realizar la diagnosis obtenemos la matriz de confusión.

```
> matrizconfusion=table(credit_v,clasepredicha)
> matrizconfusion

        clasepredicha
credit_v   0   1
       0 166   2
       1  30 125
```

De entre los 323 clientes se clasifican erróneamente 32 (2 de entre los 168 que no devuelven correctamente el crédito y 30 de entre los que lo devuelven). Por tanto la probabilidad global de aciertos es (323-32)/323=90%, que es un valor muy alto.

De entre los que no devuelven el crédito se clasifican bien (168-2)/168=98,8%. De entre los que devuelven el crédito se clasifican bien (155-30)/155=80,6%

Vamos a representar ahora la curva ROC (Figura 6-40).

```
> library(pROC)
> windows()
> rocarbol=roc(credit_v, probabilidadpredicha, auc=TRUE)
> plot(rocarbol,print.auc=TRUE)
```

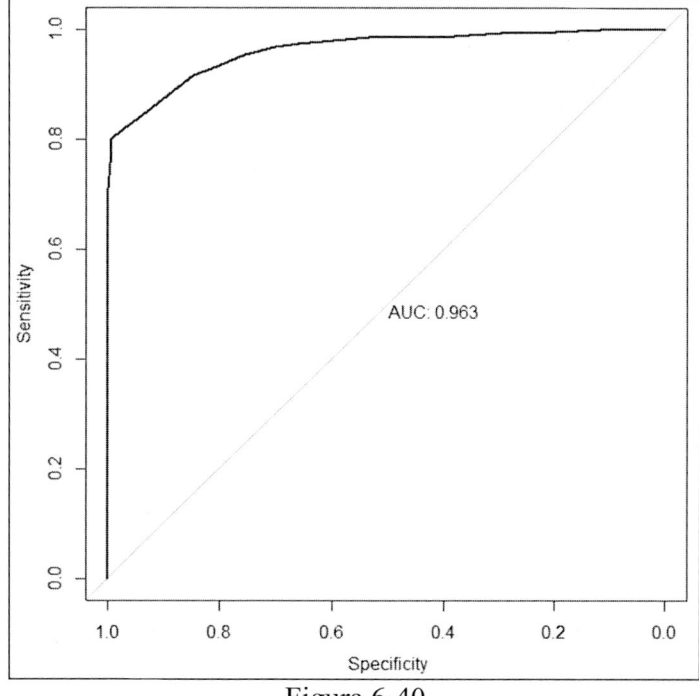

Figura 6-40

Como el area bajo la curva ROC es 0,963 (muy próxima a 1) se concluye que el modelo red neuronal es muy bueno. Además, supera al modelo de árbol de decisión del capítulo anterior que tenía un área bajo la curva ROC menor (0,877).

Obtendremos mucha información numérica sobre la red neuronal si usamos:

```
> red
```

6.11.2 Librería nnet

Para trabajar con la red neuronal también se puede utilizar la función *nnet* de la librería *nnet*. Su sintaxis simplificada es la siguiente:

nnet(*formula*, *data*, *weights*, *size=n* ...,)

El argumento *size=n* indica el número de nodos en la capa oculta.

Construiremos la red del ejemplo anterior con 8 nodos en la capa oculta.

```
> red=nnet(credit_v~cat_prof+pago_mes+edad+amex,Creditos,size=8)
# weights:   49
initial  value 110.047987
iter   10 value 34.223158
iter   20 value 27.167309
iter   30 value 22.301505
iter   40 value 22.086891
iter   50 value 22.065327
iter   60 value 22.056048
iter   70 value 22.040573
iter   80 value 22.018170
iter   90 value 21.996565
iter  100 value 21.971972
final  value 21.971972
stopped after 100 iterations
```

A continuación vemos los pesos sinápticos estimados.

```
> summary(red)
a 4-8-1 network with 49 weights
options were -
 b->h1 i1->h1 i2->h1 i3->h1 i4->h1
  8.44  -2.74  -3.16  10.02   7.88
 b->h2 i1->h2 i2->h2 i3->h2 i4->h2
  2.08  -3.20  -0.53  -0.29   1.12
 b->h3 i1->h3 i2->h3 i3->h3 i4->h3
  0.30  -4.87   1.54   2.26  -3.43
 b->h4 i1->h4 i2->h4 i3->h4 i4->h4
  9.97  17.05 -11.61 -14.84  -0.08
 b->h5 i1->h5 i2->h5 i3->h5 i4->h5
  9.17  19.17 -21.32 -29.78   4.70
 b->h6 i1->h6 i2->h6 i3->h6 i4->h6
-17.78  31.21  -7.86 -42.32   7.48
 b->h7 i1->h7 i2->h7 i3->h7 i4->h7
 -0.66  -2.79  -0.65  -1.56  -0.57
 b->h8 i1->h8 i2->h8 i3->h8 i4->h8
  0.06  -3.29  -2.42   4.42   0.35
  b->o  h1->o  h2->o  h3->o  h4->o  h5->o  h6->o  h7->o  h8->o
 14.57  -8.93  -3.24   4.09  -6.02 -21.09  17.63   0.72  -3.4
```

A continuación, calcularemos la probabilidad de devolver el crédito para cada cliente y la clase a que pertenece (devolución correcta o no).

```
> probabilidadpredicha= predict(red,type="raw")
clasepredicha=round(probabilidadpredicha)
```

Si representamos la densidad de probabilidad (Figura 6-41) vemos que es bimodal alrededor del cero y del 1.

```
> plot(density(probabilidadpredicha))
```

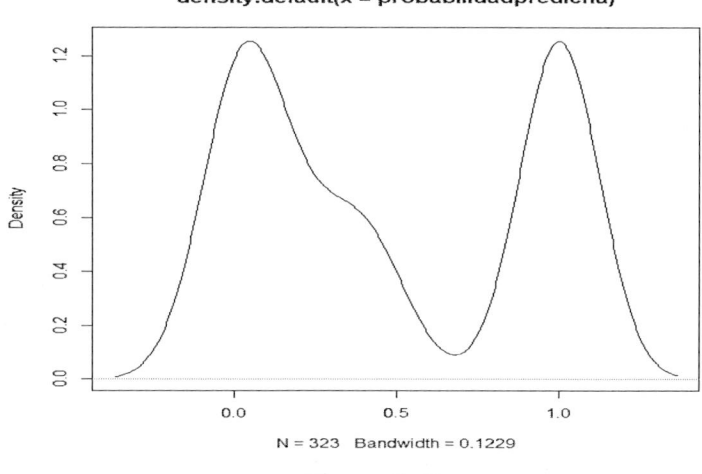

Figura 6-41

Ahora realizaremos la diagnosis del modelo a través de la matriz de confusión y de la curva ROC.

```
> matrizconfusion=table(credit_v,clasepredicha)
> matrizconfusion
         clasepredicha
credit_v   0   1
       0 167   1
       1  31 124
```

Se observa que el porcentaje global de aciertos es (323-32)/323=90%, que es un valor similar al obtenido anteriormente con el comando neuralnet..

Vamos a representar ahora la curva ROC (Figura 6-42).

```
> library(pROC)
> rocred=roc(credit_v, probabilidadpredicha, auc=T
RUE)
> plot(rocred,print.auc=TRUE)
```

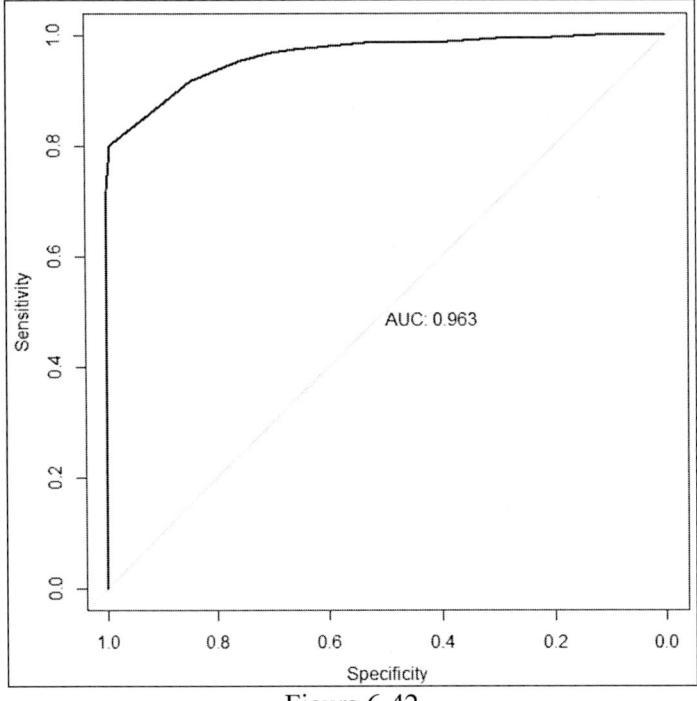

Figura 6-42

Vemos que el área bajo la curva ROC también coincide con las funciones *nnet* y *neuralnet*. La precisión de ambas redes es similar.

6.12 R Y LAS SERIES TEMPORALES MEDIANTE REDES NEURONALES

R dispone del comando *nnetar* en la librería *forecast* que permite predecir series temporales a través de redes neuronales.

Vamos a considerar la serie mensual X del fichero *estacional.sav* que comienza enero de 1968 y finaliza en octubre de 1981. Se trata de calcular un año de predicciones utilizando redes neuronales.

Comenzamos leyendo la serie y dotándola e estructura de serie temporal.

```
> library(haven)
> datos=read_sav("C:/ DATOS/estacional.sav")
> attach(datos)
> serieX=ts(X,start=c(1968,1),frequency=12)
```

A continuación, se estima el modelo de redes neuronales adecuado para obtener las predicciones.

```
> estimacion=nnetar(serieX)
> estimacion
Series: serieX
Model:   NNAR(2,1,2)[12]
Call:    nnetar(y = serieX)

Average of 20 networks, each of which is
a 3-2-1 network with 11 weights
options were - linear output units

sigma^2 estimated as 354.1
```

A continuación, realizamos la diagnosis del modelo realizando el análisis de los residuos y calculando errores de estimación (Figura 6-43). En cuanto al análisis de los residuos se observan algunas deficiencias en la aleatoriedad residual ya que algunos términos de la función de autocorrelación residual se salen de la franja de confianza. La normalidad residual se cumple correctamente ya que el histograma residual se ajusta bien a la campana de Gauss.

```
> checkresiduals(estimacion)
```

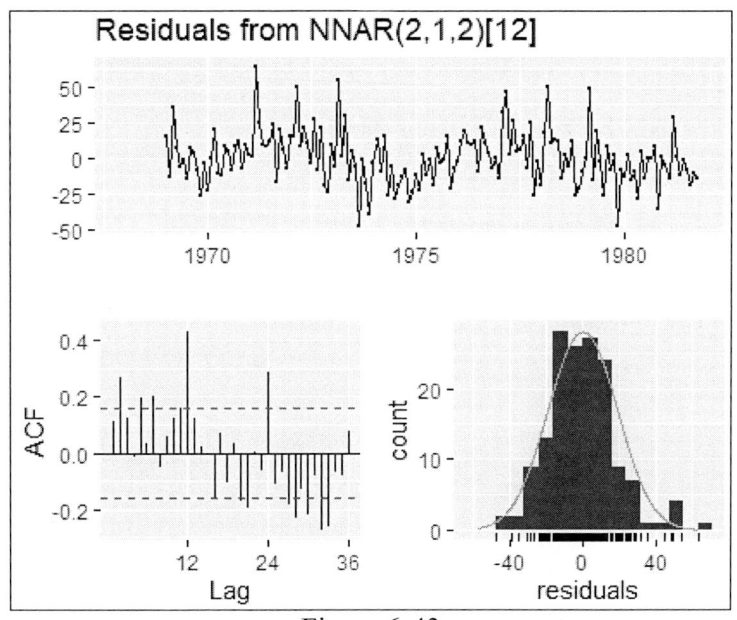

Figura 6-43

Ahora calculamos los errores de estimación.

```
> accuracy(estimacion)
                      ME      RMSE      MAE       MPE      MAPE        MASE
Training set -0.005061888 18.81742 14.38546 -2.235458 11.29547 0.4763601
                    ACF1
Training set 0.1121133
```

Ejercicio 6-1. *Considerar la serie de ventas mensuales de una empresa con nombre* ventas *del fichero test.sav que comienza en enero de 1988 y finaliza en abril de 1996. Se trata de calcular un año de predicciones utilizando modelización automática y modelización con redes neuronales. Comparar resultados.*

Comenzamos leyendo la serie y dotándola de estructura de serie temporal.

```
> library(haven)
> datos=read_sav("C:/DATOS/test.sav")
> attach(datos)
> serieventas=ts(ventas,start=c(1988,1),frequency=12)
```

A continuación, realizamos la identificación y estimación del modelo ARIMA automático.

```
> modelo=auto.arima(serieventas)
> modelo
Series: serieventas
ARIMA(1,1,1)

Coefficients:
         ar1      ma1
      0.7666   0.5812
s.e.  0.0716   0.0842

sigma^2 estimated as 0.9117:  log likelihood=-135.9
AIC=277.81   AICc=278.06   BIC=285.59
```

Vemos que se identifica como óptimo un modelo ARIMA(1,1,1). R ha detectado automáticamente la no estacionalidad de la serie *ventas*. A continuación, realizamos la diagnosis analizando la significatividad individual de los parámetros estimados y realizando el análisis de los residuos.

```
> coeftest(modelo)

z test of coefficients:

     Estimate Std. Error z value  Pr(>|z|)
ar1 0.766572   0.071608 10.7051 < 2.2e-16 ***
ma1 0.581243   0.084219  6.9015 5.145e-12 ***
---
Signif. codes:  0 '***' 0.001 '**' 0.01 '*' 0.05 '.' 0.1 ' '
1
```

Todos los parámetros son significativos porque sus p-valores son muy pequeños.

Ahora realizamos la diagnosis residual (Figura 6-44).

```
> checkresiduals(modelo)
```

```
        Ljung-Box test

data:  Residuals from ARIMA(1,1,1)
Q* = 16.114, df = 18, p-value = 0.5846

Model df: 2.   Total lags used: 20
```

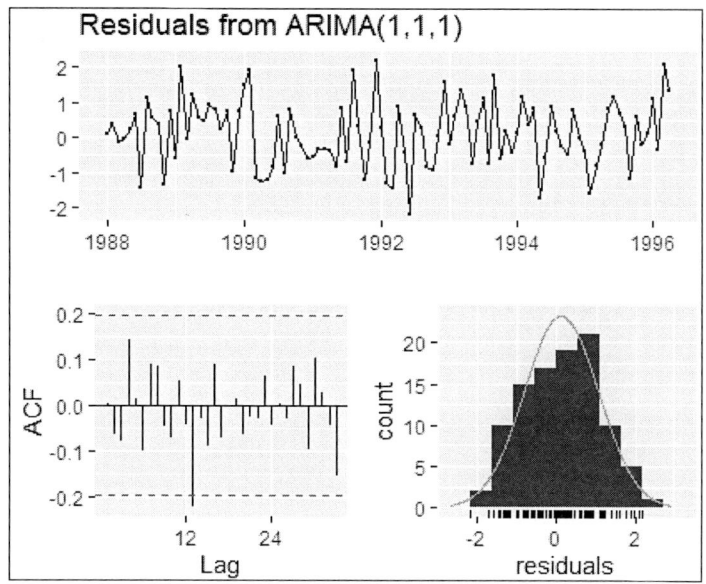

Figura 6-44

Vemos que los residuos son aleatorios (p- valor del estadístico de Ljung-Box=0,5846 que es mayor que 0,05) y normales (histograma bien ajustado a la campana de Gauss). A continuación, vemos que los errores de estimación son pequeños.

```
> accuracy(modelo)
                    ME       RMSE        MAE        MPE       MAPE        MASE
Training set 0.1244025 0.9404222 0.7741289 0.1001516 0.5684078 0.05369985
                   ACF1
Training set 0.005808231
```

Ahora calculamos las predicciones y sus intervalos de confianza.

```
> predicciones=forecast(modelo,12)
> summary(predicciones)

Forecast method: ARIMA(1,1,1)

Model Information:
Series: serieventas
ARIMA(1,1,1)

Coefficients:
         ar1      ma1
      0.7666   0.5812
s.e.  0.0716   0.0842
```

```
sigma^2 estimated as 0.9117:   log likelihood=-135.9
AIC=277.81    AICc=278.06    BIC=285.59
```

```
Error measures:
                   ME      RMSE      MAE       MPE      MAPE        MASE
Training set 0.1244025 0.9404222 0.7741289 0.1001516 0.5684078 0.05369985
                  ACF1
Training set 0.005808231
```

```
Forecasts:
            Point Forecast     Lo 80     Hi 80     Lo 95     Hi 95
May 1996          170.9557  169.7320  172.1794  169.0843  172.8272
Jun 1996          174.4823  171.3595  177.6051  169.7065  179.2581
Jul 1996          177.1857  172.0021  182.3692  169.2581  185.1132
Aug 1996          179.2580  171.9816  186.5344  168.1297  190.3863
Sep 1996          180.8466  171.5105  190.1827  166.5683  195.1249
Oct 1996          182.0644  170.7345  193.3942  164.7368  199.3919
Nov 1996          182.9979  169.7553  196.2404  162.7452  203.2506
Dec 1996          183.7135  168.6448  198.7821  160.6679  206.7590
Jan 1997          184.2620  167.4537  201.0704  158.5559  209.9682
Feb 1997          184.6826  166.2179  203.1472  156.4433  212.9218
Mar 1997          185.0049  164.9626  205.0472  154.3529  215.6569
Apr 1997          185.2520  163.7054  206.7987  152.2993  218.2048
```

A continuación, graficamos las predicciones (Figura 6-45)

```
> plot(predicciones)
```

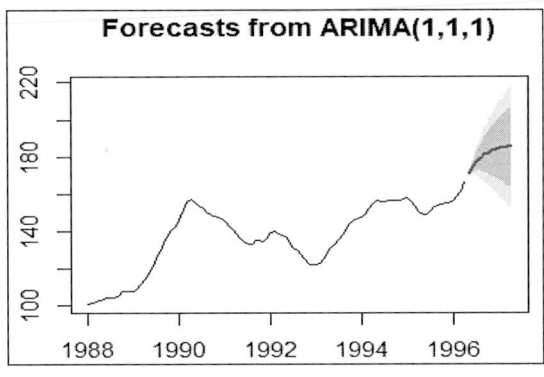

Figura 6-45

A continuación, se identifica, estima y diagnostica el modelo automático óptimo teniendo en cuenta procesamiento paralelo.

```
>modelo1=auto.arima(serieventas,parallel=TRUE, stepwise=FALSE)
>modelo1

Series: serieventas
ARIMA(1,1,1)
```

```
Coefficients:
         ar1      ma1
      0.7666   0.5812
s.e.  0.0716   0.0842

sigma^2 estimated as 0.9117:  log likelihood=-135.9
AIC=277.81   AICc=278.06   BIC=285.59
```

Se observa que, en este caso, R detecta el mismo modelo ARIMA automático con procesamiento paralelo y sin él.

Vamos a obtener ahora predicciones de ventas a través de modelos de redes neuronales.

```
> modelo2=nnetar(serieventas)
> modelo2
Series: serieventas
Model:   NNAR(1,1,2)[12]
Call:    nnetar(y = serieventas)

Average of 20 networks, each of which is
a 2-2-1 network with 9 weights
options were - linear output units

sigma^2 estimated as 2.711
```

Realizaremos ahora la diagnosis residual (Figura 6-46).

```
> checkresiduals(modelo2)
```

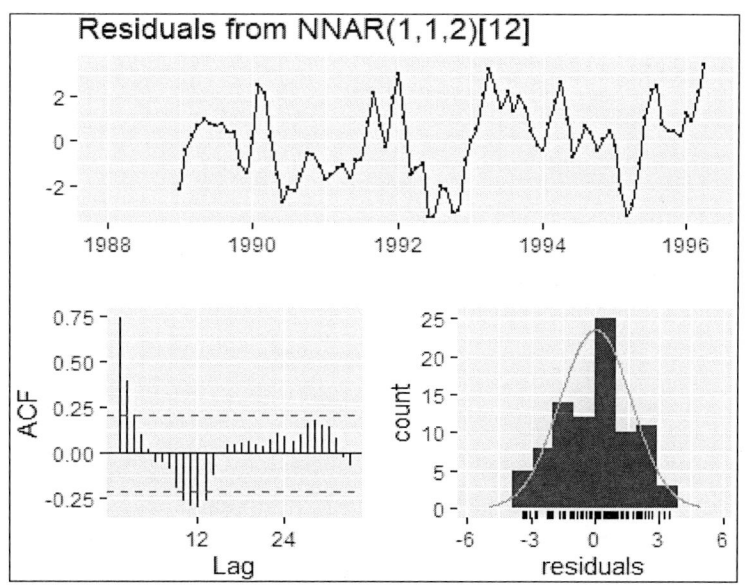

Figura 6-46

Hay términos de la ACF residual que se salen de la franja de confianza. Por lo tanto, el residuo puede tener problemas de no aleatoriedad.

A continuación, calculamos y graficamos las predicciones (Figura 6-47).

```
> predicciones=forecast(modelo2, 12)
> summary(predicciones)
Forecast method: NNAR(1,1,2)[12]

Model Information:

Average of 20 networks, each of which is
a 2-2-1 network with 9 weights
options were - linear output units

Error measures:
                    ME      RMSE      MAE         MPE      MAPE        MASE
Training set 0.00128216 1.646582 1.353109 -0.01441601 0.963246 0.09386259
                   ACF1
Training set 0.742861

Forecasts:
           Jan      Feb      Mar      Apr      May      Jun
Jul     Aug
1996                                        170.1463 177.2492 18
8.9811 199.0193
1997 209.2313 209.7297 210.5804 211.8973
           Sep      Oct      Nov      Dec
1996 204.6079 207.1511 208.2485 208.7423
1997

> plot(predicciones)
```

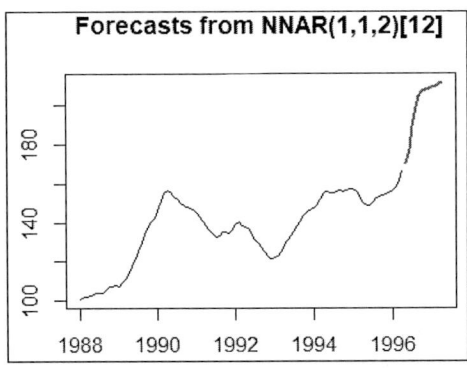

Figura 6-47

Las predicciones son demasiado crecientes y menos lógicas que en el caso del modelo automático. Para esta serie temporal de ventas está claro que el modelo óptimo es el que ofrece el método automático con el comando *auto.arima*. Nos quedamos entonces con el modelo ARIMA(1,1,1) y sus predicciones.